일단 합격

30일 완성

독일어
단어장

정은실 지음

A1-A2

동양북스

A1-A2

초판 1쇄 인쇄 | 2024년 11월 10일
초판 1쇄 발행 | 2024년 11월 20일

지은이 | 정은실
발행인 | 김태웅
편 집 | 김현아
마케팅 | 김철영
제 작 | 현대순

발행처 | (주)동양북스
등 록 | 제 2014-000055호
주 소 | 서울시 마포구 동교로22길 14 (04030)
구입 문의 | 전화 (02)337-1737 팩스 (02)334-6624
내용 문의 | 전화 (02)337-1762 이메일 dybooks2@gmail.com

ISBN 979-11-7210-893-9 13750

〈**일단 합격 30일 완성 독일어 단어장**〉은 독일어를 처음 배우는 초급 학습자와 주한독일문화원의 독일어 능력시험, 대학수학능력시험 독일어 영역 및 내신 대비, FLEX 등 A1, A2 수준의 시험을 준비하시는 분들을 위해 제작되었습니다. 언어는 그 나라의 문화를 이해하고 소통하는 중요한 도구입니다. 독일어 어휘 습득은 독일어 학습에서 가장 기초적이며 필수적인 과정입니다. 한국어에는 없는 문법적 성(남성, 여성, 중성)을 처음부터 어휘와 함께 정확히 익히면서 공부하면 독일어 실력을 빠르게 향상시킬 수 있을 것입니다.

이 책은 여러분의 독일어 어휘력을 조금 더 쉽고 체계적으로 향상시키기 위해 실생활과 시험에 자주 등장하는 어휘와 문장을 중심으로 30개의 주제를 선정하여 구성하였습니다. 또한, 단어와 관련된 문장이나 회화, 연습 문제를 통해 일상 속에서 자주 사용되는 표현을 익히도록 하였습니다. 각 단어마다 간단한 정의와 활용 예시를 제공하여 학습자가 의미를 쉽게 이해하고 실생활에 적용할 수 있도록 구성했습니다.

마지막으로 이 책은 A1, A2 수준의 시험 대비에도 매우 유용합니다. 자주 출제되는 핵심 어휘들을 충분히 익히면 보다 자신감 있게 시험을 준비할 수 있을 것입니다. 언어 학습은 꾸준한 반복과 실천이 필수적입니다. 이 책을 통해 매일 새로운 단어를 익히며 독일어 실력을 차근차근 쌓아가시길 바랍니다.

이 책이 여러분의 독일어 학습 여정에 든든한 도움이 되어, 원하는 독일어 실력을 얻고, 시험 합격을 이루시길 기원합니다. 출판에 힘써 주신 김태웅 사장님과 출판사 편집부 여러분께 진심으로 감사드립니다.

2024. 10.

독일어 박사 정은실

목차

A1

A1 시험 맛보기!

A1 시험 맛보기! 정답과 해석

책의 특징

1 A1, A2 단계의 핵심 어휘를 30일 안에 정복!

A1 15과, A2 15과 총 30과로 구성되어 있으며, 각 과별로 엄선된 30개의 주요 어휘를 집중적으로 공부하고 쉽게 암기할 수 있도록 구성되어 있습니다. 또한, 원어민의 녹음 파일을 통해 각 어휘를 어떻게 발음하는지 확인할 수 있습니다.

2 주요 문장과 함께 이해하는 어휘

해당 어휘가 사용되는 주요 문장들을 함께 학습하면서 어휘의 쓰임을 더욱 깊이 있고 풍성하게 이해해할 수 있습니다.

3 주제를 알면 시험이 보인다!

빈출 주제를 30개로 나누어 도입부에 대화문을 제시했습니다. 주제와 관련된 대화문을 읽으며 연상 학습으로 단어를 자연스럽게 암기하고, 해당 단어의 문장 내 쓰임과 회화까지도 동시에 학습할 수 있습니다.

4 높은 출제 빈도의 어휘만 쏙쏙!

A1, A2 시험을 준비하는 모든 학습자들이 어휘는 이 책 한 권으로 끝낼 수 있도록 시험에서 자주 출제되는 핵심 어휘와 문장만 추렸습니다.

공부한 단어를 모두 내 것으로!

주요 어휘를 스스로 암기해 볼 수 있도록, 과마다 빈칸 채우기 형태의 시험지가 제공됩니다. 열심히 공부한 단어, 하나도 놓치지 마세요!

 ## 시험 맛보기로 시험 완벽 준비!

단어를 외우는 것뿐만 아니라, 외운 단어를 실제 문제에 적용해서 풀어 보는 것 또한 중요합니다. 준비하고 계신 시험을 맛보기로 연습할 수 있도록 독일어능력시험(ZD), Telc, FLEX, 수능 등 각종 독일어 시험의 모의 문항을 A1, A2 단계별로 수록하였습니다.

 ## 다양한 맞춤형 MP3 제공

원어민의 목소리로 정확한 발음을 들으면서 반복적으로 암기할 수 있도록 음원 파일이 준비되어 있습니다. 자주 반복적으로 들으면서 발음에 더 익숙해지고 나아가 내 것으로 만드시기를 바랍니다.

MP3 다운로드, 바로 듣기

▶ 각 과는 특정 주제와 관련 있는 어휘들로 구성되어 있습니다.

▶ 주제별 주요 문장을 회화문으로 제시하여 문장 속 어휘 활용을 익힐 수 있습니다.

▶ 학습할 단어를 원어민 음성으로 들을 수 있게 한 번에 정리해 두었습니다.

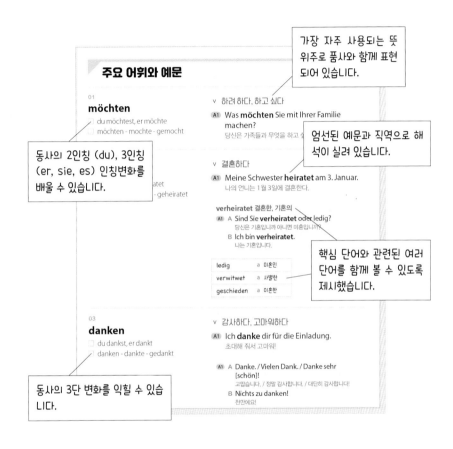

주요 어휘와 예문

01
möchten
☐ du möchtest, er möchte
☐ möchten - mochte - gemocht

v 하려 하다, 하고 싶다
A1 Was **möchten** Sie mit Ihrer Familie machen?
당신은 가족들과 무엇을 하고 싶...

...atet
- geheiratet

v 결혼하다
A1 Meine Schwester **heiratet** am 3. Januar.
나의 언니는 1월 3일에 결혼한다.

verheiratet 결혼한, 기혼의
A1 A Sind Sie **verheiratet** oder ledig?
당신은 기혼입니까 아니면 미혼입니까?
B Ich bin **verheiratet**.
나는 기혼입니다.

ledig	a 미혼인
verwitwet	a 사별한
geschieden	a 이혼한

03
danken
☐ du dankst, er dankt
☐ danken - dankte - gedankt

v 감사하다, 고마워하다
A1 Ich **danke** dir für die Einladung.
초대해 줘서 고마워!

A1 A Danke. / Vielen Dank. / Danke sehr [schön]!
고맙습니다. / 정말 감사합니다. / 대단히 감사합니다!
B Nichts zu danken!
천만에요!

[말풍선 설명]
- 가장 자주 사용되는 뜻 위주로 품사와 함께 표현되어 있습니다.
- 엄선된 예문과 직역으로 해석이 실려 있습니다.
- 동사의 2인칭 (du), 3인칭 (er, sie, es) 인칭변화를 배울 수 있습니다.
- 핵심 단어와 관련된 여러 단어를 함께 볼 수 있도록 제시했습니다.
- 동사의 3단 변화를 익힐 수 있습니다.

＊ 각 과의 단어는 동사-명사-그 외의 품사 순으로 출제 빈도가 높은 단어들로 구성되어 있습니다.

＊ 문장 난이도 문장의 난이도는 색깔로 표현했습니다. A1 A2 B1

＊ 해당 어휘가 사용되는 주요 문장들을 함께 학습하면서 어휘의 쓰임을 더욱 깊이 알아볼 수 있습니다.

v 동사 n 명사 a 형용사 adv 부사 prn 대명사 prp 전치사 p.p 과거분사
p.a 분사(형) 형용사

▶ 과마다 배운 어휘를 복습하는 페이지입니다. 한 페이지당 총 세 번의 시험으로 확실하게 암기할 수 있습니다.

* 단어 시험지는 동양북스 홈페이지에서 PDF로도 제공합니다.
  태블릿에 다운받거나 출력해서 원하는 만큼 반복해서 복습해보세요.

▶ 문제를 풀며 앞에서 외운 단어를 얼마나 기억하는지 확인할 수 있습니다.

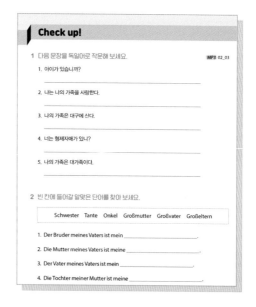

▶ 중간 중간 독일어 어휘나 문법에 관련된 다양한 읽을 거리가 마련되어 있습니다.

부록 **der Beruf 직업**

> Ich mag meinen Deutschlehrer.
> 난 나의 (남)독일어 선생님을 좋아해요.

> Ich mag meine Deutschlehrerin.
> 난 나의 (여)독일어 선생님을 좋아해요.

직업 (남/여)	뜻
der Arzt / die Ärztin	n 의사
der Architekt / die Architektin	n 건축가
der Hausmann / die Hausfrau	n 주부
der Kaufmann / die Kauffrau	n 상인
der Journalist / die Journalistin	n 기자
der Praktikant / die Praktikantin	n 실습생
der Verkäufer / die Verkäuferin	n 판매원
der Anwalt / die Anwältin	n 변호사
der Schauspieler / die Schauspielerin	n 배우
der Polizist / die Polizistin	n 경찰
der Auszubildende / die Auszubildende	n 견습생

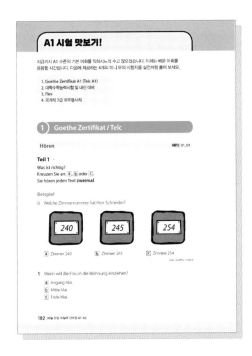

A1 시험 맛보기!

지금까지 A1 수준의 기본 어휘를 익히시느라 수고 많으셨습니다. 이제는 배운 어휘를 응용할 시간입니다. 다음에 제공하는 4개의 미니 모의 시험지를 실전처럼 풀어 보세요.

1. Goethe Zertifikat A1 (Telc A1)
2. 대학수학능력시험 및 내신 대비
3. Flex
4. 국가직 7급 외무영사직

1 Goethe Zertifikat / Telc

Hören   MP3 01_01

Teil 1
Was ist richtig?
Kreuzen Sie a, b oder c.
Sie hören jeden Text zweimal.

Beispiel
0 Welche Zimmernummer hat Herr Schneider?

240   245   254

a Zimmer 240   b Zimmer 245   c Zimmer 254
von Goethe-Institut

1 Wann will die Frau in die Wohnung einziehen?
   a Anfang Mai.
   b Mitte Mai.
   c Ende Mai.

182 30일 완성 독일어 (마더텅 A1·A2)

▶ 시험 맛보기 코너에서는 다양한 독일어 시험의 미니 모의고사를 풀어볼 수 있습니다.

1. Goethe Zertifikat A1 (Telc A1)
2. 대학수학능력시험 및 내신 대비
3. Flex
4. 국가직 7급 외무영사직

독일어 시험 소개

1. 독일문화원주최 시험 (Goethe Zertifikat Deutsch, ZD)

Goethe-Institut(독일문화원)의 독일어 능력 시험으로, 전 세계적으로 공신력을 인정받는 독일어 능력 평가 시험입니다. 이 시험은 기본적인 어학 능력을 기초로 하며, 유럽공통참조기준(GER)이 정하는 총 6단계의 능력 척도가 있습니다. Goethe-Institut의 독일어 시험은 언어에 관한 유럽 공통 참조기준(CEFR)의 각 수준별 단계에 맞추어 초보자 수준인 A1 단계부터 가장 높은 수준인 C2 단계까지 편성되어 있습니다. Goethe-Zertifikat은 성인을 위한 독일어 시험과 청소년을 위한 시험 (Goethe-Zertifikat Fit in Deutsch이 있습니다. Goethe-Zertifikat은 듣기, 읽기, 쓰기, 말하기로 구성되며, 시험은 전 세계 동일한 기준으로 시행되고 채점됩니다.

2. 테스트다프 (TestDaF)

TestDaF는 전 세계적으로 실시되며, 독일 대학의 DSH시험 수준의 독일어 어학증명시험으로서 합격하면 DSH시험을 응시하지 않고 대학에서 학업을 시작할 수 있습니다. 본 시험은 특히 독일 대학 입학을 위해 높은 수준의 어학 증명을 필요로 하는 분들을 위한 시험입니다. TestDaF는 대학 지원자의 차등화된 언어 능력을 평가하기 위해 읽고 이해하기(Leseverstehen), 듣고 이해하기 (Hörverstehen), 글로 표현하기(Schriftlicher Ausdruck), 말로 표현하기(Mündlicher Ausdruck)로 나누어서 평가합니다. TestDaF의 등급은 아래와 같으며 이 중 TDN-5가 가장 높은 등급입니다

TestDaF - 등급 5	(TDN-5)
TestDaF - 등급 4	(TDN-4)
TestDaF - 등급 3	(TDN-3)

3. 플렉스 (FLEX)

FLEX(Foreign Language EXamination)는 1999년 한국외국어대학교가 개발한 전문적인 외국어능력시험으로 외국어 사용에 대한 전반적인 능력을 공정하고 균형 있게 평가할 수 있는 표준화된 도구입니다. 현재 독일어를 포함한 주요 7개 언어의 정기시험을 전국적으로 시행하고 있으며 그 외 한국외국어대학교에 개설되어 있는 세계 각국의 다양한 언어에 대한 평가가 가능한 외국어 능력 시험입니다. 또한 대외적으로 FLEX는 어학 학습 성취도, 객관적인 어학 능력의 측정은 물론 나아가 외국어 우수 인재 선발을 위한 시험으로 그 공신력과 변별력을 인정받아 정부, 준정부기관, 지자체, 공공기관, 공기업 등은 물론 국내 그룹사, 기업체, 외국계 회사, 학교 등에서 외국어 능력 평가의 기준으로 인정받아 왔으며 입사, 승진, 인사, 해외파견, 입학, 졸업, 학점인정 등의 평가 자료로 널리 활용되고 있습니다. FLEX는 4가지 영역, 즉 듣기, 읽기, 말하기, 쓰기로 나누어 측정할 수 있도록 개발되었습니다.

4. 국가직 7급 외무영사직

국가직 7급 상당 외무영사직 공채 외국어 선택과목이 2024년부터는 응시원서 접수 시 공인어학시험 성적표를 제출하는 것으로 변경되었습니다. 각 시험에서 기준 이상의 점수를 받아야 7급 외무영사직에 응시할 수 있는 자격이 생깁니다.

공인어학시험	스널트 (SNULT)	플렉스 (FLEX)	독일어능력시험 (Test DAF)	괴테어학시험 (Goethe Zertifikat)
기준점수	60점	750점	수준 3	GZ B2

5. 대학수학능력시험 및 내신 - 제2외국어 독일어

대학수학능력시험(Department of Education's College Scholastic Ability Test)의 독일어 부분과 독일어 자격증 시험(TestDaF)의 B1 레벨을 비교하면, TestDaF B1 레벨은 대학수학능력시험 독일어 부분보다 약간 높은 수준의 난이도를 요구합니다. TestDaF B1 레벨은 일상적인 상황에서 의사소통하는 데 필요한 독일어 능력을 평가하며, 기본적인 어휘와 문법, 독해, 작문, 듣기, 말하기 등이 출제됩니다. 대학수학능력시험 독일어는 B1 레벨의 독일어 지식을 바탕으로 일상적인 대화와 글쓰기 능력을 평가하는 것이므로, TestDaF B1 레벨보다는 난이도가 낮은 편에 속합니다. 그러나, 대학수학능력시험은 국내에서 모든 고등학교에서 교육과정에 포함되어 있기 때문에, TestDaF와 같은 독일어 자격증 시험에 비해 국내 학생들이 더 익숙한 형식의 문제가 출제되고, 대학 진학을 위한 전반적인 평가를 위해 다른 과목들과 함께 시행되기 때문에, 그 자체로 새로운 언어 능력을 평가하는 것보다는 대학진학을 위한 필수 과목으로서의 역할이 큽니다.

＊현재 제2외국어, 절대평가에서는 50점 만점에 45점 이상이어야 1등급이 나옵니다.
＊제2외국어 한문 영역 시험 17:05~17:45 (40분)
＊듣기평가는 실시하지 않습니다.

6. 스널트 (SNULT)

SNULT는 Seoul National University Language Test의 약자로, 서울대학교 언어교육원에서 개발하여 TEPS 관리위원회에서 시행하는 시험입니다. SNULT 정기 시험은 독일어를 포함한 7개 언어로 구성되어 있습니다. 해당 언어의 박사 학위를 소지한 연구원, 원어민, 교수 등 전문가들이 출제와 검토 후 녹음과 인쇄를 거쳐 시행하고 있으며, 지난 40여 년 간의 시험 데이터와 성과를 바탕으로 한 신뢰도와 타당도가 높은 시험입니다. SNULT는 정부 기관, 공공 기관, 은행 및 일반 기업의 의뢰를 받아 해외 파견 요원이나 유학생을 선발할 평가 도구의 필요에 의해 시행되기 시작하여 신입 사원 선발, 각급 기관 단체의 직원 인사고과 등의 용도로 사용되고 있습니다.

_____의 학습 진도표

나는 _____을 하기 위해

_____년 _____월까지 독일어 단어장을 끝낸다!

_____일에 _____과 씩 _____안에 완성

예 하루에 1과 씩 두 달 안에 완성, 하루에 2과 씩 30일 안에 완성

목표와 다짐을 적고 학습을 마친 날짜를 체크하면서 목표 달성도를 확인해 보세요.

1	2	3	4	5
6	7	8	9	10
11	12	13	14	15
16	17	18	19	20
21	22	23	24	25
26	27	28	29	30

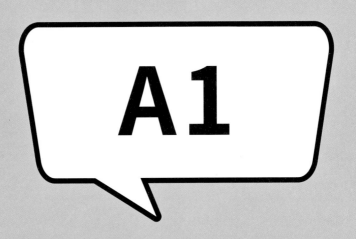

Alphabet 독일어 알파벳

독일어는 영어와 같은 26자의 알파벳에 ß [에스체트], ä [애], ö [외], ü [위]의 4개의 알파벳이 추가되며, 몇 가지 예외가 있지만 대부분은 알파벳대로 읽으면 됩니다.

Aa	[ɑ] [아]	**Bb**	be: [베]	**Cc**	tse: [체]
Dd	de: [데]	**Ee**	e: [에]	**Ff**	ɛf [에프]
Gg	ge: [게]	**Hh**	hɑ: [하]	**Ii**	i: [이]
Jj	jɔt [요트]	**Kk**	kɑ: [카]	**Ll**	ɛl [엘]
Mm	ɛm [엠]	**Nn**	ɛn [엔]	**Oo**	o: [오]
Pp	pe: [페]	**Qq**	ku: [쿠]	**Rr**	ɛʀ [에르/에아]
Ss	ɛs [에스]	**Tt**	te: [테]	**Uu**	u [우]
Vv	faʊ [파우]	**Ww**	ve: [베]	**Xx**	iks [익스]
Yy	ˈypsilɔn [윕실론]	**Zz**	tsɛt [체트]	**ß**	ɛs-ˈtsɛt [에스체트]
Ää	A-umlaut [애]	**Öö**	O-umlaut [외]	**Üü**	U-umlaut [위]

	복자음		복모음
ch	[ç], [x] [흐, 히]	**au**	[aʊ] [아우]
sch	[ʃ] [슈]	**ei**	[aɪ̯] [아이]
st	[st], [ʃt] [슈트]	**eu**	[ɔɣ̯] [어이, 오위]
pf	[p͡f] [프피]		

Hotel München
Anmeldeformular
호텔 뮌헨 신청서

Anreise: 12. 3. 2025
도착일: 2025년 3월 12일

Abreise: 15. 3. 2025
출발일: 2025년 3월 15일

Nachname: Meyer
성

Vorname: Eric
이름

Geburtsdatum: 14. 8. 2000
생일

Geschlecht: ☒ männlich ☐ weiblich
성별 ☒ 남성 ☐ 여성

Straße: Münchener Str. 34
거리

Postleitzahl, Stadt: 10825, Berlin
우편 번호, 도시

Land: Deutschland
나라

Passnummer: 99101208681
여권 번호

Telefonnummer: 089/739334
전화번호

Email: eric_0192@gmail.com
이메일

*A1 쓰기 시험 유형/인적 사항

주제별 주요 문장

A Wie heißen Sie?
이름이 무엇입니까?

B Ich heiße Karl Meyer.
내 이름은 칼 마이어입니다.

A Ich komme aus Korea und wohne in Seoul.
나는 한국에서 왔고 서울에 삽니다.

Ich spreche gut Koreanisch und ein bisschen Deutsch.
나는 한국어를 잘하고 독일어는 조금 합니다.

B Freut mich.
만나서 반갑습니다.

오늘의 어휘 정리

1	heißen	v ~라고 하다, ~라고 불리다	16	die Adresse	n 주소
2	wohnen	v 살다	17	das Land	n 나라, 시골
3	leben in	v ~에 살다	18	der Name	n 이름
4	sprechen	v 말하다	19	der Familienname	n 성, 씨 (= der Nachname)
5	sich freuen	v 기뻐하다	20	die Anmeldung	n 신청, 신청서
6	da sein	v 거기에 있다	21	die Entschuldigung	n 용서, 이해
7	kommen	v 오다	22	die Nummer	n 번호
8	kommen aus	v 출신이다	23	die Hauptstadt	n 수도
9	buchstabieren	v (낱말을) 철자하다	24	der Geburtsort	n 출생지
10	sein	v 있다, 존재하다	25	das Deutsch	n 독일어
11	die Stadt	v 도시	26	das Korea	n 한국
12	die Sprache	v 언어	27	die Postleitzahl	n 우편 번호
13	die Fremdsprache	v 외국어	28	die Heimat	n 고향
14	sich vorstellen	v 소개하다	29	das Formular	n 서식, 양식
15	die Information	n 정보	30	geboren	p.p 태어난

주요 어휘와 예문

01

heißen

- ☐ du heißt, er heißt
- ☐ heißen - hieß - geheißen

v ~라고 하다, ~라고 불리다

A1 A Wie **heißen** Sie?
성함이 무엇입니까?

B Ich **heiße** Karl Meyer.
저의 이름은 칼 마이어입니다.

A Wie **heißt** du?
너의 이름은 뭐니?

B Ich **heiße** Lena Raum.
저의 이름은 레나 라움입니다.

A1 A Wie **heißt** das auf Deutsch?
이것은 독일어로 뭐라고 부르니?

B Das **heißt** Apfel auf Deutsch.
이것은 독일어로 아펠이라고 합니다.

02

wohnen

- ☐ du wohnst, er wohnt
- ☐ wohnen - wohnte - gewohnt

v 살다

A1 A Wo **wohnen** Sie?
당신은 어디에 살고 있습니까?

B Ich **wohne** in Berlin.
나는 베를린에 살고 있습니다.

A1 Ich **wohne** im dritten Stock.
나는 3층(한국식 4층)에 산다.

03

leben in

- ☐ du lebst, er lebt
- ☐ leben - lebte - gelebt

v ~에 살다

A1 Ich **lebe in** München.
나는 뮌헨에 살고 있다.

das Leben 삶

A1 Das **Leben** hier macht mir viel Spaß.
여기서 사는 것이 나는 즐겁다.

B1 Herr Schmidt gewöhnt sich an das **Leben** in Korea.
슈미트 씨는 한국에서의 삶에 익숙해지고 있다.

DAY
01

04

sprechen

☐ du sprichst, er spricht
☐ sprechen - sprach - gesprochen

v 말하다

A1 A Was **sprechen** Sie?
어떤 언어를 사용하십니까?

B Ich **spreche** gut Englisch.
저는 영어를 잘합니다.

A1 Kann ich mit Peter **sprechen**?
페터와 통화할 수 있을까요?

* sagen 말하다, erzählen 이야기하다, mitteilen 전달하다

05

sich freuen

☐ du freust dich, er freut sich
☐ freuen - freute - gefreut

v 기뻐하다

A1 **Freut mich.**
만나서 반가워.

sich freuen auf
～을 기쁜 마음으로 기다리다 (다가올 사실)
A1 Ich **freue mich** schon **auf** die Ferien.
나는 벌써 기쁜 마음으로 방학을 기다린다.

sich freuen über
～을 기뻐하다 (현재나 과거의 사실)
A2 Ich **freue mich über** das Geschenk.
나는 선물에 대해 기뻐한다.

06

da sein

☐ du bist da, er ist da
☐ da sein - war da - da gewesen

v 거기에 있다

A1 Ist Frau Kim **da**, bitte?
김씨 부인이 거기 있나요?

07

kommen

☐ du kommst, er kommt
☐ kommen - kam - gekommen

v 오다

A1 A **Kommen** Sie auch?
당신도 오나요?

B Ja, gerne. Wann denn?
네, 그러죠. 그런데 언제요?

A1 Wie **komme** ich zum Bahnhof?
역으로 어떻게 가나요?

A1 **Kommen** Sie gut nach Hause!
집으로 조심해서 가십시오!

08
kommen aus

☐ du kommst aus, er kommt aus
☐ kommen - kam - gekommen

v 출신이다

A1 Ich **komme aus** Korea und wohne in Köln.
나는 한국에서 왔고 쾰른에서 산다.

09
buchstabieren

☐ du buchstabierst, er buchstabiert
☐ buchstabieren - buchstabierte - buchstabiert

v (낱말을) 철자하다

A1 Ich **buchstabiere** C-H-U-N-G.
나의 철자는 체 - 하 - 우 - 엔 - 게 이다.

∗ der Buchstabe **n** 철자

10
sein

☐ du bist, er ist
☐ sein - war - gewesen

v 있다, 존재하다

A1 Ich **bin** Markus.
나는 마쿠스야.

A1 Ich **bin** 20 Jahre alt.
나는 20살이다.

11
die Stadt

n 도시

A1 Meine **Stadt** Seoul liegt in Korea.
나의 도시 서울은 한국에 위치한다.

A2 In Deutschland gibt es kleine und große **Städte**.
독일에는 크고 작은 도시들이 있다.

A2 Sie sind auf dem Weg in die **Stadt**.
그들은 시내로 가는 중이다.

12
die Sprache

n 언어

A1 A Wie viele **Sprachen** sprichst du?
너는 몇 개의 언어를 구사하니?

B Ich spreche Koreanisch und Deutsch.
나는 한국어와 독일어를 구사해.

13
die Fremdsprache

n 외국어

A1 Wir lernen in der Schule zwei **Fremdsprachen**.
우리는 학교에서 두 가지 외국어를 배운다.

14
sich vorstellen
- ☐ du stellst dich vor, er stellt sich vor
- ☐ vorstellen - stellte vor - vorgestellt

v 소개하다

A1 Ich **stelle mich vor**.
제 소개를 하겠습니다.

A1 Darf ich **mich** Ihnen **vorstellen**?
제 소개를 해도 될까요?

15
die Information

n 정보

A1 Geben Sie mir Ihre **Information**.
당신의 정보를 주세요.

16
die Adresse

n 주소

A1 A Wie ist Ihre **Adresse**?
당신의 주소는 어떻게 되나요?

B 20249 Hamburg, Lerheidestraße 1.
20249 함부르크, 레어하이데 거리 1입니다.

A1 Weißt du seine neue **Adresse**?
너는 그의 새 주소를 아니?

A2 Bringen Sie mich zu dieser **Adresse**.
저를 이 주소로 데려다 주세요.

die Straße	n 거리
der Platz	n 장소
die Hausnummer	n 집 번지
die Postleitzahl	n 우편 번호
die Telefonnummer	n 전화번호

17
das Land

n 나라, 시골

A1 Ich möchte auf dem **Land** wohnen.
나는 시골에서 살고 싶다.

A1 Korea ist ein **Land** in Asien.
한국은 아시아에 있는 나라다.

18
der Name
(= der Vorname)

n 이름

A1 Wie ist Ihr **Name**?
이름이 무엇입니까?

19

der Familienname

n 성, 씨 (= der Nachname)

A1 A Hong ist mein **Familienname**.
홍이 내 성이다.

B Mein **Nachname** ist Müller.
나의 성은 뮐러입니다.

20

die Anmeldung

n 신청, 신청서

A1 Wo kann ich die **Anmeldung** abgeben?
어디에 이 신청서를 제출할 수 있습니까?

21

die Entschuldigung

n 용서, 이해

A1 **Entschuldigung**! ich bitte um
Entschuldigung.
실례합니다! 용서를 바랍니다.

* Tut mir leid. 미안합니다. 유감입니다

sich entschuldigen v 사과하다, 변명하다
A2 **Entschuldigen** Sie **mich** bitte!
사과합니다!

22

die Nummer

n 번호

A1 Wie ist Ihre **Nummer**?
전화번호가 어떻게 됩니까?

* die Telefonnummer n 전화번호

23

die Hauptstadt

n 수도

A1 Die **Hauptstadt** von Korea ist Seoul.
한국의 수도는 서울이다.

A1 Die **Hauptstadt** von Deutschland ist
Berlin.
독일의 수도는 베를린이다.

24

der Geburtsort

n 출생지

A1 Mein **Geburtsort** ist Frankfurt am Main.
나의 출생지는 프랑크푸어트 암 마인이다.

25
das Deutsch

n 독일어

A1 Ich spreche gut Koreanisch und ein bisschen **Deutsch**.
나는 한국어를 잘하고 독일어는 조금 한다.

A1 Ich spreche nur ein bisschen **Deutsch**.
나는 약간의 독일어만 구사한다.

A1 Sie sprechen schon gut **Deutsch**.
당신은 이미 독일어를 잘하십니다.

A1 Sprechen Sie bitte auf **Deutsch**!
독일어로 말해 주세요!

* deutsch a 독일(어)의

26
das Korea

n 한국

A1 **Korea** liegt in Asien.
한국은 아시아에 있다.

* das Koreanisch n 한국어
* koreanisch a 한국(어)의

der Koreaner 한국인

A2 Die **Koreaner** essen Reis und Gemüse mit Stäbchen, ohne Messer.
한국인은 칼 없이 젓가락으로 쌀과 야채를 먹는다.

27
die Postleitzahl

n 우편 번호

A1 Ich brauche Ihren Wohnort mit **Postleitzahl**, Straße und Hausnummer.
나는 우편 번호, 도로와 집 번지가 있는 당신 주소가 필요합니다.

28
die Heimat

n 고향

A1 Meine **Heimat** ist Korea.
나의 고향은 한국이다.

das Heimatland n 고향

A1 Ich vermisse mein **Heimatland**.
나는 나의 고향을 그리워한다.

29

das Formular

n 서식, 양식

A1 Füllen Sie bitte das grüne **Formular** aus!
이 녹색 양식을 채워 주세요!

30

geboren

p.p 태어난

A1 Wann sind Sie **geboren**?
당신은 언제 태어났나요?

	독일어	의미 쓰기	독일어 쓰기	재시
1	☐ heißen		☐	☐
2	☐ wohnen		☐	☐
3	☐ leben in		☐	☐
4	☐ sprechen		☐	☐
5	☐ sich freuen		☐	☐
6	☐ da sein		☐	☐
7	☐ kommen		☐	☐
8	☐ kommen aus		☐	☐
9	☐ buchstabieren		☐	☐
10	☐ sein		☐	☐
11	☐ die Stadt		☐	☐
12	☐ die Sprache		☐	☐
13	☐ die Fremdsprache		☐	☐
14	☐ sich vorstellen		☐	☐
15	☐ die Information		☐	☐
16	☐ die Adresse		☐	☐
17	☐ das Land		☐	☐
18	☐ der Name		☐	☐
19	☐ der Familienname		☐	☐
20	☐ die Anmeldung		☐	☐
21	☐ die Entschuldigung		☐	☐
22	☐ die Nummer		☐	☐
23	☐ die Hauptstadt		☐	☐
24	☐ der Geburtsort		☐	☐
25	☐ das Deutsch		☐	☐
26	☐ das Korea		☐	☐
27	☐ die Postleitzahl		☐	☐
28	☐ die Heimat		☐	☐
29	☐ das Formular		☐	☐
30	☐ geboren		☐	☐

1 다음 문장을 독일어로 작문해 보세요.

MP3 01_03

DAY 01

1. 당신은 어디에 살고 있습니까?

_____

2. 너는 몇 개의 언어를 구사하니?

_____

3. 제 소개를 하겠습니다.

_____

4. 당신의 주소는 어떻게 되나요?

_____

5. 한국의 수도는 서울이다.

_____

2 질문에 대한 답을 찾아 보세요.

1. Wie alt bist du?
2. Wer ist Frau Kim?
3. Sind Sie Herr Müller?
4. Guten Tag, ich bin Max.
5. Darf ich vorstellen, das ist Minsu.
6. Entschuldigung, wie ist Ihr Name?

ⓐ Ich bin 20 Jahre alt.
ⓑ Freut mich, mein Name ist Smith.
ⓒ Ja, das bin ich.
ⓓ Das bin ich.
ⓔ Guten Tag, Max.
ⓕ Mein Name ist Georg, Georg Brill.

 정답

1
1. Wo wohnen Sie?
2. Wie viele Sprachen sprichst du?
3. Ich stelle mich vor.
4. Wie ist Ihre Adresse?
5. Die Hauptstadt von Korea ist Seoul.

2
1. ⓐ
2. ⓓ
3. ⓒ
4. ⓔ
5. ⓑ
6. ⓕ

sich vorstellen 자기소개

- 독일어로 자신의 이름을 이야기할 때 3가지 방법이 있습니다.

> 1. Ich bin~ (영어의 I am~)
> 2. Mein Name ist~ (영어의 My name is~)
> 3. Ich heiße~ (저는 ~라고 불립니다)

Ich bin Jeni Kim. 저는 제니입니다.
Mein Name ist Jeni Kim. 저의 이름은 제니입니다.
Ich heiße Jeni Kim. 저는 제니라고 불립니다.

- vor는 '전, 이전', nach는 '후'라는 의미입니다. 우리는 홍길동이라고 하지만 독일에서는 길동 홍이라고 하죠? 그래서 앞에 오는 이름이 Vorname 뒤에 오는 성이 Nachname입니다.

Mein Vorname ist Jeni und Kim ist mein Nachname.
저의 이름은 제니이고 김은 저의 성입니다.

- 국적을 이야기하고 싶을 땐, 동사 kommen(오다)과 전치사 aus(~에서)를 사용합니다.

Ich komme aus Korea. 저는 한국에서 왔습니다.

- 거주하는 곳은 동사 wohnen(거주하다, 살다)와 전치사 in(~에)를 사용합니다.

Ich wohne in Seoul. 저는 서울에 살아요.

- 나이를 이야기할 때는 영어의 'I am 22 years old.' 문장 구조랑 같다고 생각하시면 됩니다. 참고로 Jahre alt는 생략도 가능합니다. 부록의 숫자 읽기(p.160)를 참고해 주세요.

Ich bin 22 (zweiundzwanzig) Jahre alt. 저는 22살입니다.

- 취미는 Mein Hobby ist 다음에 자신의 취미를 넣으시면 됩니다.

Mein Hobby ist Musik hören / Filme sehen / malen / lesen.
저의 취미는 음악 듣기 / 영화 보기 / 그림 그리기 / 독서입니다.

- 자기소개를 한번 적어 보세요.

저의 이름은 ~입니다.	_____
저는 한국에서 왔습니다.	_____
저는 ~에 살고 있습니다.	_____
저의 나이는 ~입니다.	_____
저의 취미는 ~입니다.	_____

DAY 02 가족과 친구

die Großeltern n 조부모님   **die Eltern** n 부모님

der Großvater   n 할아버지   der Vater   n 아버지
die Großmutter n 할머니   die Mutter n 어머니

die Schwester n 여자 형제
der Bruder   n 남자 형제

그 외 단어

die Leute	n 사람들	der Mensch	n 인간
die Person	n 사람	der Nachbar	n 이웃
der Sohn	n 아들	die Tochter	n 딸
der Junge	n 소년	das Mädchen	n 소녀
der Onkel	n 삼촌	die Tante	n 이모
die Hausfrau	n 주부	das Kind	n 아이
das Ehepaar	n 부부	Schwiegereltern	n 시부모님
die Großfamilie	n 대가족	die Kleinfamilie	n 핵가족

주제별 주요 문장 MP3 02_01 ○○○

A Wer ist das?
이분은 누구입니까?

B Das sind meine Eltern.
이분들은 나의 부모님입니다.

A Sind Sie verheiratet oder ledig?
당신은 기혼이세요, 미혼이세요?

B Ich bin verheiratet. Ich habe ein Kind.
저는 기혼입니다. 저는 아이가 한 명 있습니다.

오늘의 어휘 정리 MP3 02_02

1	möchten	v 하려 하다, 하고 싶다	16	(pl.) die Eltern	n 부모님
2	heiraten	v 결혼하다	17	der Sohn	n 아들
3	danken	v 감사하다, 고마워하다	18	der Freund	n (남자) 친구
4	(keine) Kinder haben	v 아이가 (없다) 있다	19	die Tante	n 이모, 숙모, 고모
5	zusammenleben	v 함께 살다	20	der Mann	n 남자, 남편
6	lieben	v 사랑하다, 좋아하다	21	der Wohnort	n 거주지
7	besuchen	v 방문하다	22	der Familienstand	n 가족 사항
8	nennen	v 명명하다, ~라고 부르다	23	das Familienfoto	n 가족사진
9	teilen	v 나누다	24	die Hochzeit	n 결혼
10	kennen	v 알다	25	das Alter	n 나이, 노년
11	der Herr	n ~씨, 신사	26	der Hund	n 개, 강아지
12	die Familie	n 가족	27	die Großfamilie	n 대가족 (↔ die kleinfamilie)
13	(pl.) die Geschwister	n 형제, 자매	28	Wie geht es...?	어떻게 지내?
14	(pl.) die Großeltern	n 조부모	29	Wie alt...?	몇 살?
15	der Großvater	n 할아버지	30	Das ist~	이분은 ~입니다, 이것은 ~이다

주요 어휘와 예문

01

möchten

☐ du möchtest, er möchte
☐ möchten - mochte - gemocht

v 하려 하다, 하고 싶다

A1 Was **möchten** Sie mit Ihrer Familie machen?
당신은 가족들과 무엇을 하고 싶나요?

02

heiraten

☐ du heiratest, er heiratet
☐ heiraten - heiratete - geheiratet

v 결혼하다

A1 Meine Schwester **heiratet** am 3. Januar.
나의 언니는 1월 3일에 결혼한다.

verheiratet 결혼한, 기혼의
A1 A Sind Sie **verheiratet** oder ledig?
당신은 기혼입니까 아니면 미혼입니까?
B Ich bin **verheiratet**.
나는 기혼입니다.

ledig	a 미혼인
verwitwet	a 사별한
geschieden	a 이혼한

03

danken

☐ du dankst, er dankt
☐ danken - dankte - gedankt

v 감사하다, 고마워하다

A1 Ich **danke** dir für die Einladung.
초대해 줘서 고마워!

A1 A Danke. / Vielen Dank. / Danke sehr!
고맙습니다. / 정말 감사합니다. / 대단히 감사합니다!
B Nichts zu danken!
천만에요!

04

(keine) Kinder haben

☐ du hast, er hat
☐ haben - hatte - gehabt

v 아이가 (없다) 있다

A1 A **Haben** Sie **Kinder**?
아이가 있습니까?
B Ich **habe** ein **Kind**.
나는 아이가 한 명 있습니다.
C Ich **habe** keine **Kinder**.
나는 아이들이 없습니다.

05
zusammenleben

☐ du lebst zusammen,
er lebt zusammen
☐ zusammenleben - lebte
zusammen - zusammengelebt

v 함께 살다

A1 Ich **lebe** mit meiner Familie **zusammen**.
나는 나의 가족과 함께 산다.

A2 In letzter Zeit **leben** viele junge Paare
zusammen.
오늘날 많은 젊은 커플들은 함께 살고 있다.

06
lieben

☐ du liebst, er liebt
☐ lieben - liebte - geliebt

v 사랑하다, 좋아하다

A1 Ich **liebe** dich.
나는 너를 사랑한다.

A1 Ich **liebe** meine Familie.
나는 나의 가족을 사랑한다.

07
besuchen

☐ du besuchst, er besucht
☐ besuchen - besuchte - besucht

v 방문하다

A1 Ich **besuche** oft meine Tante.
나는 이모를 자주 방문한다.

A1 Karl **besucht** die Grundschule.
칼은 초등학교에 다닌다.

08
nennen

☐ du nennst, er nennt
☐ nennen - nannte - genannt

v 명명하다, ~라고 부르다

A1 Meine Freunde **nennen** mich Mia.
나의 친구들은 나를 미아라고 부른다.

09
teilen

☐ du teilst, er teilt
☐ teilen - teilte - geteilt

v 나누다

A1 Ich **teile** ein Zimmer mit meinem Bruder.
나는 나의 남동생과 방을 나누어 쓴다.

10
kennen

☐ du kennst, er kennt
☐ kennen - kannte - gekannt

v 알다

A1 Ich **kenne** sie nicht.
나는 그녀를 알지 못한다.

11
der Herr

n ~씨, 신사

A1 Ich kenne den **Herr** Kim nicht.
나는 그 김 씨를 알지 못한다.

* die Dame n 숙녀, 부인

12
die Familie

n 가족

A1 Meine **Familie** wohnt in Daegu.
나의 가족은 대구에 산다.

A1 Meine **Familie** geht diesen Sommer ans Meer.
우리 가족은 올해 여름에 바다로 간다.

der Vater	n 아버지	der Bruder	n 남자 형제
die Mutter	n 어머니	die Schwester	n 여자 형제
der Großvater	n 할아버지	der Opa	n 할아버지
die Großmutter	n 할머니	die Oma	n 할머니
(pl.) die Eltern	n 부모	die Tochter	n 딸
das Kind	n 아이	der Sohn	n 아들
(pl.) die Geschwister	n 형제자매	(pl.) die Großeltern	n 조부모

13
(pl.) die Geschwister

n 형제자매

A1 A Hast du **Geschwister**?
너는 형제자매가 있니?

B Ja, ich habe einen Bruder und zwei Schwestern.
응, 형제 한 명과 자매 둘이 있어.

14
(pl.) die Großeltern

n 조부모

A1 Die **Großeltern** sind der Großvater und die Großmutter.
조부모는 할아버지와 할머니다.

15
der Großvater

n 할아버지

A1 Der **Großvater** ist der Vater meines Vaters.
할아버지는 아버지의 아버지다.

die Großmutter n 할머니
A1 Meine **Großmutter** ist nicht so groß, wie ich.
우리 할머니는 나만큼 키가 크지 않다.

16
(pl.) die Eltern

n 부모님

A1 Das sind meine **Eltern**.
이분들은 나의 부모님이다.

A2 Grüßen Sie Ihre **Eltern** herzlich von mir!
저의 안부를 당신의 부모님께 전해 주십시오!

17
der Sohn

n 아들

A1 Er hat einen **Sohn** und zwei Töchter.
그는 아들 하나와 딸 둘이 있다.

* die Tochter n 딸

18
der Freund

n (남자) 친구

A1 Das ist mein **Freund**.
이 사람은 나의 남자 친구이다.

A1 Ich habe viele **Freunde**.
나는 친구들이 많다.

> **die Freundin** n (여자) 친구
> **A1** Das ist meine **Freundin**.
> 이 사람은 나의 (여자) 친구다.
> **A1** Ich habe noch keine **Freundin**.
> 나는 아직 (여자) 친구가 없다.

19
die Tante

n 이모, 숙모, 고모

A1 Ich gehe mit meiner **Tante** einkaufen.
나는 이모와 쇼핑을 간다.

A1 Die **Tante** ist die Schwester meines Vaters.
고모는 아버지의 여자 형제다.

* der Onkel n 삼촌

20
der Mann

n 남자, 남편

A1 Darf ich Ihnen meinen **Mann** vorstellen?
당신에게 제 남편을 소개시켜 드려도 될까요?

* die Frau n 부인, 아내

21
der Wohnort

n 거주지

A1 Wo ist dein **Wohnort**?
너의 거주지는 어디니?

A2 Ich musste meinen **Wohnort** wechseln.
나는 나의 거주지를 옮겨야만 했다.

22
der Familienstand

n 가족 사항

A1 Kreuzen Sie Ihren **Familienstand** an.
당신의 가족 사항에 X 표시 하세요.

23
das Familienfoto

n 가족사진

A1 Ist das dein **Familienfoto**?
이것이 너의 가족사진이니?

24
die Hochzeit

n 결혼

A1 Wann findet die **Hochzeit** statt?
언제 결혼식을 합니까?

die Braut	n 약혼녀, 신부
der Bräutigam	n 신랑
das Brautpaar	n 신랑 신부
die Trauung	n 결혼

25
das Alter

n 나이, 노년

A2 60 ist kein **Alter**.
60은 늙은 나이가 아니다.

* alt a 나이가 많은, 늙은

26
der Hund

n 개, 강아지

A1 Wir haben einen **Hund**. Er heißt Maxi.
우리는 한 마리의 강아지가 있다. 이름은 막시이다.

das Tier	n 동물
das Haustier	n 가축
das Lieblingstier	n 반려동물

27
die Großfamilie

n 대가족 (↔ die Kleinfamilie)

A1 Meine Familie ist eine **Großfamilie**.
나의 가족은 대가족이다.

28
Wie geht es...?

어떻게 지내?

A1 A **Wie geht es** dir?
어떻게 지내?

B Mir geht es gut.
나는 잘 지내.

A1 A **Wie geht es** Ihnen heute?
오늘 어떠세요?

B Mir geht es schlecht.
나는 잘 지내지 못해.

A1 A **Wie geht es** deiner Mutter?
어머니는 어떻게 지내세요?

B Es geht ihr sehr gut.
그녀는 매우 잘 지냅니다.

* Wie geht~는 독일어 문장에서 여격(Dativ), 즉 3격을 필요로 하는 표현입니다.

gut	좋아
super	아주 좋아
sehr gut	아주 좋아
es geht	그냥 그래
nicht so gut	그렇게 좋지 않아
schlecht	나빠

29
Wie alt...?

몇 살?

A1 A **Wie alt** ist Ihr Kind?
당신의 아이는 몇 살입니까?

B Mein Kind ist 3 (drei) Jahre alt.
나의 아이는 3살입니다.

A1 A **Wie alt** sind Ihre Kinder?
당신의 아이들은 몇 살입니까?

B 8 (acht) und 10 (zehn).
8살과 10살입니다.

* alt a 나이가 많은, 늙은

30
Das ist~

이분은 ~입니다, 이것은 ~이다

A1 **Das ist** meine Kollegin Frau Jung.
이분은 나의 (여자) 동료 정 씨입니다.

	독일어	의미 쓰기	독일어 쓰기	재시
1	☐ möchten		☐	☐
2	☐ heiraten		☐	☐
3	☐ danken		☐	☐
4	☐ (keine) Kinder haben		☐	☐
5	☐ zusammenleben		☐	☐
6	☐ lieben		☐	☐
7	☐ besuchen		☐	☐
8	☐ nennen		☐	☐
9	☐ teilen		☐	☐
10	☐ kennen		☐	☐
11	☐ der Herr		☐	☐
12	☐ die Familie		☐	☐
13	☐ (pl.) die Geschwister		☐	☐
14	☐ (pl.) die Großeltern		☐	☐
15	☐ der Großvater		☐	☐
16	☐ (pl.) die Eltern		☐	☐
17	☐ der Sohn		☐	☐
18	☐ der Freund		☐	☐
19	☐ die Tante		☐	☐
20	☐ der Mann		☐	☐
21	☐ der Wohnort		☐	☐
22	☐ der Familienstand		☐	☐
23	☐ das Familienfoto		☐	☐
24	☐ die Hochzeit		☐	☐
25	☐ das Alter		☐	☐
26	☐ der Hund		☐	☐
27	☐ die Großfamilie		☐	☐
28	☐ Wie geht es...?		☐	☐
29	☐ Wie alt...?		☐	☐
30	☐ Das ist~		☐	☐

Check up!

1 다음 문장을 독일어로 작문해 보세요.

MP3 02_03

1. 아이가 있습니까?

   _____

2. 나는 나의 가족을 사랑한다.

   _____

3. 나의 가족은 대구에 산다.

   _____

4. 너는 형제자매가 있니?

   _____

5. 나의 가족은 대가족이다.

   _____

2 빈 칸에 들어갈 알맞은 단어를 찾아 보세요.

| Schwester   Tante   Onkel   Großmutter   Großvater   Großeltern |

1. Der Bruder meines Vaters ist mein _____.

2. Die Mutter meines Vaters ist meine _____.

3. Der Vater meines Vaters ist mein _____.

4. Die Tochter meiner Mutter ist meine _____.

5. Die Schwester meines Vaters ist meine _____.

정답

1
1. Haben Sie Kinder?
2. Ich liebe meine Familie.
3. Meine Familie wohnt in Daegu.
4. Hast du Geschwister?
5. Meine Familie ist eine Großfamilie.

2
1. Onkel
2. Großmutter
3. Großvater
4. Schwester
5. Tante

DAY 03 식생활

음식 (n das Essen)

das Brot	n 빵	die Suppe	n 수프
der Apfel	n 사과	der Käse	n 치즈
das Fleisch	n 고기	der Hamburger	n 햄버거
das Gemüse	n 야채	das Obst	n 과일
der Fisch	n 생선	der Reis	n 쌀
der Kuchen	n 케이크	die Kartoffel	n 감자

음료 (n das Getränk)

der Apfelsaft	n 사과 주스	das Bier	n 맥주
das Wasser	n 물	die Milch	n 우유
der Tee	n 차	der Wein	n 와인
der Kaffee	n 커피		

주제별 주요 문장

MP3 03_01 ◯◯◯

A Mein Lieblingsessen ist Pizza.
내가 좋아하는 음식은 피자야.

B Das schmeckt sehr gut.
그것은 매우 맛있어.

A Ich habe Hunger.
나는 배고프다.

B Was kostet eine Pizza?
피자는 얼마야?

A Sie kostet 10 Euro.
10유로야.

오늘의 어휘 정리

MP3 03_02

1	es gibt	v (무엇이) 있다, 존재하다	16	das Lieblingsessen	n 좋아하는 음식
2	kosten	v 비용이 ~이다	17	der Markt	n 시장
3	schmecken	v 맛이 ~하다	18	das Sonderangebot	n 특가 상품
4	bestellen	v 주문하다	19	der Preis	n 가격
5	bringen	v 가져오다	20	der Euro	n 유로
6	haben	v 가지고 있다	21	der Becher	n 컵
7	Durst haben	v 목마르다	22	das Abendessen	n 저녁 식사
8	Hunger haben	v 배고프다	23	die Speisekarte	n 메뉴판
9	trinken	v 마시다	24	die Kasse	n 카운터, 금고
10	essen	v 먹다	25	die Rechnung	n 계산서
11	backen	v 굽다	26	der Appetit	n 식욕
12	nehmen	v 잡다, 사다	27	sonst	n 그밖에
13	reservieren	v 예약하다	28	billig	a 싼, 저렴한
14	das Lebensmittel	n 생필품	29	lecker	a 맛있는
15	das Restaurant	n 레스토랑, 식당	30	lieber	adv 더 즐겨, 차라리

주요 어휘와 예문

01
es gibt

v (무엇이) 있다, 존재하다

A1 A Wo **gibt es** hier Brot?
이곳은 어디에 빵이 있나요?

B In der Bäckerei Schmidt.
슈미트 베이커리에 있습니다.

A1 In der Stadt **gibt es** viel Lärm und Luftverschmutzung.
이 도시는 소음이 심하고 대기 오염이 있다.

* der Lärm v 소음

* die Luftverschmutzung v 대기 오염

02
kosten

☐ es kostet
☐ kosten - kostete - gekostet

v 비용이 ~이다

A1 A Was **kostet** eine Pizza?
피자는 얼마인가요?

B Sie **kostet** 10 Euro.
10유로야.

03
schmecken

☐ du schmeckst, er schmeckt
☐ schmecken - schmeckte - geschmeckt

v 맛이 ~하다

A1 A Wie **schmeckt** es?
맛이 어때?

B Das **schmeckt** sehr gut.
그것은 매우 맛있다.

A1 Das Eis **schmeckt** mir gut.
아이스크림은 맛있다.

04
bestellen

☐ du bestellst, er bestellt
☐ bestellen - bestellte - bestellt

v 주문하다

A1 Ich möchte bitte **bestellen**.
저는 주문하고 싶습니다.

A1 A Haben Sie schon **bestellt**?
이미 주문하셨습니까?

B Nein, noch nicht.
아뇨, 아직이요.

A1 Das habe ich nicht **bestellt**.
그건 내가 주문한 것이 아닙니다.

A2 Er hat eine Karte für das Konzert **bestellt**.
그는 연주회를 위한 표를 예매했다.

05

bringen

☐ du bringst, er bringt
☐ bringen - brachte - gebracht

v 가져오다

A1 **A** Verzeihen Sie, die Speise ist nicht frisch und zu kalt.
죄송합니다. 요리는 신선하지 않고 너무 차갑네요.

B Oh, das tut mir leid. Ich **bringe** Ihnen eine neue Speise.
미안합니다. 제가 당신에게 새로운 요리를 가져다 드리겠습니다.

A1 Er **bringt** mich mit seinem Wagen nach Hause.
그는 나를 그의 차로 집에 바래다준다.

06

haben

☐ du hast, er hat
☐ haben - hatte - gehabt

v 가지고 있다

A1 **Haben** Sie Salz?
소금이 있나요?

07

Durst haben

☐ du hast, er hat
☐ haben - hatte - gehabt

v 목마르다

A1 Ich **habe Durst**.
나는 목이 마르다.

A1 Ich **habe** großen **Durst**. Bitte, eine Flasche Cola!
나는 매우 목이 마르다. 콜라 한 병 주세요!

* der Durst **n** 갈증

durstig a 목이 마른, 갈증을 느끼는
A2 Ich bin sehr **durstig**.
나는 무척 목이 마르다.

08

Hunger haben

☐ du hast, er hat
☐ haben - hatte - gehabt

v 배고프다

A1 Ich **habe Hunger**.
나는 배고픕니다.

A1 Jetzt sind alle müde und **haben Hunger** und Durst.
이제 모두 지쳐 배고프고 목마르다.

* der Hunger **n** 허기, 배고픔

hungrig a 배고픈
A2 Ich bin sehr **hungrig**.
나는 무척 배고프다.

09
trinken

☐ du trinkst, er trinkt
☐ trinken - trank - getrunken

v 마시다

A1 Ich **trinke** nicht so gern Saft.
나는 주스를 그다지 즐겨 마시지 않는다.

A1 Ich **trinke** jetzt nichts.
나는 지금 아무것도 마시지 않는다.

10
essen

☐ du isst, er isst
☐ essen - aß - gegessen

v 먹다

A1 Was **isst** du gern?
너는 무엇을 즐겨 먹니?

A1 **Essen** Sie gern Hähnchen?
당신은 치킨을 즐겨 먹습니까?

A1 Um wie viel Uhr **isst** du zu Mittag?
너는 몇 시에 점심을 먹니?

das Essen n 음식
A2 Was gibt's zum **Essen**?
식사로 무엇이 있나요?

11
backen

☐ du bäckst, er bäckt
☐ backen - backte - gebacken

v 굽다

A1 Meine Mutter **bäckt** Plätzchen und Kuchen.
나의 어머니는 쿠키와 케이크를 굽는다.

12
nehmen

☐ du nimmst, er nimmt
☐ nehmen - nahm - genommen

v 잡다, 사다

A1 Ich **nehme** die Suppe, bitte.
(식당에서 주문 시) 저는 수프를 먹겠어요.

A1 Ich **nehme** eine Tasse Kaffee mit Milch.
저는 우유를 넣은 커피 한 잔을 주세요.

A1 Soll ich ein Taxi **nehmen**?
제가 택시를 이용해야 하나요?

A1 Wie oft soll ich die Tabletten **nehmen**?
약은 몇 번 복용해야 하나요?

13

reservieren

☐ du reservierst, er reserviert
☐ reservieren - reservierte - reserviert

v 예약하다

A1 Ich möchte einen Tisch für uns **reservieren**.
우리는 테이블을 예약하고 싶습니다.

reserviert p.p 예약된
A2 Der Tisch ist **reserviert**.
이 책상은 예약되었습니다.

14

das Lebensmittel

n 식료품, 생필품

A1 Er geht **Lebensmittel** kaufen.
그는 식품을 사러 간다.

der Apfel	n 사과	die Sahne	n 크림
der Kaffee	n 커피	die Tomate	n 토마토
der Fisch	n 생선	die Traube	n 포도
der Käse	n 치즈	die Suppe	n 수프
der Kuchen	n 케이크	die Wurst	n 소시지
der Saft	n 주스	das Bier	n 맥주
der Reis	n 쌀	das Fleisch	n 고기
der Tee	n 차	das Brot	n 빵
der Wein	n 와인	das Brötchen	n 브뢰첸 (빵 이름)
der Salat	n 샐러드	das Gemüse	n 채소
der Schinken	n 햄	das Ei	n 달걀
die Orange	n 오렌지	das Getränk	n 음료
die Butter	n 버터	das Wasser	n 물
die Cola	n 콜라	das Obst	n 과일
die Birne	n 배	das Öl	n 기름
die Milch	n 우유	das Hähnchen	n 치킨
die Kartoffel	n 감자		

15
das Restaurant

n 레스토랑, 식당

A1 A Ich kenne ein italienisches **Restaurant** in der Nähe. Das **Restaurant** finde ich gut.
나는 근처에 있는 이탈리안 레스토랑을 알아.
나는 이 레스토랑이 좋다고 생각해.

B Wo ist das **Restaurant**?
그 레스토랑은 어디에 있어?

der Kellner	n 웨이터
die Kellnerin	n 웨이트리스
das Trinkgeld	n 팁

16
das Lieblingsessen

n 좋아하는 음식

A1 Mein **Lieblingsessen** ist Pizza.
내가 가장 좋아하는 음식은 피자이다.

17
der Markt

n 시장

A1 Gibt es hier einen **Markt**?
이곳에 시장이 있나요?

＊ der Supermarkt n 슈퍼마켓

18
das Sonderangebot

n 특가 상품

A1 Ich habe den Anzug als **Sonderangebot** gekauft.
나는 그 양복을 특가로 구매했다.

19
der Preis

n 가격

A1 Der **Preis** gefällt mir.
가격이 마음에 든다.

20
der Euro

n 유로

A1 100 Gramm Käse kosten 1 **Euro** 10.
100그램의 치즈는 1유로 10센트입니다.

0,10 Euro	zehn Cent	10 센트
1,00 Euro	ein Euro	1 유로
1,10 Euro	ein Euro zehn	1 유로 10

21
der Becher

n 컵

A1 Er gießt ein wenig Wasser in den **Becher**.
그는 물을 컵에 조금 따랐다.

22
das Abendessen

n 저녁 식사

A1 Um wie viel Uhr gibt es **Abendessen**?
몇 시에 저녁 식사가 있습니까?

A1 Zum **Abendessen** isst er Gemüse und Fleisch.
저녁 식사로 그는 야채와 고기를 먹는다.

23
die Speisekarte

n 메뉴판

A1 Die **Speisekarte**, bitte.
메뉴판을 부탁합니다.

| die Karte | n 카드 | die Eintrittskarte | n 입장권 |
| die Fahrkarte | n 차표 | die Landkarte | n 국가 지도 |

24
die Kasse

n 카운터, 금고

A1 Bitte zahlen Sie an der **Kasse**!
카운터에서 계산해 주세요!

25
die Rechnung

n 계산서

A1 A Könnten Sie bitte die **Rechnung** bezahlen?
계산해 주시겠습니까?

B Ja, gern.
네, 그러죠.

26
der Appetit

n 식욕

A1 A Guten **Appetit**!
맛있게 드세요!

B Danke, gleichfalls!
감사합니다. 당신도요.

A2 Ich habe in letzter Zeit keinen **Appetit**.
나는 최근에 식욕이 없다.

27
sonst

a 그밖에

[A1] A Wünschen [Möchten] Sie **sonst** noch etwas? (= **Sonst** noch etwas?)
그밖에 더 원하는 게 있습니까?

B Nein, danke. Das ist alles.
아니요, 감사합니다. 이것이 전부입니다.

sonst adv 그 외에, 그렇지 않다면
[A2] Du musst jetzt gehen, **sonst** musst du morgen früh gehen.
너는 지금 가야 한다. 그렇지 않으면 내일 일찍 가야 한다.

28
billig

a 싼, 저렴한

[A1] Das Obst ist heute **billig**.
과일이 오늘 저렴하다.

[A1] Auf dem Flohmarkt kann man alle Sachen **billig** kaufen.
벼룩시장에서는 모든 물건을 저렴하게 살 수 있다.

29
lecker

a 맛있는

[A1] **Lecker!** (= Das schmeckt gut!)
맛있다!

[A1] Der Apfelkuchen ist sehr **lecker**.
그 사과 케이크는 매우 맛있다.

30
lieber

adv 더 즐겨, 차라리

[A1] Ich trinke **lieber** Tee als Kaffee.
나는 커피보다 차를 더 즐겨 마신다.

[A1] Ich fahre **lieber** mit der U-Bahn.
나는 차라리 지하철 타고 가겠다.

[A2] Ich würde doch **lieber** morgen gehen.
나는 차라리 내일 가는 것이 더 낫다.

am liebsten (최상급) 가장 좋아하는
[A2] Ich trinke **am liebsten** Bier.
나는 맥주 마시는 것을 가장 좋아한다.

	독일어	의미 쓰기	독일어 쓰기	재시
1	☐ es gibt		☐	☐
2	☐ kosten		☐	☐
3	☐ schmecken		☐	☐
4	☐ bestellen		☐	☐
5	☐ bringen		☐	☐
6	☐ haben		☐	☐
7	☐ Durst haben		☐	☐
8	☐ Hunger haben		☐	☐
9	☐ trinken		☐	☐
10	☐ essen		☐	☐
11	☐ backen		☐	☐
12	☐ nehmen		☐	☐
13	☐ reservieren		☐	☐
14	☐ das Lebensmittel		☐	☐
15	☐ das Restaurant		☐	☐
16	☐ das Lieblingsessen		☐	☐
17	☐ der Markt		☐	☐
18	☐ das Sonderangebot		☐	☐
19	☐ der Preis		☐	☐
20	☐ der Euro		☐	☐
21	☐ der Becher		☐	☐
22	☐ das Abendessen		☐	☐
23	☐ die Speisekarte		☐	☐
24	☐ die Kasse		☐	☐
25	☐ die Rechnung		☐	☐
26	☐ der Appetit		☐	☐
27	☐ sonst		☐	☐
28	☐ billig		☐	☐
29	☐ lecker		☐	☐
30	☐ lieber		☐	☐

Check up!

1 다음 문장을 독일어로 작문해 보세요.

MP3 03_03

  1. 이미 주문하셨습니까?

    _____

  2. 나는 주스를 그다지 즐겨 마시지 않는다.

    _____

  3. 당신은 치킨을 즐겨 먹습니까?

    _____

  4. 그는 식품을 사러 간다.

    _____

  5. 나는 커피보다 차를 더 즐겨 마신다.

    _____

2 질문에 대한 답을 찾아 보세요.

  1. Trinkst du gern Bier?   ⓐ Einen Kaffee bitte.

  2. Möchtest du noch mehr Ketchup?   ⓑ Nein. Ich habe keinen Hunger.

  3. Was ist denn das für ein Getränk?   ⓒ Nein Danke.

  4. Möchtest du etwas trinken?   ⓓ Nein, ich mag kein Bier.

  5. Wollen wir jetzt essen gehen?   ⓔ Ja, gerne. Ich habe Durst.

 정답

1
1. Haben Sie schon bestellt?
2. Ich trinke nicht so gern Saft.
3. Essen Sie gern(e) Hähnchen?
4. Er geht Lebensmittel kaufen.
5. Ich trinke lieber Tee als Kaffee.

2
1. ⓓ
2. ⓒ
3. ⓐ
4. ⓔ
5. ⓑ

DAY 04 일상

	공식적인 표현 (기사 시각, 방송 등의 공용 시각): 시 → 분 순서로 말한다. 시 + Uhr + 분	일상 회화적 표현 (일상 시각): 분 → 시 순서로 말한다. vor 전 / nach 후 + 시 15분 = viertel 30분 = halb + 1시간
1:00	Es ist ein Uhr.	ein Uhr
1:05	Es ist ein Uhr fünf.	fünf nach eins
1:10	Es ist ein Uhr zehn.	zehn nach eins
1:15	Es ist ein Uhr fünfzehn.	viertel nach eins. (일상 표현에서 15분 = viertel)
1:20	Es ist ein Uhr zwanzig.	zwanzig nach eins zehn vor halb zwei
1:25	Es ist ein Uhr fünfundzwanzig.	fünf vor halb zwei
1:30	Es ist ein Uhr dreißig.	halb zwei.
1:35	Es ist ein Uhr fünfunddreißig.	fünf nach halb zwei
1:40	Es ist ein Uhr vierzig.	zehn nach halb zwei
1:45	Es ist ein Uhr fünfundvierzig.	viertel vor zwei.
1:50	Es ist ein Uhr fünfzig.	zehn vor zwei
1:55	Es ist ein Uhr fünfundfünfzig.	fünf vor zwei
2:00	Es ist zwei Uhr.	zwei Uhr

um ~ Uhr ~시에

Ich komme um 4 Uhr.　　　　나는 4시에 온다.

um ~정각에, ~주위에

Um sieben Uhr frühstücke ich.　　7시에 나는 아침을 먹는다.

Es ist ~ Uhr ~몇 시이다

Es ist 3 Uhr.　　　　　　　3시이다.

Es ist kurz vor　　　　　　~시 (몇 분) 전이다
Es ist kurz nach　　　　　~시 (몇 분) 후이다
Es ist halb (+1시간)　　　~시 반이다
Es ist viertel vor/nach　　~시 15분 전/후이다

gleich / kurz 사용법

1:03 Es ist kurz nach eins.　　1시가 조금 지났다.
1:58 Es ist kurz vor zwei.　　　2시 되기 조금 전이다.
　　　Es ist gleich zwei.　　　곧 2시다.

Ich bin Sara.
나는 사라예요.

Ich stehe jeden Morgen um halb sieben auf.
나는 매일 아침 6시 반에 일어납니다.

Die Schule beginnt jeden Morgen um 8 Uhr.
학교는 매일 아침 8시에 시작합니다.

Am Abend sehe ich gern fern.
저녁에 나는 TV를 즐겨 봅니다.

Ich gehe heute früh ins Bett.
나는 오늘 일찍 자러 갑니다.

오늘의 어휘 정리   **MP3** 04_02

1	beginnen	v 시작하다	16	brauchen	.v 필요하다
2	arbeiten	v 일하다	17	rauchen	v (담배) 피우다
3	kochen	v 요리하다	18	sich duschen	v 샤워하다
4	aufräumen	v 청소하다	19	waschen	v 씻다
5	aufstehen	v 일어나다	20	anrufen	v 전화 걸다
6	denken	v 생각하다	21	bitten	v 부탁하다, 실례지만, 제발
7	gehen	v 가다	22	der Morgen	n 아침
8	frühstücken	v 아침을 먹다	23	die Uhr	n 시간, 시각, 시계
9	ins Bett gehen	v 침대로 가다	24	die Zeit	n 시간, ～시
10	helfen	v 돕다	25	die Stunde	n 시간, 때, 순간
11	schicken	v 보내다	26	der Tag	n 날
12	sehen	v 보다	27	die Woche	n 주
13	schlafen	v 잠자다	28	das Wochenende	n 주말
14	wecken	v 깨우다	29	der Monat	n 월, 달
15	baden	v 목욕시키다	30	der Vormittag	n 오전 (↔ der Nachmittag)

주요 어휘와 예문

01
beginnen

☐ du beginnst, er beginnt
☐ beginnen - begann - begonnen

v 시작하다

A1 Die Schule **beginnt** jeden Morgen um 8 Uhr.
학교는 매일 아침 8시에 시작된다.

A2 Sie **begann** mit der Arbeit.
그녀는 일하기 시작했다.

02
arbeiten

☐ du arbeitest, er arbeitet
☐ arbeiten - arbeitete - gearbeitet

v 일하다

A1 Ich **arbeite** nicht gern.
나는 일하는 것을 좋아하지 않는다.

jobben v 일하다
A2 Viele Schüler und Studenten **jobben** in den Ferien.
많은 학생들과 대학생들은 방학에 일을 한다.

der Job v 직업
A1 Ich suche einen neuen **Job**.
나는 하나의 새로운 일을 찾는다.

03
kochen

☐ du kochst, er kocht
☐ kochen - kochte - gekocht

v 요리하다

A1 Ich **koche** gern.
나는 요리하는 것을 좋아한다.

A1 Meine Mutter **kocht** gern.
나의 어머니는 요리를 좋아한다.

04
aufräumen

☐ du räumst auf, er räumt auf
☐ aufräumen - räumte auf - aufgeräumt

v 청소하다

A1 Meine Mutter **räumt** jeden Tag **auf**.
나의 어머니는 매일 청소를 한다.

05
aufstehen

☐ du stehst auf, er steht auf
☐ aufstehen - stand auf - aufgestanden

v 일어나다

A1 Ich **stehe** um 9 Uhr **auf**.
나는 9시에 일어난다.

A1 Ich **stehe** jeden Morgen um halb sieben **auf**.
나는 매일 아침 6시 반에 일어난다.

06
denken
☐ du denkst, er denkt
☐ denken - dachte - gedacht

v 생각하다

A1 A An wen **denkst** du?
너는 누구를 생각하니?

B Ich **denke** immer an dich.
나는 항상 너를 생각해.

07
gehen
☐ du gehst, er geht
☐ gehen - ging - gegangen

v 가다

A1 Ich **gehe** jeden Morgen zu Fuß.
나는 매일 아침 걸어서 간다.

* zu Fuß 걸어서

A1 Meine Tochter **geht** noch aufs(= auf das) Gymnasium.
나의 딸은 아직 김나지움에 다닌다.

A1 **Geht** es hier zum Zentrum?
이곳이 시내로 가는 길인가요?

A2 Am Anfang **ging** alles ganz gut.
처음엔 모든 게 순조로웠다.

08
frühstücken
☐ du frühstückst, er frühstückt
☐ frühstücken - frühstückte - gefrühstückt

v 아침을 먹다

A1 **Frühstücken** Sie jeden Morgen?
당신은 매일 아침 식사를 하시나요?

A1 Um wie viel Uhr **frühstücken** Sie?
몇 시에 아침 식사를 하세요?

* Frühstück machen v 아침 식사를 준비하다

das Frühstück n 아침 식사
A1 Ich **frühstücke** um 7 Uhr.
저는 7시에 아침을 먹어요.

09
ins Bett gehen
☐ du gehst, er geht
☐ gehen - ging - gegangen

v 침대로 가다

A1 Ich **gehe** heute früh **ins Bett**.
나는 오늘 일찍 자러 간다.

10
helfen
☐ du hilfst, er hilft
☐ helfen - half - geholfen

v 돕다

A1 Kann ich Ihnen **helfen**?
제가 당신을 도와드릴까요?

A1 Können Sie mir **helfen**?
당신은 저를 도와주실 수 있습니까?

A2 Kannst du mir bei der Arbeit **helfen**?
내 일을 도와줄 수 있겠니?

A2 Können Sie mir mit meinem Gepäck **helfen**?
내 짐을 도와줄 수 있겠어요?

11

schicken

☐ du schickst, er schickt
☐ schicken - schickte - geschickt

v 보내다

A1 **Schicken** Sie mir eine Email.
저에게 메일을 보내세요.

A1 Ich möchte diesen Brief per Luftpost **schicken**.
나는 이 편지를 항공 우편으로 보내고 싶습니다.

12

sehen

☐ du siehst, er sieht
☐ sehen - sah - gesehen

v 보다

A1 Ich **sehe** ihn im Garten arbeiten.
나는 그가 정원에서 일하는 것을 본다.

A1 Ohne Brille kann ich das nicht **sehen**.
나는 안경 없이는 그것을 볼 수가 없다.

13

schlafen

☐ du schläfst, er schläft
☐ schlafen - schlief - geschlafen

v 잠자다

A1 Wann **schläfst** du?
너는 언제 자니?

A1 Ich **schlafe** jeden Tag 7 Stunden.
나는 매일 7시간을 잔다.

A1 Mein Kind **schläft** auf dem Rücksitz.
내 아이는 뒷좌석에서 잠을 잔다.

14

wecken

☐ du weckst, er weckt
☐ wecken - weckte - geweckt

v 깨우다

A1 **Wecken** Sie mich bitte morgen früh um 6 Uhr!
저를 내일 일찍 6시에 깨워 주세요!

A1 Kannst du mich morgen um 6 Uhr **wecken**?
내일 아침 6시에 나를 깨워 줄 수 있니?

15

baden

☐ du badest, er badet
☐ baden - badete - gebadet

v 목욕시키다

A1 Er **badet** sein Baby jeden Abend.
그는 아기를 저녁마다 목욕시킨다.

16

brauchen

☐ du brauchst, er braucht
☐ brauchen - brauchte - gebraucht

v 필요하다

A1 Ich **brauche** etwas zu essen.
나는 먹을 것이 필요하다.

A1 Mit dem Bus **brauchst** du zehn Minuten.
너는 버스로는 십 분이 필요하다.

A1 Du **brauchst** jetzt nicht zu arbeiten.
너는 지금 일할 필요가 없다.

17

rauchen

☐ du rauchst, er raucht
☐ rauchen - rauchte - geraucht

v (담배) 피우다

A1 Hier darf man nicht **rauchen**.
이곳에서 담배 피우시면 안 됩니다.

A1 Mein Vater **raucht** immer.
나의 아버지는 항상 담배를 피우신다.

A2 Stört es Sie, wenn ich **rauche**?
제가 담배 피우는 것이 당신에게 방해가 됩니까?

18

sich duschen

☐ du duschst dich, er duscht sich
☐ duschen - duschte - geduscht

v 샤워하다

A1 Ich **dusche mich** jeden Abend.
나는 저녁마다 샤워를 한다.

A2 Es ist eine Gewohnheit von mir jeden Tag um 8 Uhr **mich** zu **duschen**.
매일 8시에 샤워를 하는 것은 나에게 하나의 습관이다.

19

waschen

☐ du wäschst, er wäscht
☐ waschen - wusch - gewaschen

v 씻다

A1 Vor dem Essen **wasche** ich mir die Hände.
식사 전에 나는 손을 씻는다.

A1 Sie dürfen den Mantel nicht in der Waschmaschine **waschen**.
이 코트는 세탁기에 돌리시면 안 됩니다.

20

anrufen

☐ du rufst an, er ruft an
☐ anrufen - rief an - angerufen

v 전화 걸다

A1 Ich **rufe** dich **an**, wenn ich Zeit habe.
내가 시간 있으면, 너에게 전화할게.

A1 Wen **ruft** sie am Abend **an**?
그녀는 저녁에 누구에게 전화합니까?

A2 Würdest du mich bitte **anrufen**?
나에게 전화 좀 해 주지 않을래?

der Anruf n 전화
- **A1** Danke für Ihren **Anruf**.
  전화 걸어 주셔서 감사합니다.
- **A2** Ein **Anruf** für Sie!
  당신에게 전화가 왔습니다!

21

bitten

☐ du bittest, er bittet
☐ bitten - bat - gebeten

v 부탁하다, 실례지만, 제발
- **A1** **Bitte**!
  부탁합니다!
- **A1** Wie **bitte**?
  뭐라고요?
- **A1** A Entschuldigen Sie, darf ich Sie um etwas **bitten**?
  실례지만 제가 당신에게 무엇을 부탁해도 될까요?
  B **Bitte** schön! / **Bitte** sehr!
  네! / 그럼요!
- **A2** Ich **bitte** Sie, mir zu helfen.
  저를 도와주시기를 부탁드립니다.

22

der Morgen

n 아침
- **A1** Guten **Morgen**!
  좋은 아침입니다!
- **A1** Ich arbeite vom **Morgen** bis zum Abend.
  나는 아침부터 저녁까지 일을 한다.

morgens adv 아침에
- **A1** Ich stehe **morgens** um sechs Uhr auf.
  나는 아침 6시에 일어난다.

| der Morgen | n 아침 | morgens | adv 아침에 |
| am Morgen | n 아침에 | jeden Morgen | 매일 아침 |

23

die Uhr

n 시간, 시각, 시계
- **A1** A Wieviel **Uhr** ist es jetzt?
  (= Wie spät ist es?)
  지금 몇 시입니까?
  B Es ist 3 **Uhr**.
  3시 입니다.

24
die Zeit

n 시간, ~시

A1 A Haben Sie am Samstag **Zeit**?
당신은 토요일에 시간이 있나요?

B Ich habe keine **Zeit**.
저는 시간이 없어요.

A2 Um welche **Zeit** sind Sie normalerweise zu Hause?
보통 당신은 언제 집에 있나요?

die Uhrzeit n 시각, 시간
A1 Kannst du mir die **Uhrzeit** sagen?
나에게 시간을 말해 줄 수 있니?

25
die Stunde

n 시간, 때, 순간

A1 Ich lerne 2 **Stunden** Deutsch.
나는 두 시간 독일어를 배운다.

A1 Wie viel verdienst du in der **Stunde**?
너는 시간당 얼마나 버니?

26
der Tag

n 날

A1 **Tag** und Nacht lerne ich.
나는 밤낮으로 공부한다.

A2 Der **Tag** war sonning.
그날은 매우 맑았다.

der Montag	n 월요일	der Freitag	n 금요일
der Dienstag	n 화요일	der Samstag	n 토요일
der Mittwoch	n 수요일	der Sonntag	n 일요일
der Donnerstag	n 목요일		

A1 Was machen Sie am **Donnerstag**?
목요일에 뭐하세요?

A1 Am **Donnerstag** bin ich frei.
목요일에 나는 시간이 있어요.

27
die Woche

n 주

A1 Nächste **Woche** fliege ich nach Deutschland.
나는 다음 주에 독일로 출국한다.

A1 Die **Woche** hat 7 Tage.
한 주는 7일이다.

A1 Er ruft mich einmal in der **Woche** an.
그는 일주일에 한 번 나에게 전화한다.

A1 Ich bin seit zwei **Wochen** hier.
나는 2주 전부터 이곳에 있다.

28
das Wochenende

n 주말

A1 Am **Wochenende** machen wir einen Ausflug.
주말에 우리는 소풍을 간다.

A1 Schönes **Wochenende**!
주말 잘 보내세요!

DAY
04

29
das Wochenende

n 월, 달

A1 In diesem **Monat** habe ich ein Interview.
이번 달에 나는 인터뷰가 있습니다.

der Januar	n 1월	der Juli	n 7월
der Februar	n 2월	der August	n 8월
der März	n 3월	der September	n 9월
der April	n 4월	der Oktober	n 10월
der Mai	n 5월	der November	n 11월
der Juni	n 6월	der Dezember	n 12월

30
der Vormittag

n 오전 (↔ der Nachmittag)

A1 Am **Vormittag** jogge ich gern um 7 Uhr und dann frühstücke ich.
나는 오전 7시에 조깅하는 것을 좋아하고 그다음에는 아침 식사를 한다.

der Nachmittag n 오후
A1 Ich gehe am **Nachmittag** ins Theater.
나는 오후에 극장에 간다.

der Mittag	n 정오
nachmittags	adv 오후에
vormittags	adv 오전에

DAY 04 일상 **61**

	독일어	의미 쓰기	독일어 쓰기	재시
1	☐ beginnen		☐	☐
2	☐ arbeiten		☐	☐
3	☐ kochen		☐	☐
4	☐ aufräumen		☐	☐
5	☐ aufstehen		☐	☐
6	☐ denken		☐	☐
7	☐ gehen		☐	☐
8	☐ frühstücken		☐	☐
9	☐ ins Bett gehen		☐	☐
10	☐ helfen		☐	☐
11	☐ schicken		☐	☐
12	☐ sehen		☐	☐
13	☐ schlafen		☐	☐
14	☐ wecken		☐	☐
15	☐ baden		☐	☐
16	☐ brauchen		☐	☐
17	☐ rauchen		☐	☐
18	☐ sich duschen		☐	☐
19	☐ waschen		☐	☐
20	☐ anrufen		☐	☐
21	☐ bitten		☐	☐
22	☐ der Morgen		☐	☐
23	☐ die Uhr		☐	☐
24	☐ die Zeit		☐	☐
25	☐ die Stunde		☐	☐
26	☐ der Tag		☐	☐
27	☐ die Woche		☐	☐
28	☐ das Wochenende		☐	☐
29	☐ der Monat		☐	☐
30	☐ der Vormittag		☐	☐

Check up!

1 다음 문장을 독일어로 작문해 보세요.　　　　　　　　　　　　　　　**MP3** 04_03

　　1. 어떻게 지내세요?

　　　_____

　　2. 주말에 우리는 소풍을 간다.

　　　_____

　　3. 몇 시에 아침 식사를 하세요?

　　　_____

　　4. 당신은 저를 도와주실 수 있습니까?

　　　_____

　　5. 나는 매일 7시간을 잔다.

　　　_____

2 일상회화적 시간을 독일어로 적어 보세요.

　　1. Wie spät ist es?

　　　⇨ Es ist _____ (12:15)

　　2. Um wie viel Uhr kommst du?

　　　⇨ Um _____. (10:45)

　　3. Wie spät ist es?

　　　⇨ Es ist _____. (5:30)

　　4. Um wie viel Uhr beginnt das Fußballspiel?

　　　⇨ Das Fußballspiel beginnt um _____ Uhr. (20:00)

정답

2 1. viertel nach zwölf
2. viertel vor elf
3. halb sechs
4. acht

1 1. Wie geht es Ihnen?
2. Am Wochenende machen wir einen Ausflug.
3. Um wie viel Uhr frühstücken Sie?
4. Können Sie mir helfen?
5. Ich schlafe jeden Tag 7 Stunden.

der Tag 하루

Welches Datum ist heute?
오늘 며칠입니까?

Heute ist der 1. 10. 2025
(der erste, Oktober, zweitausendfünfundzwanzig).
오늘은 2025년 10월 1일입니다.

der Tag	–	der Monat	–	das Jahr
날, 일	–	월	–	년, 해

gestern	–	heute	–	morgen	–	übermorgen
어제	–	오늘	–	내일	–	모레

날짜 표현은 우리나라와 다르게 일, 월, 연도 순서로 쓰고, 날짜는 서수+en형식으로 쓴다.

Wann bist du geboren?
너는 언제 태어났니?

Ich bin am 10.(zehnten) März 2000 geboren.
나는 2000년 3월 10일에 태어났어.

Wann hat sie Geburtstag?
그녀는 생일이 언제니?

Sie hat am 20.(zwanzigsten) Januar Geburtstag.
1월 20일이 그녀의 생일이야.

· 월(月)의 명칭은 모두 남성명사(m)이다.

Januar (1월)	Februar (2월)	März (3월)	April (4월)
Mai (5월)	Juni (6월)	Juli (7월)	August (8월)
September (9월)	Oktober (10월)	November (11월)	Dezember (12월)

· 요일의 명칭도 모두 남성명사(m)이다.

Montag	Dienstag	Mittwoch	Donnerstag	Freitag	Samstag	Sonntag
월요일	화요일	수요일	목요일	금요일	토요일	일요일

Check up!

1 빈칸에 알맞은 단어를 넣으세요.

1. 어제 저녁에 우리는 영화관에 있었다.

   _____ Abend waren wir im Kino.

2. 그는 오늘 독일로 간다.

   Er fährt _____ nach Deutschland.

3. 모레 나는 뮌헨으로 간다.

   _____ fahre ich nach München.

2 다음 문장을 해석하세요.

1. Nächsten Monat fahre ich nach Bonn.

   _____

2. Letztes Jahr war ich zum ersten Mal in Spanien.

   _____

3. Welcher Tag ist heute?

   _____

4. Heute ist Sonntag.

   _____

 정답

2 1. 다음 달에 나는 본으로 갈 것이다.	**1** 1. Gestern
2. 지난해 나는 처음으로 스페인에 가봤다.	2. heute
3. 오늘 무슨 요일입니까?	3. Übermorgen
4. 오늘은 일요일이야.	

DAY 05 학교

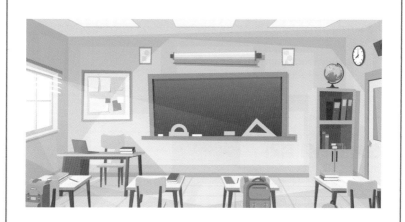

das Klassenzimmer n 교실

der Kugelschreiber	n 볼펜	das Papier	n 종이
der Bleistift	n 연필	die Uhr	n 시계
die Tafel	n 칠판	das Bild	n 그림
der Computer	n 컴퓨터	die Lampe	n 등
die Brille	n 안경	der Ball	n 공

das Fach n 과목

die Geschichte	n 역사, 이야기	die Kunst	n 미술
die Mathe(matik)	n 수학	die Musik	n 음악
die Chemie	n 화학	der Sport	n 스포츠
das Deutsch	n 독일어		
das Englisch	n 영어		

주제별 주요 문장

MP3 05_01 ◯◯◯

Ich lerne zurzeit Deutsch.
저는 요즘 독일어를 배웁니다.

Ich will in Deutschland studieren.
저는 독일에서 공부하고 싶습니다.

Ich kann noch nicht gut Deutsch schreiben.
저는 아직 독일어로 잘 쓰지 못합니다.

Ich muss viele Wörter lernen.
저는 많은 단어를 배워야 합니다.

오늘의 어휘 정리

MP3 05_02

1	lernen	v 배우다	16	die Antwort	n 대답
2	studieren	v (대학에서) 공부하다, 전공하다	17	der Student	n 대학생
3	ergänzen	v 보충하다	18	die Schule	n 학교
4	bekommen	v 얻다	19	der Lehrer	n 교사
5	wiederholen	v 반복하다	20	der Schüler	n 학생
6	wissen	v 알다	21	die Klasse	n 학급
7	hören	v 듣다	22	(pl.) die Ferien	n 방학
8	lesen	v 읽다	23	die Lektion	n (교과서의) 과
9	markieren	v 표시하다	24	das Wörterbuch	n 사전
10	finden	v 찾다, 생각하다	25	die Prüfung	n 시험
11	verstehen	v 이해하다	26	die Universität	n 대학교
12	schreiben	v 쓰다	27	der Unterricht	n 수업
13	erklären	v 설명하다	28	die Grammatik	n 문법
14	erzählen	v 이야기하다	29	die Aufgabe	n 과제, 숙제
15	die Hausaufgabe	n 숙제	30	der Text	n 텍스트

주요 어휘와 예문

01

lernen

☐ du lernst, er lernt
☐ lernen - lernte - gelernt

v 배우다

A1 Ich **lerne** Deutsch.
나는 독일어를 배운다.

A1 In der Schule **lernen** die Kinder Lesen und Schreiben.
학교에서 아이들은 읽고 쓰는 것을 배운다.

A1 Ich muss für die Prüfung **lernen**.
나는 시험을 위해 공부를 해야만 한다.

＊ das Lernen **n** 배움

02

studieren

☐ du studierst, er studiert
☐ studieren - studierte - studiert
(haben)

v (대학에서) 공부하다, 전공하다

A1 Ich will in Deutschland **studieren**.
나는 독일에서 공부하고 싶다.

A1 Ich **studiere** in Seoul und **studiere** Jura.
나는 서울에서 대학을 다니고 법학을 전공한다.

A2 A Was haben Sie **studiert**?
당신은 무엇을 전공 했습니까?

B Ich habe Germanistik **studiert**.
나는 독어독문학을 전공했습니다.

03

ergänzen

☐ du ergänzt, er ergänzt
☐ ergänzen - ergänzte - ergänzt

v 보충하다

A1 **Ergänzen** Sie bitte Ihren Satz.
당신의 문장을 보충해 주세요.

04

bekommen

☐ du bekommst, er bekommt
☐ bekommen - bekam -
bekommen

v 얻다

A1 In Mathe und Geschichte **bekomme** ich fast immer „sehr gut".
수학과 역사에 나는 거의 항상 "수"를 받는다.

A1 Wie viel Euro **bekomme** ich für 100 Dollar?
제가 100달러에 몇 유로를 받나요?

05
wiederholen

☐ du wiederholst, er wiederholt
☐ wiederholen - wiederholte - wiederholt

v 반복하다

A1 Bitte **wiederholen** Sie den Satz!
그 문장을 반복하세요!

A1 Können Sie das bitte **wiederholen**?
다시 반복해 주시겠어요?

A2 Er ist in der Prüfung durchgefallen und muss ein Jahr **wiederholen**.
그는 시험에 떨어졌고 일 년을 다시 공부해야만 한다.

06
wissen

☐ du weißt, er weiß
☐ wissen - wusste - gewusst

v 알다

A1 Ich **weiß** es nicht.
나는 그것을 알지 못한다.

A1 **Weißt** du, wie unser Lehrer heißt?
우리 선생님 성함을 아니?

A1 Du **weißt** doch, wir brauchen eine Lösung.
너도 알다시피, 우리는 해결책이 필요해.

A1 Woher **wissen** Sie das?
그것을 어떻게 아세요?

07
hören

☐ du hörst, er hört
☐ hören - hörte - gehört

v 듣다

A1 Ich **höre** gern Radio.
나는 라디오를 즐겨 듣는다.

A2 Ich **höre** oft Deutsche Welle, um Deutsch zu lernen.
나는 독일어를 배우기 위해서 도이체웰레(독일 공영라디오)를 자주 듣는다.

08
lesen

☐ du liest, er liest
☐ lesen - las - gelesen

v 읽다

A1 Ich **lese** gern.
나는 책 읽는 것을 좋아한다.

A1 **Lesen** Sie bitte laut!
큰 소리로 읽으세요!

A1 In der Schule **lesen** wir ein Buch von Goethe.
학교에서 우리는 괴테의 서적을 읽는다.

A2 Ich habe **gelesen**, dass es ab heute Sonderangebote gibt.
나는 오늘부터 특가가 있다고 읽었다.

09
markieren

☐ du markierst, er markiert
☐ markieren - markierte - markiert

v 표시하다

A1 **Markieren** Sie die Antwort.
정답에 표시하세요.

A2 Die Lösung ist **markiert**.
해답은 표시되어 있다.

10
finden

☐ du findest, er findet
☐ finden - fand - gefunden

v 찾다, 생각하다

A1 Wie **findest** du deinen Lehrer?
너의 선생님을 어떻게 생각해?

A1 Ich **finde**, Deutsch ist sehr wichtig.
내가 생각하기에 독일어는 매우 중요하다.

A1 Ich **finde**, Freunde treffen ist nicht so wichtig.
내가 생각하기에 친구들을 만나는 것은 그렇게 중요하지 않다.

A2 Endlich habe ich meine Uhr **gefunden**.
드디어 나는 시계를 찾았다.

11
verstehen

☐ du verstehst, er versteht
☐ verstehen - verstand - verstanden

v 이해하다

A1 Ich **verstehe** dieses Wort nicht.
나는 이 단어를 이해하지 못합니다.

A2 Das habe ich nicht **verstanden**.
그것을 나는 이해하지 못했다.

12
schreiben

☐ du schreibst, er schreibt
☐ schreiben - schrieb - geschrieben

v 쓰다

A1 Er **schreibt** das Wort an die Tafel.
그는 그 단어를 칠판에 쓴다.

13
erklären

☐ du erklärst, er erklärt
☐ erklären - erklärte - erklärt

v 설명하다

A1 Können Sie mir den Satz **erklären**?
그 문장을 저에게 설명해 주시겠습니까?

14
erzählen

☐ du erzählst, er erzählt
☐ erzählen - erzählte - erzählt

v 이야기하다

A1 **Erzähl** mir die Geschichte.
나에게 그 이야기를 해 줘.

A2 Habe ich dir von der Aufgabe **erzählt**?
내가 과제에 대해서 이야기했니?

15
die Hausaufgabe

n 숙제

A1 Was für eine **Hausaufgabe** hast du?
너는 어떤 숙제가 있니?

A1 Kannst du mir bei den **Hausaufgaben** helfen?
너는 네게 숙제하는 것을 도와줄 수 있니?

A1 Ich helfe ihm bei der **Hausaufgabe**.
나는 그의 숙제를 도와준다.

16
die Antwort

n 대답

A1 Ich warte auf deine **Antwort**.
나는 너의 대답을 기다린다.

A1 Die **Antwort** passt nicht.
대답이 맞지 않다.

17
der Student

n 대학생

A1 Der **Student** lernt sehr fleißig.
그 대학생은 매우 열심히 배운다.

A2 Viele **Studenten** sind gekommen.
많은 대학생들이 왔다.

A2 Die meisten **Studenten** in diesem Kurs sind im ersten Semester.
이 강좌의 대부분의 학생은 1학기 학생들이다.

18
die Schule

n 학교

A1 Um wie viel Uhr gehst du zur **Schule**?
너는 몇 시에 학교에 가니?

A1 Wir haben am Nachmittag keine **Schule**.
우리는 오후에 수업이 없다.

das Gymnasum	n 김나지움 (독일의 인문계 중등 고등 통합학교)
die Mittelschule	n (우리나라) 중학교
die Oberschule	n (우리나라) 고등학교
die Berufsschule	n 직업학교
die Realschule	n 실업학교
die Universität	n 대학교
die Hochschule	n 대학, 단과대학
die Musikhochschule	n 음악대학
die Fachhochschule	n 전문대학

19

der Lehrer

n 교사

A1 Er ist unser **Lehrer**.
그는 우리의 선생님이다.

A2 Der **Lehrer** hat uns heute viele Hausaufgaben gegeben.
선생님은 오늘 우리에게 많은 숙제를 주었다.

der Klassenlehrer n 담임
A1 Ich mag meinen **Klassenlehrer**.
나는 담임 선생님을 좋아한다.

20

der Schüler

n 학생

A1 Der **Schüler** kann gut Englisch sprechen.
그 학생은 영어로 말을 잘한다.

A1 Der **Schüler** fragt und der Lehrer antwortet.
학생은 묻고 선생님은 답변한다.

21

die Klasse

n 학급

A1 Ich bin in der erste **Klasse**.
나는 1학년이다.

A1 In unserer **Klasse** sind insgesamt 30 Schüler und Schülerinnen.
우리의 교실에는 총 30명의 남학생들과 여학생들이 있다.

A1 A Erste **Klasse** oder zweite **Klasse**?
(기차표) 일등석으로 드릴까요 아니면 이등석으로 드릴까요?

B Zweite **Klasse**, bitte!
이등석으로 주세요!

A2 Peter ist der größte Schüler in der **Klasse**.
페터는 반에서 제일 큰 학생이다.

22
(pl.) die Ferien

n 방학

A1 Wann hast du **Ferien**?
너는 언제 방학이니?

A1 Die **Ferien** gehen bald zu Ende.
방학이 곧 끝난다.

A1 Was machst du in den **Ferien**?
너는 방학 때 무엇을 하니?

A1 Ich habe ab Montag **Ferien**!
나는 월요일부터 방학이야!

* die Sommerferien n 여름방학

* die Winterferien n 겨울방학

23
die Lektion

n (교과서의) 과

A1 Wir sind in der **Lektion** 3.
우리는 3과를 배우고 있다.

A2 Die **Lektion** 2 ist schwieriger als die **Lektion** 1.
2과는 1과보다 더 어렵다.

24
das Wörterbuch

n 사전

A1 Das deutsche **Wörterbuch** hat viele Wörter.
이 독일어 사전은 단어가 많다.

A1 Wie viele **Wörterbücher** hast du?
너는 사전을 몇 권 가지고 있니?

das Wort n 말, 단어 (pl. Wörter)

A1 Wir müssen viele **Wörter** lernen.
우리는 많은 단어를 배워야 한다.

25
die Prüfung

n 시험

A1 Morgen habe ich eine wichtige **Prüfung**.
내일 나는 중요한 시험이 있다.

A2 Er hat die **Prüfung** bestanden.
그는 시험에 합격했다.

26
die Universität

n 대학교

A1 Welche **Universität** besuchen Sie?
어느 대학에 다니세요?

27
der Unterricht

n 수업

A1 Am Vormittag habe ich **Unterricht**.
오전에 나는 수업이 있다.

A1 Der **Unterricht** ist aus.
수업이 끝났다.

28
die Grammatik

n 문법

A1 Ich mag die deutsche **Grammatik** nicht.
나는 독일어 문법을 좋아하지 않는다.

29
die Aufgabe

n 과제, 숙제

A1 Zuerst macht er seine **Aufgabe**.
그는 먼저 숙제를 한다.

＊ die Hausaufgabe n 숙제

30
der Text

n 텍스트

A1 Lesen Sie bitte einmal laut den **Text**!
텍스트를 크게 한번 읽어 보세요!

DAY 05 단어 시험

	독일어	의미 쓰기	독일어 쓰기	재시
1	☐ lernen		☐	☐
2	☐ studieren		☐	☐
3	☐ ergänzen		☐	☐
4	☐ bekommen		☐	☐
5	☐ wiederholen		☐	☐
6	☐ wissen		☐	☐
7	☐ hören		☐	☐
8	☐ lesen		☐	☐
9	☐ markieren		☐	☐
10	☐ finden		☐	☐
11	☐ verstehen		☐	☐
12	☐ schreiben		☐	☐
13	☐ erklären		☐	☐
14	☐ erzählen		☐	☐
15	☐ die Hausaufgabe		☐	☐
16	☐ die Antwort		☐	☐
17	☐ der Student		☐	☐
18	☐ die Schule		☐	☐
19	☐ der Lehrer		☐	☐
20	☐ der Schüler		☐	☐
21	☐ die Klasse		☐	☐
22	☐ (pl.) die Ferien		☐	☐
23	☐ die Lektion		☐	☐
24	☐ das Wörterbuch		☐	☐
25	☐ die Prüfung		☐	☐
26	☐ die Universität		☐	☐
27	☐ der Unterricht		☐	☐
28	☐ die Grammatik		☐	☐
29	☐ die Aufgabe		☐	☐
30	☐ der Text		☐	☐

Check up!

1 다음 문장을 독일어로 작문해 보세요.   **MP3** 05_03

1. 어느 대학에 다니세요?

   _____

2. 오전에 나는 수업이 있다.

   _____

3. 그 문장을 저에게 설명해 주시겠습니까?

   _____

4. 내가 생각하기에 독일어는 매우 중요하다.

   _____

5. 우리는 오후에 수업이 없다.

   _____

2 주어진 동사를 명령형으로 바꿔서 빈칸을 채워 보세요.

Beispiel

> **Komm zum Markt!** (kommen)
> 마트에 와!

1. _____ doch zur Schule, Peter! (gehen). 학교에 가 페터!

2. _____ wir doch jetzt. Aber _____ doch nicht so viel! (essen)

   우리 이제 밥 먹자. 하지만 너희 너무 많이 먹지 마!

3. _____ das Buch, Fritz! (lesen) 책을 읽어 프리츠!

4. Hana und Lisa, _____ zu mir! (kommen) 하나와 리자야, 나에게 와!

5. _____ fleißig! (lernen) 열심히 공부해!

🔔 정답

1
1. Welche Universität besuchen Sie?
2. Am Vormittag habe ich Unterricht.
3. Können Sie mir den Satz erklären?
4. Ich finde, Deutsch ist sehr wichtig.
5. Wir haben am Nachmittag keine Schule.
(= Wir haben am Nachmittag keinen Unterricht)

2
1. Geh
2. Essen, Esst
3. Lies
4. komm
5. Lern(e)

der Beruf 직업

Ich mag meinen Deutschlehrer.
난 나의 (남)독일어 선생님을 좋아해.

Ich mag meine Deutschlehrerin.
난 나의 (여)독일어 선생님을 좋아해.

직업 (남/여)	뜻
der Arzt / die Ärztin	n 의사
der Architekt / die Architektin	n 건축가
der Hausmann / die Hausfrau	n 주부
der Kaufmann / die Kauffrau	n 상인
der Journalist / die Journalistin	n 기자
der Praktikant / die Praktikantin	n 실습생
der Verkäufer / die Verkäuferin	n 판매원
der Anwalt / die Anwältin	n 변호사
der Schauspieler / die Schauspielerin	n 배우
der Polizist / die Polizistin	n 경찰
der Auszubildende / die Auszubildende	n 견습생
der Mechaniker / die Mechanikerin	n 기계공
der Bauer / die Bäuerin	n 농부
der Lehrer / die Lehrerin	n 선생님
der Beamte / die Beamtin	n 공무원

DAY 06 쇼핑

das Kaufhaus	n 백화점	der Markt	n 시장

die Tasche	n 가방	das T-Shirt	n 티셔츠
der Pullover	n 스웨터	das Hemd	n 셔츠
das Kleid	n 원피스	der Mantel	n 코트, 외투
die Bluse	n 블라우스	die Hose	n 바지
die Jeans	n 청바지	die Jacke	n 자켓
der Anzug	n 양복	der Schuh	n 신발

주제별 주요 문장

MP3 06_01

Maria geht am Wochenende einkaufen.
마리아는 주말에 쇼핑하러 간다.

A Was kann ich für Sie tun?
제가 무엇을 도와드릴까요?

B Zeigen Sie mir die Schuhe. Und mir gefällt der Mantel.
이 신발을 보여 주세요. 그리고 그 코트가 마음에 들어요.

A Wollen Sie ihn einmal anprobieren?
이것을 한번 입어 보실래요?

B Ja. Das will ich.
네. 그러고 싶어요.

오늘의 어휘 정리

MP3 06_02

1	kaufen	v 사다	16	tun	v 하다, 행하다
2	einkaufen	v 구매하다, 쇼핑하다	17	meinen	v 생각하다, 여기다
3	vergleichen	v 비교하다	18	sich schminken	v 화장하다
4	empfehlen	v 추천하다	19	das Kaufhaus	n 백화점, 큰 상점
5	wählen	v 선택하다, 고르다	20	die Farbe	n 색깔
6	zeigen	v 보여 주다, 가르쳐 주다	21	die Größe	n 사이즈, 크기
7	anschauen	v 바라보다	22	der Gast	n 손님
8	suchen	v 찾다	23	die Qualität	n 품질
9	rechnen	v 계산하다	24	die Kleidung	n 의류
10	anziehen	v 옷을 입다	25	klein	a 작은 (↔ groß)
11	anprobieren	v 입어 보다	26	neu	a 새로운, 최신의
12	bezahlen	v 지불하다	27	günstig	a 유익한, 저렴한
13	zahlen	v 계산하다	28	kurz	a 짧은 (↔ lang)
14	hoffen	v 소망하다, 희망하다	29	preiswert	a 저렴한, 적당한 값의, 비싸지 않은
15	fragen	v 질문하다	30	welch	a 어느, 어떤

주요 어휘와 예문

01
kaufen
- [ ] du kaufst, er kauft
- [ ] kaufen - kaufte - gekauft

v 사다

A1 Ich **kaufe** heute einen Kuchen.
나는 오늘 케이크를 산다.

A1 Ich will meiner Freundin etwas zum Geburtstag **kaufen**.
나는 내 여자 친구의 생일에 뭔가 사 주려고 한다.

02
einkaufen
- [ ] du kaufst ein, er kauft ein
- [ ] einkaufen - kaufte ein - eingekauft

v 구매하다, 쇼핑하다

A1 Sie geht immer am Wochenende **einkaufen**.
그녀는 주말에 항상 쇼핑하러 간다.

A2 Hast du schon das Kleid **eingekauft**?
너는 이미 그 원피스를 샀니?

DAY 06

03
vergleichen
- [ ] du vergleichst, er vergleicht
- [ ] vergleichen - verglich - verglichen

v 비교하다

A1 Ich **vergleiche** oft, wenn ich etwas kaufe.
나는 무엇을 구매할 때 자주 비교한다.

A1 Hier kann man verschiedene Hotels **vergleichen**.
이곳에서는 여러 호텔을 비교할 수 있다.

A1 Man kann die Preise online **vergleichen**.
온라인에서 가격을 비교할 수 있다.

04
empfehlen
- [ ] du empfiehlst, er empfiehlt
- [ ] empfehlen - empfahl - empfohlen

v 추천하다

A1 Können Sie mir ein gutes Hemd **empfehlen**?
저에게 좋은 셔츠를 추천해 줄 수 있습니까?

05
wählen
- [ ] du wählst, er wählt
- [ ] wählen - wählte - gewählt

v 선택하다, 고르다

A1 **Wählen** Sie das rote Kleid.
이 빨간 치마를 고르세요.

A2 Welches Kleid haben Sie **gewählt**?
당신은 어떤 원피스를 고르셨나요?

A2 Welche Nummer haben Sie **gewählt**?
어떤 번호로 거셨나요?

06
zeigen

☐ du zeigst, er zeigt
☐ zeigen - zeigte - gezeigt

v 보여 주다, 가르쳐 주다

A1 **Zeigen** Sie mir die Schuhe.
이 신발을 보여 주세요.

A1 Der Polizist **zeigt** mir den Weg.
경찰관이 나에게 길을 알려 준다.

A1 **Zeigen** Sie bitte Ihre Fahrkarte!
당신의 차표를 보여 주세요!

07
anschauen

☐ du schaust an, er schaut an
☐ anschauen - schaute an - angeschaut

v 바라보다

A1 Sie **schaut** die neuen Kleider **an**.
그녀는 새로운 옷을 본다.

08
suchen

☐ du suchst, er sucht
☐ suchen - suchte - gesucht

v 찾다

A1 Ich **suche** eine schöne Bluse.
나는 예쁜 블라우스를 찾는다.

09
rechnen

☐ du rechnest, er rechnet
☐ rechnen - rechnete - gerechnet

v 계산하다

A1 Ich kann noch nicht gut **rechnen**.
나는 아직 계산을 잘 못한다.

A2 Sie haben falsch **gerechnet**.
당신은 계산을 잘못하셨습니다.

10
anziehen

☐ du ziehst an, er zieht an
☐ anziehen - zog an - angezogen

v 옷을 입다 (↔ ausziehen)

A1 **Ziehen** Sie die Größe M einmal **an**.
M 사이즈를 한번 입어 보세요.

A1 Welches Kleid **ziehst** du **an**, das rote oder das blaue?
빨간색과 파란색 중에 어떤 옷을 입을래?

sich anziehen v 옷을 입다
A2 Der Vater **zieht sich** den Mantel **an**.
아버지는 외투를 입는다.

11

anprobieren

☐ du probierst an, er probiert an
☐ anprobieren - probierte an - anprobiert

v 입어 보다

A1 Darf ich das einmal **anprobieren**?
내가 이것을 한번 입어 보아도 될까요?

A2 Es ist praktischer, wenn man die Sachen **anprobieren** kann.
그것은 입어 보았을 때, 더 실용적이다.

12

bezahlen

☐ du bezahlst, er bezahlt
☐ bezahlen - bezahlte - bezahlt

v 지불하다

A1 Wo kann ich das **bezahlen**?
어디서 계산을 할 수 있나요?

A1 A Können wir bitte **bezahlen**?
저희가 계산해도 될까요?

B Zusammen oder getrennt?
같이요 아니면 각자요?

A Zusammen.
같이요.

13

zahlen

☐ du zahlst, er zahlt
☐ zahlen - zahlte - gezahlt

v 계산하다

A1 **Zahlen** bitte, aber alles zusammen!
계산하겠습니다, 모두 함께요!

A1 Muss ich bar **zahlen**?
제가 현금으로 계산해야만 합니까?

A1 Kann ich mit Kreditkarte **zahlen**?
제가 신용카드로 지불할 수 있나요?

＊ die Zahl n 수

14

hoffen

☐ du hoffst, er hofft
☐ hoffen - hoffte - gehofft

v 소망하다, 희망하다

A1 Ich **hoffe**, dass ich eine neue Bluse habe.
나는 하나의 새 블라우스가 생기길 바란다.

A2 Ich **hoffe** auf ein baldiges Wiedersehen.
곧 다시 뵙기를 희망합니다.

15

fragen

☐ du fragst, er fragt
☐ fragen - fragte - gefragt

v 질문하다

A1 Darf ich Sie etwas **fragen**?
당신에게 무엇을 좀 물어봐도 될까요?

16
tun
☐ du tust, er tut
☐ tun - tat - getan

v 하다, 행하다

A1 Was kann ich für Sie **tun**?
제가 당신에게 무엇을 도와 드릴까요?

17
meinen
☐ du meinst, er meint
☐ meinen - meinte - gemeint

v 생각하다, 여기다

A1 Was **meinen** Sie zu diesem Hemd?
이 셔츠를 어떻게 생각하십니까?

A1 Was **meinst** du dazu?
그것에 대해 덧붙여 어떻게 생각하니?

18
sich schminken
☐ du schminkst dich, er schminkt sich
☐ schminken - schminkte - geschminkt

v 화장하다

A1 Zurzeit **schminkt** sie **sich** manchmal.
요즘 그녀는 가끔씩 화장한다.

19
das Kaufhaus

n 백화점, 큰 상점

A1 Wo ist das **Kaufhaus**?
백화점이 어디에 있나요?

20
die Farbe

n 색깔

A1 Welche **Farbe** magst du?
너는 어떤 색상을 좋아하니?

A1 Die **Farbe** gefällt mir gut.
그 색깔 내 마음에 든다.

A2 Gibt es die Hose auch in blaue **Farbe**?
이 바지가 파란색으로도 있나요?

das Grün	n 녹색
das Blau	n 파란색
das Rot	n 빨간색
das Braun	n 갈색
das Schwarz	n 검은색
das Gelb	n 노란색
das Weiß	n 흰색

* 형용사는 소문자로 표기해야 한다. (grün 녹색의, blau 청색의)

21
die Größe

n 사이즈, 크기

(A1) Welche **Größe** haben Sie?
어떤 사이즈를 입으십니까?

(A1) Haben Sie den Rock auch in **Größe** 2?
사이즈 2인 치마도 있나요?

22
der Gast

n 손님

(A1) Der **Gast** will die Rechnung haben.
손님은 영수증을 원한다.

23
die Qualität

n 품질

(A1) Die **Qualität** ist super.
품질은 최고다.

(A2) Die **Qualität** muss stimmen.
품질이 적합해야 한다.

24
die Kleidung

n 의류

(A1) Wir haben keine Zeit, neue **Kleidung** zu kaufen.
우리는 새로운 옷을 구매할 시간이 없다.

die Damenkleidung n 여성복
(A1) Wo finde ich **Damenkleidung**?
어디에서 여성복을 찾을 수 있나요?

25
klein

a 작은 (↔ groß)

(A1) Die Hose ist zu **klein**.
이 바지는 너무 작다.

(A2) Sie ist **kleiner** als er.
그녀는 그 보다 더 작다.

26
neu

a 새로운, 최신의

(A1) Ich brauche wirklich eine **neue** Tasche.
나는 정말로 새로운 가방이 필요하다.

(A2) Interessieren Sie sich für **neue** Schuhe?
당신은 새로운 신발에 대해 관심이 있습니까?

neu adv 새로이, 재차

A1 Ich bin auch **neu** hier.
나도 여기가 처음입니다.

27
günstig

a 유익한, 저렴한

A1 Die Hose ist sehr **günstig**.
이 바지는 매우 저렴하다.

A2 Ich habe eine **günstige** Jacke gekauft.
나는 저렴한 자켓을 구매했다.

28
kurz

a 짧은 (↔ lang)

A1 Der Rock ist mir zu **kurz**.
그 치마는 나에게 너무 짧다.

lang a 긴
A2 Ich kann nicht verstehen, warum es so **lang** ist.
나는 이것이 왜 이렇게 긴지 이해할 수 없다.

29
preiswert

a 저렴한, 적당한 값의, 비싸지 않은

A1 Das Kleid ist sehr **preiswert**.
이 원피스는 매우 저렴하다.

30
welch

a 어느, 어떤

A1 **Welche** Hose soll ich nehmen?
어떤 바지를 구매해야 합니까?

A1 **Welcher** Hut steht mir gut?
어떤 모자가 나에게 어울립니까?

A1 **Welcher** Bus fährt zum Rathaus?
어떤 버스가 시청으로 갑니까?

Welcher + Mantel (남성명사)
Welche + Bluse (여성명사)
Welches + Buch (중성명사)

	독일어	의미 쓰기	독일어 쓰기	재시
1	☐ kaufen		☐	☐
2	☐ einkaufen		☐	☐
3	☐ vergleichen		☐	☐
4	☐ empfehlen		☐	☐
5	☐ wählen		☐	☐
6	☐ zeigen		☐	☐
7	☐ anschauen		☐	☐
8	☐ suchen		☐	☐
9	☐ rechnen		☐	☐
10	☐ anziehen		☐	☐
11	☐ anprobieren		☐	☐
12	☐ bezahlen		☐	☐
13	☐ zahlen		☐	☐
14	☐ hoffen		☐	☐
15	☐ fragen		☐	☐
16	☐ tun		☐	☐
17	☐ meinen		☐	☐
18	☐ sich schminken		☐	☐
19	☐ das Kaufhaus		☐	☐
20	☐ die Farbe		☐	☐
21	☐ die Größe		☐	☐
22	☐ der Gast		☐	☐
23	☐ die Qualität		☐	☐
24	☐ die Kleidung		☐	☐
25	☐ klein		☐	☐
26	☐ neu		☐	☐
27	☐ günstig		☐	☐
28	☐ kurz		☐	☐
29	☐ preiswert		☐	☐
30	☐ welch		☐	☐

Check up!

MP3 06_03

1 다음 문장을 독일어로 작문해 보세요.

1. 당신에게 무엇을 좀 물어봐도 될까요?

   _____

2. 아버지는 외투를 입는다.

   _____

3. 제가 현금으로 계산해야 합니까?

   _____

4. 제가 신용카드로 지불할 수 있나요?

   _____

5. 이 빨간 치마를 고르세요.

   _____

2 다음 빈칸에 알맞은 부정관사를 넣으세요.

kein	keine	keinem	keinen	nicht

1. Kaufst du einen Apfel?   ⇨ Nein, ich kaufe _____ Apfel.

2. Brauchst du einen Tisch? ⇨ Nein, ich brauche _____ Tisch.

3. Haben Sie Kinder?   ⇨ Nein, ich habe _____ Kinder.

4. Möchten Sie noch eine Tasse Kaffee trinken?

   ⇨ Nein, ich trinke _____ mehr.

5. Haben Sie meinen Vater gesehen?

   ⇨ Nein, ich habe ihn _____ gesehen.

((🔔)) 정답

1. Darf ich Sie etwas fragen?
2. Der Vater zieht sich den Mantel an.
3. Muss ich bar zahlen?
4. Kann ich mit Kreditkarte zahlen?
5. Wählen Sie das rote Kleid.

2
1. keinen
2. keinen
3. keine
4. nicht
5. nicht

DAY 07 여가 시간

Ski fahren	v 스키를 타다	das Baseball	n 야구
Snowboard fahren	v 스노보드를 타다	der Basketball	n 농구
schwimmen	v 수영하다	der Fußball	n 축구
Fahrrad fahren	v 자전거 타다		
wandern	v 산보하다		
klettern	v 등반하다 (등산)		
Klavier spielen	v 피아노 연주하다		
Violine spielen	v 바이올린 연주하다		
Flöte spielen	v 플루트 연주하다		

> A Was ist Ihr Hobby?
> 당신의 취미는 무엇입니까?
>
> B Mein Hobby ist schwimmen.
> 저의 취미는 수영입니다.
>
> A Und Ihres?
> 그리고 당신은요?
>
> C Meine Hobbys sind Lesen und E-Mails schreiben.
> 저의 취미는 독서와 이메일 쓰기입니다.
>
> A Was machen Sie in der Freizeit?
> 당신은 여가 시간에 무엇을 합니까?
>
> B Ich gehe manchmal ins Theater.
> 저는 가끔 극장에 갑니다.

오늘의 어휘 정리 **MP3** 07_02

1	fernsehen	v 텔레비전을 보다	16	stattfinden	n 취미
2	sich interessieren (für)	v 흥미를 느끼다	17	die Freizeit	n 여가 시간
3	spielen	v 놀다, 연주하다	18	die Musik	n 음악
4	sich bewegen	v 움직이다	19	das Instrument	n 악기
5	laufen	v 달리다	20	das Konzert	n 연주회
6	planen	v 계획하다	21	der Sport	n 운동
7	sammeln	v 모으다	22	die Bibliothek	n 도서관
8	grillen	v 석쇠로 굽다	23	das Foto	n 사진
9	reisen	v 여행하다	24	die Ausstellung	n 전시
10	treffen	v 만나다	25	das Stück	n 부분, 작품
11	telefonieren	v 통화하다	26	das Museum	n 박물관
12	Sport machen	v 운동을 하다	27	der Film	n 영화
13	singen	v 노래하다	28	ins Kino gehen	v 영화관에 가다
14	tanzen	v 춤추다	29	das Theater	n 극장, 무대, 연극
15	stattfinden	v 개최되다	30	sportlich	a 운동의, 스포츠의

01

fernsehen

☐ du siehst fern, er sieht fern
☐ fernsehen - sah fern - ferngesehen

v 텔레비전을 보다

A1 **Sehen** Sie nicht so viel **fern**!
텔레비전을 너무 많이 보지 마세요!

A1 Meine Familie **sieht** gern am Abend **fern**.
우리 가족은 저녁에 TV를 즐겨 본다.

02

sich interessieren (für)

☐ du interessierst dich, er interessiert sich
☐ interessieren - interessierte - interessiert

v 흥미를 느끼다

A1 Ich **interessiere mich für** Tanz.
나는 춤에 흥미를 느낍니다.

Interesse haben (an) v ~에 관심이 있다
A2 Ich **habe Interesse an** Musik.
나는 음악에 관심이 있다.

03

spielen

☐ du spielst, er spielt
☐ spielen - spielte - gespielt

v 놀다, 연주하다

A1 Fußball kann ich nur am Wochenende **spielen**.
나는 주말에만 축구를 할 수 있다.

* der Fußball **n** 축구

das Spiel n 게임
A1 Das ist ein **Spiel** für Kinder.
이것은 아동용 게임이다.

Fußball spielen v 축구하다
A1 **Spielst** du gern **Fußball**?
너는 축구하는 것을 좋아하니?

A1 Mein Sohn **spielt** jeden Tag **Fußball**.
내 아들은 매일 축구를 한다.

das Fußballspiel n 축구 경기
A2 Ich spiele lieber das **Fußballspiel** als das Volleyballspiel.
나는 배구 경기보다 축구 경기를 더 즐겨 한다.

04
sich bewegen

☐ du bewegst dich, er bewegt sich
☐ bewegen - bewegte - bewegt

v 움직이다

A1 **Bewegen** Sie **sich** mehr.
더 많이 움직이세요.

A2 Ich muss **mich** mehr **bewegen**, sonst nehme ich zu.
나는 더 많이 움직여야 한다. 그렇지 않으면 살이 찐다.

05
laufen

☐ du läufst, er läuft
☐ laufen - lief - gelaufen

v 달리다

A1 Ich **laufe** jeden Tag 2km.
나는 매일 2km를 달린다.

06
planen

☐ du planst, er plant
☐ planen - plante - geplant

v 계획하다

A1 Was **planst** du in den Ferien?
너는 방학 때 무엇을 계획하니?

07
sammeln

☐ du sammelst, er sammelt
☐ sammeln - sammelte - gesammelt

v 모으다

A1 Er **sammelt** Briefmarken.
그는 우표를 수집한다.

08
grillen

☐ du grillst, er grillt
☐ grillen - grillte - gegrillt

v 석쇠로 굽다

A1 Soll ich Würste **grillen**?
내가 소시지를 구울까?

09
reisen

☐ du reist, er reist
☐ reisen - reiste - gereist

v 여행하다

A1 In den Ferien **reist** er nach Europa.
방학 때 그는 유럽으로 여행을 간다.

A2 Wir sind mit dem Zug nach Füssen **gereist**.
우리는 기차를 타고 퓌센으로 여행을 했다.

die Reise n 여행
A1 Gute **Reise**!
즐거운 여행이 되기를!
A1 Er macht morgen eine **Reise** nach Italien.
그는 내일 이태리로 여행을 간다.

A2 Wie war die **Reise**?
여행은 어땠니?

10
treffen

☐ du triffst, er trifft
☐ treffen - traf - getroffen

v 만나다

A1 Um 3 Uhr **treffe** ich meinen Freund.
나는 3시에 내 (남자)친구를 만납니다.

sich treffen v 만나다
A2 Wann **treffen** wir **uns**?
우리 언제 만날까요?
A2 **Treffen** wir **uns** vor dem Hauptbahnhof?
우리는 중앙역 앞에서 만납니까?

11
telefonieren

☐ du telefonierst, er telefoniert
☐ telefonieren - telefonierte - telefoniert

v 통화하다

A1 **Telefonieren** wir später nochmal!
우리 나중에 다시 통화해요!

A2 Ich habe gestern mit ihr **telefoniert**.
나는 어제 그녀와 통화했다.

DAY 07

12
Sport machen

☐ du machst, er macht
☐ machen - machte - gemacht

v 운동을 하다

A1 Ich **mache** kaum **Sport**.
나는 운동을 거의 하지 않습니다.

Ski fahren	v 스키를 타다
Snowboard fahren	v 스노보드를 타다
schwimmen	v 수영하다
Fahrrad fahren	v 자전거 타다
wandern	v 산보하다
klettern	v 등반하다 (등산)

13
singen

☐ du singst, er singt
☐ singen - sang - gesungen

v 노래하다

A1 Sie **singt** gern.
그녀는 즐겨 노래를 부른다.

das Lied v 노래
A2 Sie hat dieses **Lied** im Konzert gesungen.
그녀가 이 노래를 콘서트에서 불렀습니다.

14

tanzen

☐ du tanzt, er tanzt
☐ tanzen - tanzte - getanzt

v 춤추다

A1 Ich gehe gerne **tanzen**.
나는 즐겨 춤추러 간다.

der Tanz n 춤
A2 Das Ballett gehört zu den schwersten **Tänzen**.
발레는 가장 어려운 무용에 속한다.

15

stattfinden

☐ du findest statt, er findet statt
☐ stattfinden - fand statt - stattgefunden

v 개최되다

A1 In Dresden **findet** morgen ein Konzert **statt**.
드레스덴에서 내일 연주회가 개최된다.

16

das Hobby

n 취미

A1 A Was ist Ihr **Hobby**?
당신의 취미는 무엇입니까?

 B Meine **Hobbys** sind Lesen und E-Mails schreiben.
나의 취미는 독서와 메일 쓰기입니다.

17

die Freizeit

n 여가 시간

A1 Was machst du in der **Freizeit**?
너는 여가 시간에 무엇을 하니?

18

die Musik

n 음악

A1 Ich höre gern **Musik**.
나는 음악을 즐겨 듣는다.

A1 Möchten Sie **Musik** hören?
음악을 듣고 싶으신가요?

die Lieblingsmusik n 좋아하는 음악
A1 Was ist Ihre **Lieblingsmusik**?
당신이 좋아하는 음악은 무엇입니까?

der Musiker n 음악가
A1 Ich möchte gern **Musiker** werden.
나는 음악가가 되고 싶다.

19
das Instrument

n 악기

A1 A Spielen Sie ein **Instrument**?
당신은 악기를 연주합니까?

B Ich spiele Klavier. Spielen Sie auch ein **Instrument**?
저는 피아노를 칩니다. 당신도 악기 하나를 연주하시나요?

das Klavier	n 피아노
die Violine	n 바이올린
die Flöte	n 플루트, 피리
die Gitarre	n 기타
das Cello	n 첼로

20
das Konzert

n 연주회

A1 Sie möchte zum **Konzert** gehen.
그녀는 연주회에 가고 싶어 한다.

21
der Sport

n 운동

A1 A Was für einen **Sport** magst du?
너는 어떤 운동을 좋아하니?

B Ich spiele gern Tennis.
나는 테니스 치는 것을 좋아해.

A2 Fußball ist in Deutschland ein beliebter **Sport**.
축구는 독일에서 인기 있는 운동이다.

das Baseball	n 야구
der Basketball	n 농구
der Fußball	n 축구
das Eishockey	n 아이스하키
das Golf	n 골프
der Handball	n 핸드볼
das Tischtennis	n 탁구
das Tennis	n 테니스

22
die Bibliothek

n 도서관

A1 Wie komme ich zur **Bibliothek**?
도서관은 어떻게 갈 수 있나요?

* das Buch **n** 책

das Lieblingsbuch n 좋아하는 책
A1 Ich will ein Buch kaufen. Mein **Lieblingsbuch** ist Harry Poter.
나는 책 한 권을 구입하고 싶다. 내가 좋아하는 책은 해리포터이다.

23
das Foto

n 사진

A1 Kannst du mir das **Foto** zeigen?
그 사진을 보여 줄 수 있니?

A2 Ich habe im Urlaub viele **Fotos** gemacht.
나는 휴가 때 사진을 많이 찍었다.

der Fotoapparat n 사진기
A1 Der **Fotoapparat** ist sehr teuer.
그 사진기는 무척 비싸다.

24
die Ausstellung

n 전시

A1 Die **Ausstellung** von Picasso endet morgen.
피카소의 전시가 내일 끝난다.

A2 Im Museum gibt es zurzeit eine **Ausstellung** europäischer Kunst.
박물관에서는 요즘 유럽의 예술품 전시회가 열리고 있다.

25
das Stück

n 부분, 작품

A1 Zurzeit komponiere ich ein **Stück** für das Klavier.
나는 요즘 피아노곡을 작곡한다.

26
das Museum

n 박물관

A1 Einmal im Monat besuche ich ein **Museum**.
한 달에 한 번 나는 박물관을 방문한다.

A2 Ein Besuch des **Museums** lohnt sich immer.
박물관에 방문하는 것은 항상 가치가 있다.

27
der Film

n 영화

A1 Wir sehen oft **Filme**.
우리는 자주 영화를 본다.

A2 Ich habe gestern einen **Film** geguckt.
나는 어제 영화를 봤습니다.

A2 Heute läuft ein interessanter **Film**.
오늘은 재미있는 영화가 상영된다.

der Lieblingsfilm n 좋아하는 영화
A1 Mein **Lieblingsfilm** ist Nemo.
내가 가장 좋아하는 영화는 니모이다.

28
ins Kino gehen
☐ du gehst, er geht
☐ gehen - ging - gegangen

v 영화관에 가다

A1 Morgen **gehen** wir **ins**(= in das) Kino.
우리는 내일 영화관에 간다.

A2 Ich habe keine Lust, **ins Kino** zu **gehen**.
나는 영화를 보러 갈 흥미가 없다.

29
das Theater

n 극장, 무대, 연극

A1 Das **Theater** ist groß.
극장은 크다.

A1 Er geht jeden Monat einmal ins **Theater**.
그는 매달 한 번씩 극장에 간다.

A2 Das **Theater** ist geschlossen.
극장은 닫았다.

30
sportlich

a 운동의, 스포츠의

A1 Ich bin nicht besonders **sportlich**.
나는 운동을 그다지 잘하지 못한다.

DAY 07 단어 시험

	독일어	의미 쓰기	독일어 쓰기	재시
1	☐ fernsehen		☐	☐
2	☐ sich interessieren (für)		☐	☐
3	☐ spielen		☐	☐
4	☐ sich bewegen		☐	☐
5	☐ laufen		☐	☐
6	☐ planen		☐	☐
7	☐ sammeln		☐	☐
8	☐ grillen		☐	☐
9	☐ reisen		☐	☐
10	☐ treffen		☐	☐
11	☐ telefonieren		☐	☐
12	☐ Sport machen		☐	☐
13	☐ singen		☐	☐
14	☐ tanzen		☐	☐
15	☐ stattfinden		☐	☐
16	☐ das Hobby		☐	☐
17	☐ die Freizeit		☐	☐
18	☐ die Musik		☐	☐
19	☐ das Instrument		☐	☐
20	☐ das Konzert		☐	☐
21	☐ der Sport		☐	☐
22	☐ die Bibliothek		☐	☐
23	☐ das Foto		☐	☐
24	☐ die Ausstellung		☐	☐
25	☐ das Stück		☐	☐
26	☐ das Museum		☐	☐
27	☐ der Film		☐	☐
28	☐ ins Kino gehen		☐	☐
29	☐ das Theater		☐	☐
30	☐ sportlich		☐	☐

Check up!

DAY 07

1 다음 문장을 독일어로 작문해 보세요.

MP3 07_03

1. 내가 가장 좋아하는 영화는 니모이다.

   _____

2. 그는 매달 한 번씩 극장에 간다.

   _____

3. 너는 어떤 운동을 좋아하니?

   _____

4. 나는 테니스 치는 것을 좋아해.

   _____

5. 너는 방학 때 무엇을 계획하니?

   _____

2 주어진 동사를 바꿔 빈칸을 채우세요.

A Was machen Sie in der Freizeit?

B Ich _____ (joggen) gerne nach der Arbeit. Und abends

_____ (lesen) ich oft. Am Wochenende _____ (fahren)

ich oft. Am Wochenende _____ (fahren) ich Fahrrad. Und Sie?

A Ich _____ (schwimmen) gerne und _____ (lesen)

Bücher aus Deutschland. Manchmal _____ (kochen) ich auch

gerne.

 정답

5. Was planst du in den Ferien?
4. Ich spiele gern Tennis.
3. Was für einen Sport magst du?
2. Er geht jeden Monat einmal zum Theater.
1. Mein Lieblingsfilm ist Nemo.

2 B : jogge, lese, fahre, fahre
A : schwimme, lese, koche

die Farbe 색

부록

빨강(Rot), 노랑(Gelb), 검정(Schwarz) 등 색깔 자체를 명할 때는 명사이지만 무언가를 꾸며 줄 땐 형용사로 사용됩니다.

grün a 녹색의
Zum Mittagessen gibt es **grünen** Salat.
점심 식사에 푸른색 샐러드가 있다.

grau a 회색의
Meine Haare sind **grau** geworden.
내 머리카락이 희어졌다.

gelb a 노란색의
Die **gelbe** Farbe gefällt mir.
노란색이 내 마음에 든다.

blau a 푸른
Der Himmel ist **blau**.
하늘은 푸르다.

braun a 갈색의
Sie hat **braune** Haare.
그녀는 머리카락이 갈색이다.

rot a 빨간
Sie müssen hier halten, weil die Ampel **rot** ist.
빨간 불이니까 여기서 멈춰야 합니다.

schwarz a 검은
Mein Kleid ist **schwarz**.
나의 치마는 검정색이다.
Bist du **schwarz** gefahren?
너는 무임승차를 했니?

weiß a 흰
Das ist **weiß**, wie Schnee.
그것은 눈처럼 희다.

DAY 08 축제

Berlin, den 15. Dezember 2023

Liebe Joy,

wie geht es dir? Vielen Dank für deine Einladung.
Ich habe mich sehr gefreut. Ich komme natürlich und ich
möchte 2 Tage bei dir bleiben. Ich bringe auch einen
Apfelkuchen mit. Was willst du als Geschenk haben?
Schreib mir zurück. Ich warte auf deine Antwort.

Liebe Grüße
Amily

친애하는 조이,

어떻게 지내? 초대해 줘서 정말 고마워. 나는 매우 기뻤어. 나는 당연히 갈 거야.
그리고 이틀 동안 너의 집에 머물고 싶어. 내가 사과 케이크도 가져갈게.
너는 선물로 무엇을 가지고 싶니? 나에게 써 줘. 너의 답장을 기다릴게.

사랑의 안부를 담아
에밀리

주제별 주요 문장

MP3 08_01 ○○○

Alles Gute.
모든 게 잘되기를 바라요.

Herzlichen Glückwunsch zum Geburtstag!
생일을 축하합니다!

Frohe Weihnachten.
메리 크리스마스입니다.

Viel Glück.
많은 행운이 있길 바라요.

Ein gutes neues Jahr.
좋은 한 해가 되길 바라요.

오늘의 어휘 정리

MP3 08_02

1	schenken	v 선물하다	16	der Spaß	n 재미, 즐거움
2	wünschen	v 원하다	17	der Geburtstag	n 생일
3	Bescheid geben	v 대답하다, 정보를 주다	18	die Party	n 파티
4	grüßen	v 인사하다, 안부를 전하다	19	der Besuch	n 방문, 방문객
5	jn. kennenlernen	v 누구와 알게 되다	20	das Glück	n 행운(↔ Unglück)
6	feiern	v 축하하다, 축제를 벌이다	21	das Weihnachten	n 성탄절
7	einladen	v 초대하다	22	die Briefmarke	n 우표
8	antworten	v 대답하다	23	die Postkarte	n 엽서
9	gratulieren	v 축하하다	24	die Einladung	n 초대
10	Brief schreiben	v 편지 쓰다	25	die Feier	n 축제, 파티
11	organisieren	v 조직하다, 편성하다	26	das Fest	n 잔치, 축제
12	geben	v 주다	27	das Geschenk	n 선물
13	warten	v 기다리다	28	der Feierabend	n 퇴근, (하루 일의) 종결
14	der Dank	n 감사, 고마움	29	die Blume	n 꽃
15	der Plan	n 계획	30	willkommen	a 환영받는, 반가운

주요 어휘와 예문

01
schenken

- ☐ du schenkst, er schenkt
- ☐ schenken - schenkte - geschenkt

v 선물하다

A1 Was **schenkst** du ihr?
너는 그녀에게 무엇을 선물하니?

A2 Meiner Mutter **schenke** ich eine Kette.
나는 어머니에게 목걸이를 선물한다.

02
wünschen

- ☐ du wünschst, er wünscht
- ☐ wünschen - wünschte - gewünscht

v 원하다

A1 Ich **wünsche** dir alles Gute.
나는 너의 모든 일이 잘되기를 바란다.

A1 Was **wünschen** [möchten, wollen, bekommen] Sie?
무엇을 원하시나요?

der Wunsch n 소망, 바라는 것
A2 Haben Sie noch einen **Wunsch**?
원하는 것이 더 있으신가요?

03
Bescheid geben

- ☐ du gibst, er gibt
- ☐ geben - gab - gegeben

v 대답하다, 정보를 주다

A1 Bitte **geben** Sie mir **Bescheid**.
저에게 대답해 주세요.

04
grüßen

- ☐ du grüßt, er grüßt
- ☐ grüßen - grüßte - gegrüßt

v 인사하다, 안부를 전하다

A1 **Grüß** deine Eltern von mir.
내 안부를 너의 부모님께 전해 줘.

der Gruß n 인사
A1 Viele **Grüße**!
많은 안부를 담아!
A2 Meine besten **Grüße** an Ihre Frau!
당신의 부인께 제 안부를 전해 주세요!

05
jn. kennenlernen

- du lernst kennen, er lernt kennen
- kennenlernen - lernte kennen - kennengelernt

v 누구와 알게 되다
(jn. = jemanden 누군가를)

A1 Ich möchte dich **kennenlernen**.
나는 너를 알고 싶어.(= 너와 친해지고 싶어.)

A2 Ich freue mich, Sie **kennenzulernen**.
당신을 알게 되어 기쁩니다.

06
feiern

- du feierst, er feiert
- feiern - feierte - gefeiert

v 축하하다, 축제를 벌이다

A1 Ich **feiere** im Restaurant „Lezza".
나는 "레짜" 레스토랑에서 축제를 벌인다.

A1 Wir **feiern** ihren Geburtstag.
우리는 그녀의 생일을 축하한다.

07
einladen

- du lädst ein, er lädt ein
- einladen - lud ein - eingeladen

v 초대하다

A1 Ich **lade** Sie **ein**.
나는 당신을 초대합니다.

A1 Darf ich Sie zum Abendessen **einladen**?
제가 당신을 저녁식사에 초대해도 될까요?

A1 Er **lädt** sie zur Party [ins Kino] **ein**.
그는 그녀를 파티 [영화관]에 초대한다.

08
antworten

- du antwortest, er antwortet
- antworten - antwortete - geantwortet

v 대답하다

A1 Bitte **antworte** mir bis Montag.
나에게 부디 월요일까지 대답해 줘.

A1 Bitte **antworten** Sie auf Deutsch!
독일어로 대답해 주세요!

A2 Er **antwortet** höflich auf meine Frage.
그는 내 질문에 공손히 대답한다.

A2 Ich konnte auf seine Frage nicht **antworten**.
나는 그의 질문에 대답할 수 없었다.

09
gratulieren

- du gratulierst, er gratuliert
- gratulieren - gratulierte - gratuliert

v 축하하다

A1 Ich **gratuliere** dir zum Geburtstag!
너의 생일을 축하해!

A1 Ich **gratuliere** Ihnen zum Geburtstag!
당신의 생일을 축하합니다!

＊ Herzlichen Glückwunsch zum Geburtstag. 생일 축하해.

10
Brief schreiben

☐ du schreibst, er schreibt
☐ schreiben - schrieb - geschrieben

v 편지 쓰다

A1 **Briefe schreiben** ist mein Hobby.
편지 쓰기는 내 취미다.

A2 Ich habe ihr einen langen **Brief geschrieben**.
나는 그녀에게 긴 편지를 썼다.

A2 Ich danke dir, dass du mir einen **Brief geschrieben** hast.
편지를 써 줘서 고마워.

11
organisieren

☐ du organisierst, er organisiert
☐ organisieren - organisierte - organisiert

v 조직하다, 편성하다

A1 **Organisieren** wir das Fest zusammen.
우리 함께 축제를 조직하자.

A2 Wer hat die Veranstaltung **organisiert**?
누가 이 행사를 조직했습니까?

12
geben

☐ du gibst, er gibt
☐ geben - gab - gegeben

v 주다

A1 Ich **gebe** meinem Freund ein Geschenk.
나는 (남자)친구에게 선물을 준다.

13
warten

☐ du wartest, er wartet
☐ warten - wartete - gewartet

v 기다리다

A1 Auf wen **warten** Sie?
당신은 누구를 기다립니까?

A2 **Wartest** du auf Weihnachten?
너는 크리스마스를 기다리니?

* auf jemanden warten v 누구를 기다리다
* auf etwas warten v 무엇을 기다리다

14
der Dank

n 감사, 고마움

A1 Vielen **Dank**!
정말 감사합니다!

A1 Vielen **Dank** für das Geschenk!
선물 주셔서 대단히 고맙습니다!

A1 **Danke** für Ihre Hilfe!
당신의 도움에 감사합니다!

A1 Schönen **Dank**! Besten **Dank**! Herzlichen **Dank**!
감사합니다! 대단히 감사합니다! 진심으로 감사드립니다!

15
der Plan

n 계획

A1 Welchen **Plan** hast du heute Abend?
오늘 저녁에 무슨 계획 있니?

16
der Spaß

n 재미, 즐거움

A1 Viel **Spaß**!
즐거운 시간을 보내!

A1 Das macht mir **Spaß**.
그것은 나에게 재미있다.

A2 Viel **Spaß** beim Essen!
즐거운 식사하세요!

17
der Geburtstag

n 생일

A1 Am dritten März habe ich **Geburtstag**.
3월 3일이 내 생일이다.

A2 Ich gratuliere Ihnen zum **Geburtstag**
und wünsche Ihnen alles Gute.
생일 축하드리고 모든 일이 잘되기를 바랍니다.

18
die Party

n 파티

A1 Peter feiert am Wochenende eine **Party**.
페터는 주말에 파티를 연다.

19
der Besuch

n 방문, 방문객

A1 Wir planen einen **Besuch** im neuen Café.
우리는 새로운 카페에 방문을 계획한다.

A2 Am Sonntag kommen Großvater und
Großmutter zu **Besuch**.
일요일에 할아버지와 할머니가 방문하러 오신다.

A2 Er war bei seinem Onkel zu **Besuch**.
그는 삼촌을 방문했었다.

20
das Glück

n 행운 (↔ Unglück)

A1 Viel **Glück**!
행운을 빈다!

* der Glückwunsch n 축하

21
das Weihnachten

n 성탄절

A1 Fröhliche **Weihnachten**!
메리 크리스마스!

A2 Wir freuen uns auf **Weihnachten**.
우리는 성탄절을 기대한다.

die Weihnachtskarte n 성탄절 카드
A1 Ich schreibe eine **Weihnachtskarte**.
나는 크리스마스 카드를 쓴다.

A2 Dieses Jahr bekam ich keine **Weihnachtskarte**.
올해 나는 성탄절 카드를 받지 못했다.

22
die Briefmarke

n 우표

A1 Mein großer Bruder sammelt **Briefmarken**.
나의 형은 우표를 모은다.

A2 Ich habe ihr eine **Briefmarke** aus Korea geschenkt.
나는 그녀에게 한국에서 온 우표를 선물했다.

der Briefkasten	n 우편함
der Briefumschlag	n 편지 봉투
der Briefträger	n 우편 배달원

23
die Postkarte

n 엽서

A1 Ich brauche eine **Postkarte**.
나는 엽서 한 장이 필요합니다.

24
die Einladung

n 초대

A1 Ich danke dir für die **Einladung**.
초대해 줘서 고마워.

A1 Ich freue mich über seine **Einladung**.
그의 초대에 나는 기쁘다.

25
die Feier

n 축제, 파티

A1 Wir möchten eine große **Feier** machen.
우리는 큰 파티를 열고 싶다.

das Fest	n 축제
die Hochzeit	n 결혼식
die Party	n 파티

26
das Fest

n 잔치, 축제

A1 Ostern ist ein **Fest**.
부활절은 명절이다.

A1 Wenn ich 20 werde, feiern wir ein großes **Fest**.
내가 20살이 되면 큰 잔치를 열 것이다.

27
das Geschenk

n 선물

A1 Ich möchte ein **Geschenk** für Yuna kaufen.
나는 유나를 위한 선물을 사고 싶다.

A1 Ich danke dir für das **Geschenk**.
선물 고마워.

28
der Feierabend

n 퇴근, (하루 일의) 종결

A1 Nach dem **Feierabend** gehe ich zum Konzert.
나는 퇴근 후에 콘서트에 간다.

29
die Blume

n 꽃

A1 Wir kaufen **Blumen** für den Tisch.
우리는 테이블을 위한 꽃을 산다.

A2 Ich habe ihr die **Blumen** geschenkt.
나는 그녀에게 꽃을 선물했다.

30
willkommen

a 환영받는, 반가운

A1 Herzlich **willkommen** in Korea!
한국에 오신 걸 진심으로 환영합니다!

A1 Sie sind immer bei uns **willkommen**.
당신은 언제 오셔도 환영입니다.

	독일어	의미 쓰기	독일어 쓰기	재시
1	☐ schenken		☐	☐
2	☐ wünschen		☐	☐
3	☐ Bescheid geben		☐	☐
4	☐ grüßen		☐	☐
5	☐ jn. kennenlernen		☐	☐
6	☐ feiern		☐	☐
7	☐ einladen		☐	☐
8	☐ antworten		☐	☐
9	☐ gratulieren		☐	☐
10	☐ Brief schreiben		☐	☐
11	☐ organisieren		☐	☐
12	☐ geben		☐	☐
13	☐ warten		☐	☐
14	☐ der Dank		☐	☐
15	☐ der Plan		☐	☐
16	☐ der Spaß		☐	☐
17	☐ der Geburtstag		☐	☐
18	☐ die Party		☐	☐
19	☐ der Besuch		☐	☐
20	☐ das Glück		☐	☐
21	☐ das Weihnachten		☐	☐
22	☐ die Briefmarke		☐	☐
23	☐ die Postkarte		☐	☐
24	☐ die Einladung		☐	☐
25	☐ die Feier		☐	☐
26	☐ das Fest		☐	☐
27	☐ das Geschenk		☐	☐
28	☐ der Feierabend		☐	☐
29	☐ die Blume		☐	☐
30	☐ willkommen		☐	☐

Check up!

1 다음 문장을 독일어로 작문해 보세요. **MP3** 08_03

1. 나는 너의 모든 일이 잘되기를 바란다.

   _____

2. 페터는 주말에 파티를 연다.

   _____

3. 내 안부를 너의 부모님께 전해 줘!

   _____

4. 3월 3일이 내 생일이다.

   _____

5. 너의 생일을 축하해!

   _____

2 알맞은 해석을 찾아 보세요.

1. Alles Gute.   ⓐ 메리 크리스마스입니다.
2. Herzlichen Glückwunsch zum Geburtstag!   ⓑ 모든 게 잘되기를 바라요.
3. Frohe Weihnachten.   ⓒ 성공을 기원합니다.
4. Viel Glück.   ⓓ 좋은 한 해가 될 바라요.
5. Ein gutes neues Jahr.   ⓔ 많은 행운이 있길 바라요.
6. Viel Erfolg.   ⓕ 생일을 축하합니다.

정답

1
1. Ich wünsche dir alles Gute.
2. Peter feiert am Wochenende eine Party.
3. Grüß deine Eltern von mir.
4. Am dritten März habe ich Geburtstag.
5. Ich gratuliere dir zum Geburtstag! / Herzlichen Glückwunsch zum Geburtstag.

2
1. ⓑ
2. ⓕ
3. ⓐ
4. ⓔ
5. ⓓ
6. ⓒ

110 30일 완성 독일어 단어장 A1-A2

die Blume	n 꽃	der Wagen	n 차
der Balkon	n 발코니	das Bett	n 침대
die Küche	n 부엌, 요리	die Dusche	n 샤워기
das Klavier	n 피아노	der Hund	n 개
die Katze	n 고양이	die Zeitung	n 신문
das Radio	n 라디오	der Kühlschrank	n 냉장고

1. groß	a 큰	–	klein	a 작은
2. breit	a 넓은	–	schmal	a 좁은
3. neu	a 새로운	–	alt	a 오래된
4. hell	a 밝은	–	dunkel	a 어두운
5. billig	a 싼	–	teuer	a 비싼

주제별 주요 문장

MP3 09_01 ○○○

A Ich möchte eine schöne Wohnung für 2 Jahre mieten.
나는 2년 동안 하나의 예쁜 집을 빌리고 싶어요.

B Wirklich? Wir haben viele Wohnungen. Brauchen Sie ein möbliertes Zimmer?
정말요? 우리는 집이 많아요. 가구가 딸린 방이 필요한가요?

A Ja. Und wie hoch ist die Miete?
네. 임대료가 얼마죠?

B Jeden Monat 500 Euro. Und das Zimmer ist 20 Quadratmeter.
매달 500유로입니다. 그리고 방은 20 평방미터입니다.

오늘의 어휘 정리

MP3 09_02

1	mieten	v 임차하다, 빌리다 (↔ vermieten)	16	das Haus	n 집
2	vermieten	v 세놓다, 빌려주다 (↔ mieten)	17	die Toilette	n 화장실
3	schließen	v 닫다	18	das Bad	n 욕실, 수영장
4	ordnen	v 정돈하다	19	die Wohnung	n 집
5	gefallen	v 마음에 들다	20	das Apartment	n 아파트
6	beschreiben	v 묘사하다	21	der Tisch	n 책상, 탁자
7	putzen	v 청소하다, 닦다	22	der Quadratmeter	n 평방미터
8	liegen	v 누워 있다, 놓여 있다	23	die Kaution	n 보증금
9	legen	v 두다, 놓다	24	die Nebenkosten	n 부대 비용
10	umziehen	v 이사하다, 갈아입다	25	die 2 Zimmer Wohnung	n 투룸
11	ankreuzen	v X표 하다	26	die Wand	n 벽
12	verkaufen	v 팔다	27	die Miete	n 집세
13	heizen	v 난방하다	28	die Nähe	n 근처
14	das Zimmer	n 방	29	der Garten	n 정원
15	das Wohnzimmer	n 거실	30	möbliert	a 가구가 딸린

01
mieten

☐ du mietest, er mietet
☐ mieten - mietete - gemietet

v 임차하다, 빌리다 (↔ vermieten)

A1 Sie **mietet** eine Wohnung in Dortmund.
그녀는 도르트문트에 집을 빌린다.

A2 Ich möchte ein schönes Haus **mieten**.
나는 예쁜 집을 빌리고 싶다.

A1 Ich möchte ein Auto für eine Woche
mieten.
나는 한 주 동안 자동차를 빌리고 싶다.

* die Miete **n** 임대

* die Monatsmiete **n** 월세

02
vermieten

☐ du vermietest, er vermietet
☐ vermieten - vermietete -
vermietet

v 세놓다, 빌려주다 (↔ mieten)

A1 Ich **vermiete** mein Haus für 2 Jahre.
나는 2년 동안 나의 집을 세놓는다.

03
schließen

☐ du schließt, er schließt
☐ schließen - schloss - geschlossen

v 닫다

A1 **Schließen** Sie bitte die Tür!
문을 닫아 주세요!

04
ordnen

☐ du ordnest, er ordnet
☐ ordnen - ordnete - geordnet

v 정돈하다

A1 Inge **ordnet** ihr Zimmer neu.
잉에는 자기 방을 새롭게 정리한다.

A2 Ich habe alle Bücher neu **geordnet**.
나는 모든 책을 새로 정리했다.

05
gefallen

☐ du gefällst, er gefällt
☐ gefallen - gefiel - gefallen

v 마음에 들다

A1 A **Gefällt** Ihnen das Haus?
집이 당신의 마음에 듭니까?

B Mir **gefällt** das nicht so gut.
그것이 제 마음에 들지 않아요.

A Mir schon.
제 마음엔 들어요

A1 Wie **gefällt** es Ihnen hier in der Stadt?
이 도시가 당신에게 어떻게 마음에 듭니까?

DAY 09

06
beschreiben

☐ du beschreibst, er beschreibt
☐ beschreiben - beschrieb - beschrieben

v 묘사하다

A1 **Beschreiben** Sie mir bitte Ihre Wohnung.
당신의 집을 묘사해 주세요.

07
putzen

☐ du putzt, er putzt
☐ putzen - putzte - geputzt

v 청소하다, 닦다

A1 Mein Vater **putzt** nicht gern.
나의 아버지는 청소하는 것을 좋아하지 않는다.

sich die Zähne putzen v 양치질하다
A2 Er **putzt sich** jeden Tag **die Zähne**.
그는 매일 양치질을 한다.

＊ sich die Nase putzen v 코를 풀다

08
liegen

☐ du liegst, er liegt
☐ liegen - lag - gelegen

v 누워 있다, 놓여 있다

A1 Wo **liegt** deine Wohnung?
너의 집은 어디 위치하니?

A1 Mein Heimatland **liegt** in Asien.
나의 고향은 아시아에 있다.

A1 Das Buch **liegt** hier.
그 책은 여기에 놓여 있다.

09
legen

☐ du legst, er legt
☐ legen - legte - gelegt

v 두다, 놓다

A1 Ich **lege** es auf den Tisch.
나는 그것을 책상 위에 놓는다.

10
umziehen

☐ du ziehst um, er zieht um
☐ umziehen - zog um - umgezogen

v 이사하다, 갈아입다

A1 Wir **ziehen** morgen **um**.
우리는 내일 이사한다.

11
ankreuzen

☐ du kreuzt an, er kreuzt an
☐ ankreuzen - kreuzte an - angekreuzt

v X표 하다

A1 **Kreuzen** Sie **an**, wo Sie wohnen wollen.
당신이 살고 싶은 곳에 X 표시를 해 주세요.

12
verkaufen
☐ du verkaufst, er verkauft
☐ verkaufen - verkaufte - verkauft

v 팔다

A1 Ich **verkaufe** mein Auto.
나는 자동차를 판다.

A2 Er hat mir das Haus **verkauft**.
그는 나에게 그 집을 팔았다.

13
heizen
☐ du heizt, er heizt
☐ heizen - heizte - geheizt

v 난방하다

A1 Jetzt muss man wieder **heizen**.
이제는 다시 난방을 해야 한다.

14
das Zimmer

n 방

A1 Brauchen Sie ein möbliertes **Zimmer**?
가구가 딸린 방이 필요한가요?

A1 Diese Wohnung hat zwei **Zimmer**.
그 집은 두 개의 방이 있다.

A1 Wie viele **Zimmer** hat das Haus?
그 집은 방이 몇 개입니까?

das Arbeitszimmer	n 작업실
das Schlafzimmer	n 침실
das Wohnzimmer	n 거실
das Kinderzimmer	n 아이들 방

15
das Wohnzimmer

n 거실

A1 Die Brauns sitzen vor dem Fernseher im
Wohnzimmer.
브라운 씨 가족은 거실 TV 앞에 앉아 있다.

16
das Haus

n 집

A1 Ich möchte ein **Haus** mit einem Garten
kaufen.
나는 정원이 있는 집을 사고 싶다.

der Balkon	n 발코니
die Terrasse	n 테라스
der Flur	n 복도
die Toilette	n 화장실

17
die Toilette

n 화장실

A1 Ich möchte auf die **Toilette** gehen.
나는 화장실에 가고 싶다.

A1 Gibt es eine öffentliche **Toilette** in der Nähe?
이 근처에 공중화장실이 있나요?

18
das Bad

n 욕실, 수영장

A1 A Gibt es hier ein **Bad**?
이곳에 욕실이 있습니까?

B Ja, dort.
예, 저곳입니다.

A2 Im **Bad** putzt sie sich die Zähne und wäscht sich das Gesicht.
욕실에서 그녀는 이를 닦고 얼굴을 씻는다.

19
die Wohnung

n 집

A1 Die **Wohnung** ist schön.
이 집은 아름답다.

20
das Apartment

n 아파트

A1 Das **Apartment** ist doch nicht klein.
그 아파트는 작지 않다.

A1 A Wie groß ist das **Apartment**?
이 아파트 얼마나 크나요?

B Es ist hundert Quadratmeter groß.
100 평방미터입니다.

21
der Tisch

n 책상, 탁자

A1 Der **Tisch** steht in der Mitte.
책상이 가운데 서있다.

der Schreibtisch n 책상
A1 Auf dem **Schreibtisch** gibt es ein Heft.
책상 위에 노트가 있다.

der Stuhl n 의자
A2 Er setzt sich auf den **Stuhl**.
그는 의자에 앉는다.

22

der Quadratmeter

n 평방미터

A1 Das Zimmer hat 13 **Quadratmeter**.
방은 13 평방미터입니다.

23

die Kaution

n 보증금

A1 Die **Kaution** kostet 300 Euro.
보증금은 300유로이다.

24

die Nebenkosten

n 부대 비용

A1 Die **Nebenkosten** des Hauses sind teuer.
그 집의 부대 비용은 비싸다.

25

die 2 Zimmer Wohnung

n 투룸

A1 Die **2 Zimmer Wohnung** gefällt mir.
그 투룸은 마음에 듭니다.

26

die Wand

n 벽

A1 Das Bild hängt an der **Wand**.
그 그림은 벽에 걸려 있다.

27

die Miete

n 집세

A1 Wie hoch ist die **Miete**?
집세가 얼마입니까?

28

die Nähe

n 근처

A1 Ist dein Haus hier in der **Nähe**?
여기 부근에 너의 집이 있니?

A1 Das Restaurant liegt in der **Nähe** der Uni.
식당은 대학 부근에 있다.

nahe a 가까운, 인근에 (↔ **weit, fern**)
A2 Das Restaurant ist **nahe** von hier.
식당은 여기서 가깝다.

DAY 09

29
der Garten

n 정원

A1 Meine Oma hat einen wunderschönen **Garten**.
나의 할머니는 아름다운 정원이 있다.

A1 Die Kinder spielen gerne im **Garten**.
아이들은 정원에서 놀기를 좋아한다.

30
möbliert

a 가구가 딸린

A1 Das Hotelzimmer war gut **möbliert**.
호텔방은 잘 꾸며져 있다.

A1 Ich brauche ein **möbliertes** Zimmer.
나는 가구가 딸린 방을 원한다.

	독일어	의미 쓰기	독일어 쓰기	재시
1	☐ mieten		☐	☐
2	☐ vermieten		☐	☐
3	☐ schließen		☐	☐
4	☐ ordnen		☐	☐
5	☐ gefallen		☐	☐
6	☐ beschreiben		☐	☐
7	☐ putzen		☐	☐
8	☐ liegen		☐	☐
9	☐ legen		☐	☐
10	☐ umziehen		☐	☐
11	☐ ankreuzen		☐	☐
12	☐ verkaufen		☐	☐
13	☐ heizen		☐	☐
14	☐ das Zimmer		☐	☐
15	☐ das Wohnzimmer		☐	☐
16	☐ das Haus		☐	☐
17	☐ die Toilette		☐	☐
18	☐ das Bad		☐	☐
19	☐ die Wohnung		☐	☐
20	☐ das Apartment		☐	☐
21	☐ der Tisch		☐	☐
22	☐ der Quadratmeter		☐	☐
23	☐ die Kaution		☐	☐
24	☐ die Nebenkosten		☐	☐
25	☐ die 2 Zimmer Wohnung		☐	☐
26	☐ die Wand		☐	☐
27	☐ die Miete		☐	☐
28	☐ die Nähe		☐	☐
29	☐ der Garten		☐	☐
30	☐ möbliert		☐	☐

Check up!

1 다음 문장을 독일어로 작문해 보세요.　　　　　　　　　　　　　　　MP3 09_03

1. 집세가 얼마입니까?

　_____

2. 여기 부근에 너의 집이 있니?

　_____

3. 우리는 내일 이사한다.

　_____

4. 너의 집은 어디 위치하니?

　_____

5. 그 투룸은 마음에 듭니다.

　_____

2 밑줄 친 부분의 반대어를 찾으세요.

breit	klein	alt	hell	teuer

1. Die Wohnung ist <u>groß</u>.　　　↔　　　Die Wohnung ist _____.

2. Das Zimmer ist <u>dunkel</u>.　　↔　　　Das Zimmer ist _____.

3. Der Flur ist <u>schmal</u>.　　　↔　　　Der Flur ist _____.

4. Die Miete ist <u>billig</u>.　　　↔　　　Die Miete ist _____.

5. Das Haus ist <u>neu</u>.　　　　↔　　　Das Haus ist _____.

 정답

1
1. Wie hoch ist die Miete?
2. Gibt es hier in der Nähe dein Haus?
3. Wir ziehen morgen um.
4. Wo liegt deine Wohnung?
5. Die 2 Zimmer Wohnung gefällt mir.

2
1. klein
2. hell
3. breit
4. teuer
5. alt

DAY 10 교통

der Park	n 공원	das Theater	n 극장
die Post	n 우체국	das Rathaus	n 시청
der Kindergarten	n 유치원	das Geschäft	n 가게
der Hauptbahnhof	n 중앙역	die Firma	n 회사
das Hotel	n 호텔	das Café	n 카페
der Markt	n 시장	das Kino	n 영화관
die Kirche	n 교회		

das Auto	n 자동차	der Bus	n 버스
das Fahrrad	n 자전거	die U-Bahn	n 지하철
die Straßenbahn	n 도시고속전철	der Zug	n 기차
das Taxi	n 택시		

주제별 주요 문장

A Ich möchte eine Fahrkarte nach Freiburg kaufen.
저는 프라이부르크로 가는 차표 한 장을 사고 싶어요.

B Fahren Sie mit dem Zug?
기차를 타고 갑니까?

A Ja, ich fahre mit dem Zug.
네, 기차를 타고 갑니다.

B Einfach oder hin und zurück?
편도입니까, 왕복입니까?

A Hin und zurück bitte.
왕복 주세요.

오늘의 어휘 정리

MP3 10_02

1	fahren	v (차 타고) 가다, 타다	16	der Hauptbahnhof	n 중앙역
2	abfahren	v 출발하다	17	der Bahnsteig	n (정거장의) 플랫폼
3	fliegen	v 날다, 비행하다	18	das Flugzeug	n 비행기 (= die Maschine)
4	abfliegen	v 이륙하다, 출발하다	19	der Flughafen	n 공항
5	ankommen	v 도착하다	20	der Platz	n 장소
6	aussteigen	v 하차하다, 내리다 (↔ einsteigen)	21	der Bus	n 버스
7	einsteigen	v 승차하다, 타다 (↔ aussteigen)	22	die Autobahn	n 고속도로
8	umsteigen	v 환승하다, 갈아타다	23	das Auto	n 자동차
9	zurückkommen	v 되돌아오다	24	das Fahrrad	n 자전거
10	zurückfahren	v 되돌아가다	25	das Gleis	n 선로, 게이트
11	ansehen	v (주의 깊게) 보다, 구경하다	26	die Ansage	n 안내
12	der Zug	n 기차	27	der Pass	n 여권
13	die Straßenbahn	n 도시고속전철 (= die S-Bahn)	28	besetzt	p.a ~상태인, ~소유의 (↔ frei)
14	die Bahn	n 길, 철도	29	voll	a 가득 찬
15	das Taxi	n 택시	30	pünktlich	a (시간 따위에) 정확한, 시간을 엄수하는

주요 어휘와 예문

01

fahren

☐ du fährst, er fährt
☐ fahren - fuhr - gefahren

v (차 타고) 가다, 타다

A1 A **Fahren** Sie mit dem Zug?
기차를 타고 갑니까?

B Ja, ich **fahre** mit dem Zug.
네, 기차를 타고 갑니다.

A1 Ich kann nicht **Skifahren**, weil ich krank bin.
나는 아프기 때문에 스키를 탈 수 없다.

A2 Ich **fahre** übers Wochenende zu meinen Freunden.
나는 주말 동안 나의 친구들에게 간다.

die Fahrkarte n 차표

A1 Ich möchte eine **Fahrkarte** nach Freiburg kaufen.
나는 프라이부르크로 가는 차표 한 장을 사고 싶다.

02

abfahren

☐ du fährst ab, er fährt ab
☐ abfahren - fuhr ab - abgefahren

v 출발하다

A1 A Wann **fährt** der nächste Zug nach Aachen **ab**?
다음 열차는 언제 아헨으로 출발하나요?

B Um 3 Uhr.
3시에요.

03

fliegen

☐ du fliegst, er fliegt
☐ fliegen - flog - geflogen

v 날다, 비행하다

A1 **Fliegen** Sie mit dem Flugzeug?
비행기를 타고 가세요?

A2 Ich bin nach Berlin **geflogen**.
나는 (비행기로) 베를린에 갔다.

04

abfliegen

☐ du fliegst ab, er fliegt ab
☐ abfliegen - flog ab - abgeflogen

v 이륙하다, 출발하다

A1 Um 5 Uhr **fliegen** wir **ab**.
5시에 우리 비행기는 이륙한다.

05

ankommen

☐ du kommst an, er kommt an
☐ ankommen - kam an - angekommen

v 도착하다

A1 Der Zug **kommt** um dreizehn Uhr acht in Berlin **an**.
그 열차는 13시 8분에 베를린에 도착한다.

A2 Gestern Abend bin ich hier **angekommen**.
나는 어제 밤에 이곳에 도착했다.

06

aussteigen

☐ du steigst aus, er steigt aus
☐ aussteigen - stieg aus - ausgestiegen

v 하차하다, 내리다 (↔ einsteigen)

A1 **Steigen** Sie an der nächsten Station **aus**!
다음 역에서 내리세요!

A2 Der Zug endet hier. Wir bitten alle Passagiere **auszusteigen**.
이곳은 종착역입니다. 승객 여러분은 모두 내려 주세요.

07

einsteigen

☐ du steigst ein, er steigt ein
☐ einsteigen - stieg ein - eingestiegen

v 승차하다, 타다 (↔ aussteigen)

A1 Er **steigt** in den Bus **ein**.
그는 버스에 탄다.

A1 Alle **einsteigen**, der Zug fährt gleich ab.
모두들 승차하세요. 열차가 곧 떠납니다.

A2 Bitte **einsteigen**! Vorsicht bei der Abfahrt des Zuges!
승차하세요! 기차가 출발할 때 주의하세요!

08

umsteigen

☐ du steigst um, er steigt um
☐ umsteigen - stieg um - umgestiegen

v 환승하다, 갈아타다

A1 A Wo muss ich **umsteigen**?
어디서 환승해야 하나요?

B Sie müssen in München **umsteigen**.
당신은 뮌헨에서 환승해야 합니다.

09

zurückkommen

☐ du kommst zurück, er kommt zurück
☐ zurückkommen - kam zurück - zurückgekommen

v 되돌아오다

A1 Ich kann ohne Auto nicht **zurückkommen**.
나는 자동차 없이는 돌아올 수가 없다.

10
zurückfahren

☐ du fährst zurück, er fährt zurück
☐ zurückfahren - fuhr zurück - zurückgefahren

v 되돌아가다

A1 Du sollst unbedingt **zurückfahren**.
너는 무조건 되돌아가야 한다.

11
ansehen

☐ du siehst an, er sieht an
☐ ansehen - sah an - angesehen

v (주의 깊게) 보다, 구경하다

A1 Sie müssen den Fahrplan **ansehen**.
당신은 운행 시간표를 (주의 깊게) 보아야 합니다.
* der Fahrplan **n** 운행 시간표, 열차 시간표

12
der Zug

n 기차

A1 Um wie viel Uhr gibt es einen **Zug**?
몇 시에 열차가 있나요?

13
die Straßenbahn

n 도시고속전철 (= die S-Bahn)

A1 Welche **Straßenbahn** fährt zum Fußballstadion?
어떤 전차가 축구 경기장으로 갑니까?

A1 Fährst du mit der **S-Bahn** oder mit dem Bus?
도시고속전철을 타니 아니면 버스를 타니?

14
die Bahn

n 길, 철도

A1 Er fährt mit der **Bahn**.
그는 기차를(전철, 철도를) 타고 간다.

A2 Die **Bahn** hat die Fahrpreise erhöht.
철도청이 요금을 인상하였다.

die U-Bahn **n** 지하철
A1 Ich fahre mit der **U-Bahn**.
나는 지하철을 타고 간다.

15
das Taxi

n 택시

A1 Wo finde ich ein **Taxi**?
택시를 어디서 찾을 수 있나요?

DAY
10

16
der Hauptbahnhof

n 중앙역

A1 Wie komme ich zum **Hauptbahnhof**?
중앙역에는 어떻게 가나요?

A1 Wie lange dauert es bis zum
Hauptbahnhof?
중앙역까지 얼마나 걸리나요?

der Bahnhof n 역, 기차역
A1 Wie kommt man zum **Bahnhof**?
기차역은 어떻게 가나요?
A1 Der **Bahnhof** liegt gegenüber der Post.
역은 우체국 맞은편에 있다.

17
der Bahnsteig

n (정거장의) 플랫폼

A1 Der Fahrkartenautomat ist direkt am
Bahnsteig.
차표 자판기는 바로 승차장에 있습니다.

A2 A Von welchem **Bahnsteig** fährt der Zug
nach München ab?
뮌헨 행 열차는 어느 플랫폼에서 출발하나요?

B Von **Bahnsteig** sieben.
플랫폼 7번에서요.

18
das Flugzeug

n 비행기 (=die Maschine)

A1 Das **Flugzeug** kommt um 4 Uhr an.
그 비행기는 4시에 도착한다.

19
der Flughafen

n 공항

A1 Ist der **Flughafen** in der Nähe?
공항이 근처에 있나요?

A1 Wie komme ich zum **Flughafen**?
공항으로 어떻게 가나요?

20
der Platz

n 장소

A1 Bitte, nehmen Sie **Platz**!
자리에 앉으세요!

A1 Wie weit ist es zum **Goetheplatz**?
괴테광장까지 얼마나 먼가요?

21
der Bus

n 버스

A1 Wann fährt der **Bus** ab?
그 버스는 언제 출발합니까?

A1 Wie lange dauert es mit dem **Bus**?
버스로 얼마 걸립니까?

die Bushaltestelle n 버스정류장

A1 Wo ist die **Bushaltestelle**?
버스정류장은 어디에 있습니까?

A1 A Ist die **Bushaltestelle** weit weg?
버스정류장이 먼가요?

B Nein, ungefähr einen halben Kilometer.
아니요, 약 500미터입니다.

22
die Autobahn

n 고속도로

A1 Die **Autobahn** in Deutschland ist sehr berühmt.
독일의 고속도로는 아주 유명하다.

23
das Auto

n 자동차

A1 Das **Auto** steht vor dem Haus.
자동차는 집 앞에 주차되어 있습니다.

A1 Wir fahren mit dem **Auto** in den Urlaub.
우리는 자동차로 휴가를 갑니다.

24
das Fahrrad

n 자전거

A1 Er fährt jeden Morgen mit dem **Fahrrad** zur Uni.
그는 매일 아침마다 자전거를 타고 대학교에 간다.

25
das Gleis

n 선로, 게이트

A1 A Auf welchem **Gleis** fährt der Zug ab?
어느 선로에서 기차는 출발하나요?

B Auf Gleis 2.
2번 선로에서요.

26
die Ansage

n 안내

A2 Haben Sie die **Ansage** nicht gehört?
안내 방송을 못 들으셨어요?

27
der Pass

n 여권

A1 Ich habe meinen **Pass** nicht dabei.
나는 여권을 소지하고 있지 않다.

A1 Wenn man ins Ausland reist, braucht man einen **Pass**.
외국에 여행을 가려면, 여권이 필요하다.

28
besetzt

p.a ~상태인, ~소유의 (↔ frei)

A1 A Ist der Platz noch frei?
아직 자리가 비어 있나요?

B Nein, tut mir leid. Der Platz ist **besetzt**.
아니오, 죄송합니다. 자리가 찼습니다.

A1 Alle Plätze sind **besetzt**.
모든 자리가 다 찼습니다.

29
voll

a 가득 찬

A1 Der Bahnhof ist **voll** von Menschen.
기차역은 사람들로 가득 차 있다.

30
pünktlich

a (시간 따위에) 정확한, 시간을 엄수하는

A1 Kommt der Zug **pünktlich**?
기차가 정확한 시간에 오나요?

A1 Mein Vater kommt **pünktlich** um sechs Uhr nach Hause.
우리 아버지는 정각 6시에 집에 오신다.

	독일어	의미 쓰기	독일어 쓰기	재시
1	☐ fahren		☐	☐
2	☐ abfahren		☐	☐
3	☐ fliegen		☐	☐
4	☐ abfliegen		☐	☐
5	☐ ankommen		☐	☐
6	☐ aussteigen		☐	☐
7	☐ einsteigen		☐	☐
8	☐ umsteigen		☐	☐
9	☐ zurückkommen		☐	☐
10	☐ zurückfahren		☐	☐
11	☐ ansehen		☐	☐
12	☐ der Zug		☐	☐
13	☐ die Straßenbahn		☐	☐
14	☐ die Bahn		☐	☐
15	☐ das Taxi		☐	☐
16	☐ der Hauptbahnhof		☐	☐
17	☐ der Bahnsteig		☐	☐
18	☐ das Flugzeug		☐	☐
19	☐ der Flughafen		☐	☐
20	☐ der Platz		☐	☐
21	☐ der Bus		☐	☐
22	☐ die Autobahn		☐	☐
23	☐ das Auto		☐	☐
24	☐ das Fahrrad		☐	☐
25	☐ das Gleis		☐	☐
26	☐ die Ansage		☐	☐
27	☐ der Pass		☐	☐
28	☐ besetzt		☐	☐
29	☐ voll		☐	☐
30	☐ pünktlich		☐	☐

Check up!

1 다음 문장을 독일어로 작문해 보세요.

MP3 10_03

1. 당신은 뮌헨에서 환승하셔야 합니다.

_____

2. 비행기 타고 가세요?

_____

3. 중앙역까지 얼마나 걸리나요?

_____

4. 그는 버스에 탄다.

_____

5. 아직 자리가 비어 있나요?

_____

2 단어에 알맞은 뜻을 연결해 보세요.

1. fahren		ⓐ 되돌아가다
2. abfahren		ⓑ 날다, 날아가다
3. fliegen		ⓒ 내리다, 하차하다
4. abfliegen		ⓓ 환승하다, 갈아타다
5. ankommen		ⓔ (차 타고) 가다, 타다
6. aussteigen		ⓕ 도착하다
7. einsteigen		ⓖ 이륙하다
8. umsteigen		ⓗ 승차하다, 타다
9. zurückkommen		ⓘ 되돌아오다
10. zurückfahren		ⓙ 출발하다

🔔 정답

2
1. ⓔ   2. ⓙ   3. ⓗ   4. ⓖ   5. ⓕ
6. ⓒ   7. ⓗ   8. ⓓ   9. ⓘ   10. ⓐ

1
1. Sie müssen in München umsteigen.
2. Fliegen Sie mit dem Flugzeug?
3. Wie lange dauert es bis zum Hauptbahnhof?
4. Er steigt in den Bus ein.
5. Ist der Platz noch frei?

DAY 11 건강

der Körper (pl. die Körperteile) n 신체

der Kopf	n 머리	das Auge	n 눈
die Nase	n 코	das Ohr	n 귀
die Brust	n 가슴	der Zahn	n 이
der Hals	n 목	das Haar	n 머리카락
der Bauch	n 배	das Herz	n 심장
der Mund	n 입	der Arm	n 팔
die Hand	n 손	der Finger	n 손가락
das Bein	n 다리	der Fuß	n 발
der Rücken	n 등		

주제별 주요 문장

MP3 11_01 ○○○

A Ich bin sehr krank.
저는 매우 아파요.

B Was fehlt Ihnen?
어디가 아프신가요?

A Ich habe seit gestern Kopfschmerzen.
저는 어제부터 두통이 있어요.

Und ich habe auch Bauchschmerzen.
그리고 저는 복통도 있습니다.

B Ich wünsche Ihnen eine gute Besserung!
쾌유를 빕니다!

오늘의 어휘 정리

MP3 11_02

1	wehtun	v (몸) 아프다	16	der Doktor	n 의사, 박사
2	untersuchen	v 검사하다, 진찰하다	17	der Schmerz	n 고통, 아픔
3	husten	v 기침하다	18	das Fieber	n 열
4	verschieben	v 연기하다, 밀어 옮기다	19	die Gesundheit	n 건강
5	vorbeikommen	v 지나가다, 잠시 방문하다	20	die Krankheit	n 질병
6	aussehen	v ~처럼 보이다	21	die Praxis	n 개인 병원
7	absagen	v 취소하다	22	das Krankenhaus	n 병원
8	sich fühlen	v 느끼다	23	die Tablette	n 알약
9	sich erkälten	v 감기 들다	24	das Medikament	n 약
10	fehlen	v 부족하다, 결석하다	25	die Operation	n 수술
11	rufen	v 부르다	26	das Rezept	n 처방전, 레시피
12	sagen	v 말하다	27	die Apotheke	n 약국
13	glauben	v 믿다, 생각하다	28	die Besserung	n 더 나아짐, 개량
14	der Termin	n 기한, 예약, 기간	29	gesund	a 건강한 (↔ krank)
15	der Arzt	n 의사	30	krank	a 아픈 (↔ gesund)

주요 어휘와 예문

01
wehtun
☐ du tust weh, er tut weh
☐ tut weh - tat weh - wehgetan

v (몸) 아프다

A1 Mein Bein **tut weh**.
다리가 아프다.(*단수)

A1 Meine Ohren **tun weh**.
귀에 통증이 있다.(*복수)

02
untersuchen
☐ du untersuchst, er untersucht
☐ untersuchen - untersuchte - untersucht

v 검사하다, 진찰하다

A1 Der Arzt **untersucht** den Patienten.
의사가 환자를 검사한다.

A2 Ich will mich **untersuchen** lassen.
저는 진찰을 받고 싶습니다.

03
husten
☐ du hustest, er hustet
☐ husten - hustete - gehustet

v 기침하다

A1 Seit gestern **huste** ich.
어제부터 나는 기침을 한다.

A2 Ich habe die ganze Nacht **gehustet**.
나는 밤새 기침을 했다.

der Husten n 기침
A2 Das Mittel ist gut gegen **Husten**.
이 약은 기침에 좋다.

04
verschieben
☐ du verschiebst, er verschiebt
☐ verschieben - verschob - verschoben

v 연기하다, 밀어 옮기다

A1 Ich möchte bitte den Termin **verschieben**.
저는 예약을 연기하고 싶습니다.

A1 Kann ich den Termin auf Donnerstag **verschieben**?
제가 예약을 목요일로 연기할 수 있나요?

05
vorbeikommen
☐ du kommst vorbei, er kommt vorbei
☐ vorbeikommen - kam vorbei - vorbeigekommen

v 지나가다, 잠시 방문하다

A1 Brauche ich da einen Termin oder kann ich einfach **vorbeikommen**?
제가 그곳에 예약을 해야 하나요 아니면 그냥 방문해도 될까요?

06
aussehen

☐ du siehst aus, er sieht aus
☐ aussehen - sah aus - ausgesehen

v ~처럼 보이다

A1 Ihre Hand **sieht** ja schlimm **aus**!
당신의 손이 아파 보입니다!

A1 Sie **sieht** noch jung **aus**.
그녀는 아직 젊어 보인다.

07
absagen

☐ du sagst ab, er sagt ab
☐ absagen - sagte ab - abgesagt

v 취소하다

A1 Ich muss den Termin **absagen**.
저는 예약을 취소해야만 합니다.

08
sich fühlen

☐ du fühlst dich, er fühlt sich
☐ fühlen - fühlte - gefühlt

v 느끼다

A1 Ich **fühle mich** nicht wohl.
나는 몸이 좋지 않다.

A2 **Fühlen** Sie **sich** wie zu Haus!
집에서처럼 편히 계세요!

A2 Wie lange **fühlen** Sie **sich** schon so?
언제부터 그렇게 느끼셨나요?
(=언제부터 그런 기분이 드셨나요?)

09
sich erkälten

☐ du erkältest dich, er erkältet sich
☐ erkälten - erkältete - erkältet

v 감기 들다

A1 Er hat **sich erkältet**.
그는 감기에 걸렸다.

A2 Sie haben **sich** schwer **erkältet**.
당신은 심하게 감기 걸렸다.

die Erkältung n 감기
A2 Haben Sie etwas gegen **Erkältung**?
당신은 감기에 좋은 것이 있습니까?

10
fehlen

☐ du fehlst, er fehlt
☐ fehlen - fehlte - gefehlt

v 부족하다, 결석하다

A1 A Was **fehlt** Ihnen?
어디 아프신가요?

B Ich habe Kopfschmerzen.
머리가 아파요.

A1 Wer **fehlt** heute?
(= Wer ist heute abwesend?)
오늘 누가 결석했나요?

11
rufen
☐ du rufst, er ruft
☐ rufen - rief - gerufen

v 부르다

A1 **Rufen** Sie bitte schnell einen Krankenwagen!
빨리 구급차를 불러 주세요!

12
sagen
☐ du sagst, er sagt
☐ sagen - sagte - gesagt

v 말하다

A1 Ich habe Halsschmerzen, deshalb ist es schwer etwas zu **sagen**.
나는 목에 인후통이 있다. 그래서 무언가를 말하는 것이 어렵다.

A2 Ich habe ihm schon **gesagt**, dass ich krank bin.
나는 그에게 이미 내가 아프다고 말했다.

13
glauben
☐ du glaubst, er glaubt
☐ glauben - glaubte - geglaubt

v 믿다, 생각하다

A1 Ich **glaube**, dass ich im Bett bleiben muss.
나는 침대에 머물러야 한다고 생각한다.

14
der Termin

n 기한, 예약, 기간

A1 Haben Sie am Dienstag noch einen **Termin** frei?
화요일에 예약 시간이 아직 비어 있나요?

A1 Kann ich morgen einen **Termin** haben?
제가 내일 예약을 할 수 있을까요?

15
der Arzt

n 의사

A1 Er geht zum **Arzt**.
그는 병원에 간다. (= 그는 의사한테 간다.)

* die Ärztin 여의사

16
der Doktor

n 의사, 박사

A1 Du musst schnell zum **Doktor** gehen.
너는 빨리 의사에게 가야 한다.

17
der Schmerz

n 고통, 아픔

A1 Ich habe **Bauchschmerzen**.
나는 복통이 있다.

* schmerzen v 아프게 하다, 괴롭히다

* (pl.) die Schmerzen n 통증들

> **der Zahnschmerz** n 치통
> A1 Ich habe **Zahnschmerzen**.
> 나는 치통이 있다.

> **der Kopfschmerz** n 두통
> A1 Ich habe **Kopfschmerzen**.
> 나는 두통이 있다. (= Mein Kopf tut weh.)

18
das Fieber

n 열

A1 A Wie hoch ist das **Fieber**?
열이 얼마나 높습니까?

B Sie haben 39 Grad **Fieber**.
열은 39도입니다.

19
die Gesundheit

n 건강

A1 Ingwer-Tee ist gut für die **Gesundheit**.
생강차는 건강에 좋다.

A2 Meine **Gesundheit** ist mir wichtiger als
das Spiel.
건강이 나에게는 경기보다 더 중요하다.

20
die Krankheit

n 질병

A1 Welche **Krankheit** haben Sie?
어떤 병이 있으신가요?

A2 Krebs ist eine schwere **Krankheit**.
암은 중병이다.

A2 Geben Sie mir bitte ein Mittel gegen
Seekrankheit [Fahrkrankheit]!
배 멀미약 [차 멀미약] 좀 주세요!

21
die Praxis

n 개인 병원

A1 Sie hat eine eigene **Praxis**.
그녀는 개인 병원을 가지고 있다.

A2 Die **Praxis** bleibt bis zum 7. Mai geschlossen.
개인 병원은 5월 7일까지 닫힌다.

22
das Krankenhaus

n 병원

A1 Muss ich im **Krankenhaus** bleiben?
제가 병원에 머물러 있어야 하나요?

A2 Wann kann ich aus dem **Krankenhaus** entlassen werden?
제가 언제 병원에서 퇴원할 수 있습니까?

23
die Tablette

n 알약

A1 Nehmen Sie hier die **Tablette**. Sie hilft gegen die Schmerzen.
이 알약을 받으세요. 이것은 통증에 도움이 됩니다.

A1 Nehmen Sie eine **Tablette** vor dem Schlafengehen!
자기 전에 알약 한 알을 복용하세요!

24
das Medikament

n 약

A1 Wie oft muss ich das **Medikament** nehmen?
이 약을 몇 번 복용해야 하나요?

* die Medizin n 약
* die Pillen n 알약
* die Salbe n 연고

25
die Operation

n 수술

A2 Die **Operation** ist gut verlaufen.
수술은 잘 끝났다.

26
das Rezept

n 처방전, 레시피

A1 Können Sie mir dafür ein **Rezept** geben?
그것에 대한 처방전을 주실 수 있나요?

A2 Diese Tabletten gibt es nur auf **Rezept**.
이 약은 단지 처방전을 통해 드립니다.

A1 Weißt du ein gutes **Rezept** für Gemüsesuppe?
너는 야채 수프를 위한 좋은 레시피를 아니?

27
die Apotheke

n 약국

A1 Gehen Sie bitte mit dem Rezept in die **Apotheke**!
처방전을 가지고 약국으로 가세요!

28
die Besserung

n 더 나아짐, 개량

A1 Gute **Besserung**!
쾌유를 빕니다!

29
gesund

a 건강한 (↔ krank)

A1 Rauchen ist nicht **gesund**.
흡연은 건강에 좋지 않다.

A1 Dein Großvater sieht **gesund** aus.
너의 할아버지는 건강해 보인다.

30
krank

a 아픈 (↔ gesund)

A1 Ich bin sehr **krank**.
나는 매우 아프다.

A1 Er kommt nicht in die Schule, weil er **krank** ist.
그는 아파서 학교에 오지 않는다.

* wehtun v 아프다

	독일어	의미 쓰기	독일어 쓰기	재시
1	☐ wehtun		☐	☐
2	☐ untersuchen		☐	☐
3	☐ husten		☐	☐
4	☐ verschieben		☐	☐
5	☐ vorbeikommen		☐	☐
6	☐ aussehen		☐	☐
7	☐ absagen		☐	☐
8	☐ sich fühlen		☐	☐
9	☐ sich erkälten		☐	☐
10	☐ fehlen		☐	☐
11	☐ rufen		☐	☐
12	☐ sagen		☐	☐
13	☐ glauben		☐	☐
14	☐ der Termin		☐	☐
15	☐ der Arzt		☐	☐
16	☐ der Doktor		☐	☐
17	☐ der Schmerz		☐	☐
18	☐ das Fieber		☐	☐
19	☐ die Gesundheit		☐	☐
20	☐ die Krankheit		☐	☐
21	☐ die Praxis		☐	☐
22	☐ das Krankenhaus		☐	☐
23	☐ die Tablette		☐	☐
24	☐ das Medikament		☐	☐
25	☐ die Operation		☐	☐
26	☐ das Rezept		☐	☐
27	☐ die Apotheke		☐	☐
28	☐ die Besserung		☐	☐
29	☐ gesund		☐	☐
30	☐ krank		☐	☐

Check up!

1 다음 문장을 독일어로 작문해 보세요.   MP3 11_03

1. 다리가 아프다.

   _____

2. 귀에 통증이 있다.

   _____

3. 저는 예약을 연기하고 싶습니다.

   _____

4. 제가 예약을 목요일로 연기할 수 있나요?

   _____

5. 제가 병원에 머물러야 하나요?

   _____

2 아래 상태를 알맞게 표현하는 독일어를 연결하세요.

1.   ⓐ Gut, danke.

2.   ⓑ Sehr gut, danke!

3.   ⓒ Schlecht.

4.   ⓓ Es geht so.

정답

1
1. Mein Bein tut weh.
2. Meine Ohren tun weh.
3. Ich möchte den Termin bitte verschieben.
4. Kann ich den Termin auf Donnerstag verschieben?
5. Muss ich im Krankenhaus bleiben?

2
1. ⓑ
2. ⓒ
3. ⓐ
4. ⓓ

140 30일 완성 독일어 단어장 A1-A2

der Frühling ⁿ 봄

Der **Frühling** ist schon da. Im **Frühling** ist es warm.
봄이 벌써 왔습니다. 봄에는 따뜻합니다.

der Sommer ⁿ 여름

Im **Sommer** ist das Wetter sehr heiß. Im **Sommer** sind es circa 25 Grad.
여름에는 날씨가 무척 덥습니다. 여름에는 약 25도 정도 됩니다.

der Herbst ⁿ 가을

Das Wetter ist schön im **Herbst**.
가을에는 날씨가 좋습니다.
Von allen Jahreszeiten habe ich den **Herbst** am liebsten .
나는 사계절 중에서 가을을 제일 좋아합니다.

der Winter ⁿ 겨울

Im **Winter** schneit es viel.
겨울에는 눈이 많이 옵니다.

주제별 주요 문장

MP3 12_01 ○○○

A Wie ist das Wetter?
날씨가 어떻습니까?

B Das Wetter ist schön und die Sonne scheint.
날씨는 좋고 해는 빛납니다.

A Aber am Abend wird es Regen geben.
하지만 저녁에는 비가 내릴 것입니다.

B Gehen wir dann jetzt spazieren.
그럼 우리 지금 산책갑시다.

오늘의 어휘 정리

MP3 12_02

1	regnen	v 비가 오다	16	die Wolke	n 구름
2	scheinen	v 빛나다, ～인 것 같다	17	die Klimaanlage	n 에어컨
3	schneien	v 눈이 오다	18	der Spaziergang	n 산보
4	werden	v ～이 되다	19	warm	a 따뜻한, 온화한
5	Ski fahren	v 스키 타다	20	kalt	a 추운, 차가운 (↔ warm, heiß)
6	spazieren gehen	v 산보하다	21	stark	a 강한, 힘센
7	fallen	v 떨어지다	22	heiß	a 뜨거운 (↔ kalt)
8	das Wetter	n 날씨	23	schlecht	a 나쁜
9	die Himmelsrichtung	n 방향	24	schlimm	a 좋지 않은, 나쁜
10	die Jahreszeit	n 계절	25	nass	a 축축한
11	der Grad	n (온도) 도, 눈금	26	sonnig	a 해가 비치는
12	die Sonne	n 태양	27	windig	a 바람이 부는
13	der Wind	n 바람	28	bewölkt	a 구름 낀
14	der Regen	n 비	29	kühl	a 시원한
15	der Regenschirm	n 우산	30	plus	adv 영상(온도)의, (↔ minus)

주요 어휘와 예문

01
regnen
- [ ] es regnet
- [ ] regnen - regnete - geregnet

v 비가 오다

A1 Es **regnet**.
비가 온다.

A2 Es hat den ganzen Tag **geregnet**.
하루 종일 비가 내렸다.

A2 Gestern hat es stark **geregnet**.
어제는 심하게 비가 내렸다.

* der Regen **n** 비

02
scheinen
- [ ] es scheint
- [ ] scheinen - schien - geschienen

v 빛나다, ~인 것 같다

A1 Die Sonne **scheint**.
태양은 빛난다.

A2 Die Sonne **scheint**, der Himmel ist blau, und wolkenlos.
태양은 빛나고, 하늘은 파랗고 구름 한 점 없다.

03
schneien
- [ ] es schneit
- [ ] schneien - schneite - geschneit

v 눈이 오다

A1 Es **schneit** viel im Winter.
겨울에는 눈이 많이 온다.

A2 Es hat letzte Nacht 20cm **geschneit**.
지난밤에 눈이 20cm 내렸다.

04
werden
- [ ] du wirst, er wird
- [ ] werden - wurde - geworden

v ~이 되다

A1 Wie **wird** das Wetter morgen?
내일 날씨 어떨까요?

A1 Am Freitag **werde** ich 30 Jahre alt.
나는 금요일에 30살이 된다.

05
Ski fahren
- [ ] du fährst Ski, er fährt Ski
- [ ] Ski fahren - fuhr...Ski - Skigefahren

v 스키 타다

A1 Im Winter **fährt** man gern **Ski**.
겨울에는 스키를 즐겨 탄다.

das Skifahren n 스키 타기
A2 Meiner Frau macht das **Skifahren** viel Spaß.
내 아내는 스키 타는 것을 무척 즐긴다.

06
spazieren gehen
☐ du gehst, er geht
☐ spazieren gehen -
ging spazieren -
spazieren gegangen

v 산보하다

A1 Ich **gehe** jetzt **spazieren**.
나는 지금 산책을 간다.

A1 **Gehen** wir morgen **spazieren**.
우리 내일 산책 가자.

A2 Trotz des Regens **geht** er **spazieren**.
(= Trotz des Regens macht er einen
Spaziergang).
그는 비가 오는데도 불구하고 산보한다.

07
fallen
☐ du fällst, er fällt
☐ fallen - fiel - gefallen

v 떨어지다

A1 Im Herbst **fallen** die Blätter.
가을에 낙엽이 떨어진다.

08
das Wetter

n 날씨

A1 Wie ist das **Wetter**?
날씨가 어떻습니까?

Gut	Schön	Schlecht	Nicht so gut
좋아요	쾌청해요	나빠요	그렇게 좋진 않아요

A2 Was für ein schönes **Wetter**!
참 좋은 날씨군요!

A2 Das **Wetter** wird immer kälter.
날씨가 점점 더 추워진다.

09
die Himmelsrichtung

n 방향

A1 Es gibt 4 **Himmelsrichtungen**.
4개의 방향이 있다.

der Norden	n 북쪽
der Osten	n 동쪽
der Süden	n 남쪽
der Westen	n 서쪽

im Norden	북쪽에	im Osten	동쪽에
im Süden	남쪽에	im Westen	서쪽에

10
die Jahreszeit

n 계절

A1 Welche **Jahreszeit** magst du?
너는 어느 계절을 좋아하니?

A1 Ein Jahr hat vier **Jahreszeiten**, den Frühling, den Sommer, den Herbst und den Winter.
일 년은 봄, 여름, 가을, 겨울 4개의 계절이 있다.

der Frühling	n 봄
der Herbst	n 여름
der Sommer	n 가을
der Winter	n 겨울

| im Frühling | 봄에 | im Sommer | 여름에 |
| im Herbst | 가을에 | im Winter | 겨울에 |

11
der Grad

n (온도) 도, 눈금

A1 Wieviel **Grad** haben wir heute?
오늘 몇 도입니까?

A1 Im Sommer sind es circa 25 **Grad**.
여름에는 약 25도 정도 된다.

A1 Manchmal ist das Wetter über 28 **Grad**.
때때로 날씨가 28도를 넘는다.

12
die Sonne

n 태양, 해

A1 Das Wetter ist schön und die **Sonne** scheint.
날씨는 좋고 해는 빛난다.

A2 Ich habe zu lange in der **Sonne** gelegen.
나는 너무 오래 해 아래 누워 있었다.

B1 Die Erde dreht sich um die **Sonne**.
지구는 태양 주위를 돈다.

13
der Wind

n 바람

A1 Der **Wind** ist heute stark.
오늘 바람이 세다.

A2 In Deutschland weht oft ein frischer **Wind**.
독일에서는 자주 시원한 바람이 분다.

DAY 12

14

der Regen

n 비

A1 Am Abend wird es **Regen** geben.
저녁에 비가 내릴 것이다.

A2 Der **Regen** hört endlich auf.
드디어 비가 그친다.

15

der Regenschirm

n 우산

A1 Nimm einen **Regenschirm** mit!
우산을 가지고 가렴!

16

die Wolke

n 구름

A2 Am Himmel ziehen dunkle **Wolken** auf.
하늘에 검은 구름이 피어오른다.

17

die Klimaanlage

n 에어컨

A1 Machen Sie bitte die **Klimaanlage** aus!
에어컨을 부디 꺼 주세요!

18

der Spaziergang

n 산보

A1 Am Sonntag machen wir immer einen
Spaziergang.
일요일에 우리는 늘 산보한다.

19

warm

a 따뜻한, 온화한

A1 Es wird **warm**.
날씨가 따뜻해진다.

A1 Im Frühling ist es **warm**.
봄에는 따뜻하다.

20

kalt

a 추운, 차가운 (↔ warm, heiß)

A1 Im Winter ist es **kalt**.
겨울에는 춥다.

21

stark

a 강한, 힘센

A1 Es regnet **stark**.
비가 세차게 내린다.

22
heiß

a 뜨거운 (↔ kalt)

A1 Im Sommer ist es sehr **heiß**.
여름에는 무척 덥다.

23
schlecht

a 나쁜

A1 Das Wetter ist **schlecht**.
날씨가 나쁘다.

A1 Es geht mir **schlecht**. Ich habe Fieber.
나는 상태가 좋지 않다. 나는 열이 난다.

A2 Mein Deutsch ist nicht **schlecht**, aber noch nicht perfekt.
나의 독일어는 나쁘지 않지만, 아직 완벽하지 않다.

24
schlimm

a 좋지 않은, 나쁜

A2 So **schlimm** war das Wetter nicht.
(= Das Wetter war nicht so **schlimm**.)
그렇게 날씨가 나쁘진 않았다.

25
nass

a 축축한

A2 Nach dem Regen ist das Gras **nass**.
비가 온 후에는 잔디가 축축하다.

26
sonnig

a 해가 비치는

A1 Ich liebe **sonnige** Tage.
나는 해가 비치는 날을 사랑한다.

A1 Wir haben im Sommer viele **sonnige** Tage.
여름에는 해가 나는 날이 많다.

DAY 12

27
windig

a 바람이 부는

A1 Auf dem Berg ist es oft **windig**.
산에는 자주 바람이 분다.

28
bewölkt

a 구름 낀

A2 Der Himmel war gestern sehr **bewölkt**.
어제 하늘에 구름이 가득 꼈었다.

DAY 12 날씨 **147**

29		a 시원한
kühl		A1 Es ist jetzt **kühler**.
		지금은 더 시원하다.

30		adv 영상(온도)의 (↔ minus)
plus		A1 Wir haben heute Morgen **plus** 9 Grad Celsius.
		오늘 아침 기온은 섭씨 9도입니다.
		* minus adv 영하(온도)의

DAY 12 단어 시험

	독일어	의미 쓰기	독일어 쓰기	재시
1	☐ regnen		☐	☐
2	☐ scheinen		☐	☐
3	☐ schneien		☐	☐
4	☐ werden		☐	☐
5	☐ Ski fahren		☐	☐
6	☐ spazieren gehen		☐	☐
7	☐ fallen		☐	☐
8	☐ das Wetter		☐	☐
9	☐ die Himmelsrichtung		☐	☐
10	☐ die Jahreszeit		☐	☐
11	☐ der Grad		☐	☐
12	☐ die Sonne		☐	☐
13	☐ der Wind		☐	☐
14	☐ der Regen		☐	☐
15	☐ der Regenschirm		☐	☐
16	☐ die Wolke		☐	☐
17	☐ die Klimaanlage		☐	☐
18	☐ der Spaziergang		☐	☐
19	☐ warm		☐	☐
20	☐ kalt		☐	☐
21	☐ stark		☐	☐
22	☐ heiß		☐	☐
23	☐ schlecht		☐	☐
24	☐ schlimm		☐	☐
25	☐ nass		☐	☐
26	☐ sonnig		☐	☐
27	☐ windig		☐	☐
28	☐ bewölkt		☐	☐
29	☐ kühl		☐	☐
30	☐ plus		☐	☐

Check up!

1 다음 문장을 독일어로 작문해 보세요.　　　　　　　　　　　MP3 12_03

1. 비가 온다.

   _____

2. 가을에 낙엽이 떨어진다.

   _____

3. 여름에는 무척 덥다.

   _____

4. 태양은 빛난다.

   _____

5. 너는 어느 계절을 좋아하니?

   _____

2 빈 칸에 알맞은 독일어를 넣으세요.

Sommer	kalt	Herbst	sonnig	oft

1. Im Frühling ist es morgens noch kühl, aber am Nachmittag oft _____.

2. Im _____ ist es oft warm und sehr heiß.

3. Im _____ weht der Wind _____.

4. Im Winter ist es _____ und es schneit auch.

정답

1
1. Es regnet.
2. Im Herbst fallen die Blätter.
3. Im Sommer ist es sehr heiß.
4. Die Sonne scheint.
5. Welche Jahreszeit magst du?

2
1. kalt
2. Sommer
3. Herbst, oft
4. sonnig

150 30일 완성 독일어 단어장 A1-A2

DAY 13 여행

das Deutschland ⁿ 독일
das Deutsch ⁿ 독일어
der Deutsche ⁿ 독일인

das Korea ⁿ 한국
das Koreanisch ⁿ 한국어
der Koreaner ⁿ 한국인

die USA (das Amerika) ⁿ 미국
das Englisch ⁿ 영어
der Amerikaner ⁿ 미국인

das China ⁿ 중국
das Chinesisch ⁿ 중국어
der Chinese ⁿ 중국인

das England ⁿ 영국
das Englisch ⁿ 영어
der Engländer ⁿ 영국인

der Japaner ⁿ 일본
das Japanisch ⁿ 일본어
der Japaner ⁿ 일본인

das Frankreich ⁿ 프랑스
das Französisch ⁿ 프랑스어
der Franzose ⁿ 프랑스인

das Italien ⁿ 이탈리아
das Italienisch ⁿ 이탈리아어
der Italiener ⁿ 이탈리아인

주제별 주요 문장

MP3 13_01

A Machen wir morgen einen Ausflug?
우리 내일 소풍 갈까요?

B Morgen geht es leider nicht. Aber am Freitag habe ich Zeit.
내일은 유감스럽게도 안 됩니다. 하지만 금요일에는 시간이 됩니다.

A Gut. Dann fahren wir nach Frankfurt.
좋아요. 그럼 우리 프랑크푸르트로 가요.

B Wie lange dauert die Fahrt von München nach Frankfurt?
뮌헨에서 프랑크푸르트까지 여정은 얼마나 걸립니까?

A Es dauert mit dem Zug 3 Stunden.
기차로 3시간 걸립니다.

오늘의 어휘 정리

MP3 13_02

1	buchen	v 예약하다	16	mitfahren	v 동승하다
2	dauern	v 지속하다	17	tanken	v 주유하다
3	passieren	v 일이 일어나다	18	fotografieren	v 사진을 찍다
4	mitmachen	v 함께 하다, 참여하다	19	mitnehmen	v 가지고 가다
5	mitkommen	v 함께 오다	20	ausgehen	v 외출하다
6	einpacken	v 짐을 싸다	21	das Reiseziel	n 여행 목적지
7	setzen	v 앉히다	22	der Reiseführer	n 가이드, 여행 안내서
8	teilnehmen	v ~에 참여하다	23	die Durchsage	n 안내 방송
9	verpassen	v 놓치다	24	das Informationsmaterial	n 정보 자료
10	sitzen	v 앉아 있다	25	der Ausflug	n 소풍
11	vorbereiten	v 준비하다	26	die Auskunft	n 안내, 안내소
12	vorhaben	v 계획하다	27	das Ausland	n 외국
13	sich erholen	v 휴식하다	28	die Landschaft	n 경치, 풍경
14	sich ausruhen	v 쉬다	29	wunderbar	a 놀라운, 대단한
15	verlieren	v 잃어버리다	30	während	prp ~하는 동안에

주요 어휘와 예문

01

buchen

☐ du buchst, er bucht
☐ buchen - buchte - gebucht

v 예약하다

A1 Ich möchte ein Zimmer **buchen**.
나는 방을 예약하고 싶다.

A2 A Würden Sie bitte einen Flug **buchen**?
비행기를 예약해 주시겠어요?

B Das geht leider gerade nicht.
지금 바로는 유감스럽게도 안 됩니다.

02

dauern

☐ du dauerst, er dauert
☐ dauern - dauerte - gedauert

v 지속하다

A1 A Wie lange **dauert** der Flug von Seoul nach Frankfurt?
서울에서 프랑크푸르트까지 비행하는 데 얼마나 걸립니까?

B Es **dauert** 14 Stunden.
14시간이 걸립니다.

03

passieren

☐ es passiert
☐ passieren - passierte - passiert

v 일이 일어나다

A1 Was ist denn **passiert**?
도대체 어떤 일이 일어났었나요?

04

mitmachen

☐ du machst mit, er macht mit
☐ mitmachen - machte mit - mitgemacht

v 함께 하다, 참여하다

A1 Kann ich bei der Party **mitmachen**?
저도 파티에 참여해도 될까요?

A2 Wir haben alles **mitgemacht**.
우리는 모든 것을 함께 했다.

05

mitkommen

☐ du kommst mit, er kommt mit
☐ mitkommen - kam mit - mitgekommen

v 함께 오다

A1 A **Kommst** du gern **mit**?
너도 같이 갈래?

B Ich würde gern **mitkommen**, aber ich bin leider krank.
나는 함께 가고 싶지만, 유감스럽게도 아픕니다.

DAY 13

mitgehen v 함께 가다

A1 **Geht** er auch **mit?**
그도 함께 가나요?

06

einpacken

☐ du packst ein, er packt ein
☐ einpacken - packte ein -
eingepackt

v 짐을 싸다

A1 Du sollst deinen Koffer allein **einpacken**.
너는 혼자 짐을 싸야 한다.

07

setzen

☐ du setzt, er setzt
☐ setzen - setzte - gesetzt

v 앉히다

A1 Darf ich mich neben Sie **setzen**?
제가 옆에 앉아도 되겠습니까?

08

teilnehmen

☐ du nimmst teil, er nimmt teil
☐ teilnehmen - nahm teil -
teilgenommen

v ~에 참여하다

A1 Ich **nehme** gerne an
Musikveranstaltungen **teil**.
나는 음악 행사에 참가하기를 좋아한다.

09

verpassen

☐ du verpasst, er verpasst
☐ verpassen - verpasste - verpasst

v 놓치다

A2 Wir haben gerade den Flugzeug
verpasst.
우리는 방금 비행기를 놓쳤다.

10

sitzen

☐ du sitzt, er sitzt
☐ sitzen - saß - gesessen

v 앉아 있다

A1 Sie **sitzen** auf dem Sofa und machen eine
Pause.
그들은 소파에 앉아 휴식을 취하고 있다.

11

vorbereiten

☐ du bereitest vor, er bereitet vor
☐ vorbereiten - bereitete vor -
vorbereitet

v 준비하다

A1 Sie **bereitet** sich auf die Fahrt **vor**.
그녀는 여행 준비를 하고 있다.

12
vorhaben
- [ ] du hast vor, er hat vor
- [ ] vorhaben - hatte vor - vorgehabt

v 계획하다

A1 Was **haben** Sie am Wochenende **vor**?
주말에 무슨 계획이 있습니까?

13
sich erholen
- [ ] du erholst dich, er erholt sich
- [ ] erholen - erholte - erholt

v 휴식하다

A1 Am Sonntag möchte ich **mich erholen**.
나는 일요일에 쉬고 싶다.

14
sich ausruhen
- [ ] du ruhst dich aus, er ruht sich aus
- [ ] ausruhen - ruhte aus - ausgeruht

v 쉬다

A2 Nach der Reise werde ich **mich ausruhen**.
나는 여행 후에 쉴 것이다.

15
verlieren
- [ ] du verlierst, er verliert
- [ ] verlieren - verlor - verliert

v 잃어버리다

A1 **Verlieren** Sie nicht Ihren Pass.
여권을 잃어버리지 마세요.

A2 Wir haben eine Tasche und einen Pass **verloren**.
우리는 가방과 여권을 잃어버렸다.

16
mitfahren
- [ ] du fährst mit, er fährt mit
- [ ] mitfahren - fuhr mit - mitgefahren

v 동승하다

A1 Wie viele Leute können da **mitfahren**?
몇 명이 그곳에 함께 타고 갈 수 있습니까?

17
tanken
- [ ] du tankst, er tankt
- [ ] tanken - tankte - getankt

v 주유하다

A1 Wo kann man in der Nähe **tanken**?
이 근처 어디에서 주유할 수 있습니까?

18
fotografieren
- [ ] du fotografierst, er fotografiert
- [ ] fotografieren - fotografierte - fotografiert

v 사진을 찍다

A1 Ich **fotografiere** gern, wenn ich reise.
나는 여행할 때, 사진을 즐겨 찍는다.

A2 Er lässt sich nicht gern **fotografieren**.
그는 사진 찍히는 것을 좋아하지 않습니다.

19

mitnehmen

☐ du nimmst mit, er nimmt mit
☐ mitnehmen - nahm mit - mitgenommen

v 가지고 가다

A1 Auf Reisen muss man eine Kamera **mitnehmen**.
여행에는 카메라를 가져가야 한다.

A1 Möchten Sie hier essen oder **mitnehmen**?
여기서 드시겠어요, 포장해 가시겠어요?

20

ausgehen

☐ du gehst aus, er geht aus
☐ ausgehen - ging aus - ausgegangen

v 외출하다

A1 Sie **geht** gern am Abend **aus**.
그녀는 저녁에 외출하는 것을 좋아한다.

21

das Reiseziel

n 여행 목적지

A1 Nun bin ich am **Reiseziel**.
이제 나는 (여행) 목적지에 도착했다.

22

der Reiseführer

n 가이드, 여행 안내서

A1 Wir brauchen einen netten **Reiseführer**.
우리는 친절한 가이드가 필요하다.

A2 Ich habe einen **Reiseführer** für Paris gekauft.
나는 파리를 위한 여행 안내서를 샀다.

B1 Der **Reiseführer** war sehr kompetent und stets hilfsbereit.
그 가이드는 전문적인 지식이 있고 항상 도움을 주었다.

23

die Durchsage

n 안내 방송

A1 Leider habe ich die **Durchsage** nicht gehört.
유감스럽게도 나는 안내 방송을 듣지 못했다.

24

das Informationsmaterial

n 정보 자료

A1 Könnten Sie mir das **Informationsmaterial** bitte zu mailen?
저에게 정보 자료를 메일로 보내 주실 수 있습니까?

25
der Ausflug

n 소풍

A1 A Wollen wir morgen einen **Ausflug** machen?
우리 내일 소풍을 갈까요?

B Morgen geht es leider nicht.
내일은 유감스럽게도 안 됩니다.

26
die Auskunft

n 안내, 안내소

A1 Vielen Dank für die **Auskunft**!
안내해 주셔서 감사합니다!

A1 Entschuldigen Sie bitte, wo finde ich die **Auskunft**?
실례하지만 안내소를 어디서 찾을 수 있나요?

27
das Ausland

n 외국

A1 Er fährt ins **Ausland**.
그는 외국으로 간다.

A1 Wir wollen unseren nächsten Urlaub im **Ausland** machen.
우리는 다음 휴가를 외국에서 보내고 싶다.

der Ausländer n 외국인
A1 Im Sommer trifft man hier viele **Ausländer**.
여름에는 이곳에서 많은 외국인을 만날 수 있다.

28
die Landschaft

n 경치, 풍경

A1 Die **Landschaft** in Korea gefällt mir gut.
한국 경치가 내 마음에 든다.

29
wunderbar

a 놀라운, 대단한

A1 Die Reise war ganz **wunderbar**.
그 여행은 정말 좋았다.

30
während

prp ~하는 동안에

A2 Ich möchte **während** meiner Reise in Deutschland vieles einkaufen.
나는 독일 여행 중에 많은 것을 구매하고 싶다.

	독일어	의미 쓰기	독일어 쓰기	재시
1	☐ buchen		☐	☐
2	☐ dauern		☐	☐
3	☐ passieren		☐	☐
4	☐ mitmachen		☐	☐
5	☐ mitkommen		☐	☐
6	☐ einpacken		☐	☐
7	☐ setzen		☐	☐
8	☐ teilnehmen		☐	☐
9	☐ verpassen		☐	☐
10	☐ sitzen		☐	☐
11	☐ vorbereiten		☐	☐
12	☐ vorhaben		☐	☐
13	☐ sich erholen		☐	☐
14	☐ sich ausruhen		☐	☐
15	☐ verlieren		☐	☐
16	☐ mitfahren		☐	☐
17	☐ tanken		☐	☐
18	☐ fotografieren		☐	☐
19	☐ mitnehmen		☐	☐
20	☐ ausgehen		☐	☐
21	☐ das Reiseziel		☐	☐
22	☐ der Reiseführer		☐	☐
23	☐ die Durchsage		☐	☐
24	☐ das Informationsmaterial		☐	☐
25	☐ der Ausflug		☐	☐
26	☐ die Auskunft		☐	☐
27	☐ das Ausland		☐	☐
28	☐ die Landschaft		☐	☐
29	☐ wunderbar		☐	☐
30	☐ während		☐	☐

Check up!

1 다음 문장을 독일어로 작문해 보세요. **MP3** 13_03

    1. 주말에 무슨 계획이 있습니까?

    _____

    2. 너도 같이 갈래?

    _____

    3. 한국 경치가 내 마음에 든다.

    _____

    4. 유감스럽게도 나는 안내 방송을 듣지 못했다.

    _____

    5. 비행기를 예약해 주시겠어요?

    _____

2 질문과 알맞은 대답을 연결하세요.

    1. Was machst du dieses Jahr in den Sommerferien?

    2. Wann wollt ihr nach Deutschland?

    3. Wie lange hast du im Sommer Urlaub?

    4. Verreist du in den Herbstferien?

    ⓐ Nächstes Jahr wollen wir eine Reise machen.

    ⓑ Wir haben für diesen Sommer noch nichts geplant.

    ⓒ Nein, wir bleiben zu Hause.

    ⓓ Ich habe 2 Wochen frei.

  정답

1 1. Was haben Sie am Wochenende vor?
2. Kommst du gern mit?
3. Die Landschaft in Korea gefällt mir gut.
4. Leider habe ich die Durchsage nicht gehört.
5. Würden Sie bitte einen Flug buchen?

2 1. ⓑ
2. ⓐ
3. ⓓ
4. ⓒ

DAY
13

das Zahlwort 수사

수사

우리는 일상생활에서 숫자를 많이 사용한다. 수의 종류로는 보통 수를 나타내는 기수와 차례를 나타내는 서수, 시간 읽기, 분수, 또한 횟수 등이 있다.

1. 기수 (1, 2, 3...)

가장 많이 사용되는 기수는 수를 셀 때, 수식을 계산할 때, 시간, 전화번호, 연대 등을 표현할 때 사용한다. 1~12까지는 단독적인 단위이며, 13~19는 [단위 수 + zehn]을 사용하고, 20~90의 10단위 수는 [단위 수 + -zig]를 사용한다.

1) 먼저 0부터 12까지 외워야 한다.
2) 10부터 1000까지 10단위의 수를 암기한다.
3) 21부터 뒷자리 수를 먼저 읽는다. 예를 들어 21은 einundzwanzig(1+20)라고 읽는다.

0 null	10 zehn	20 zwanzig	30 dreißig
1 eins	11 elf	21 einundzwanzig	40 vierzig
2 zwei	12 zwölf	22 zweiundzwanzig	50 fünfzig
3 drei	13 dreizehn	23 dreiundzwanzig	60 sechzig
4 vier	14 vierzehn	24 vierundzwanzig	70 siebzig
5 fünf	15 fünfzehn	25 fünfundzwanzig	80 achtzig
6 sechs	16 sechzehn	26 sechsundzwanzig	90 neunzig
7 sieben	17 siebzehn	27 siebenundzwanzig	100 hundert(einhundert)
8 acht	18 achtzehn	28 achtundzwanzig	101 hunderteins
9 neun	19 neunzehn	29 neunundzwanzig	102 hundertzwei

200 zweihundert	230 zweihundertdreißig
300 dreihundert	365 dreihundertfünfundsechzig
1,000 tausend	2,000 zweitausend
1,000,000 eine Million	2,000,000 zweimillionen

2. 서수 (첫째, 둘째, 셋째...)

서수는 차례와 순서 또는 날짜 등에 사용하며 숫자에 점을 찍어서 나타낸다.
서수는 1에서 19까지는 '기수 + t' 의 형태이며, 20 이상은 '기수 + st' 의 형태이다.

1~19. : 기수 + t
예외: erst (1.), dritt (3.), sechst (6.), acht (8.)

20. 이상 : 기수 + st

1. erst	11. elft
2. zweit	12. zwölft
3. dritt	13. dreizehnt
4. viert	14. vierzehnt
5. fünft	15. fünfzehnt
6. sechst	16. sechzehnt
7. siebt	17. siebzehnt
8. acht	18. achtzehnt
9. neunt	19. neunzehnt
10. zehnt	20. zwanzigst
	21. einundzwanzigst
	...
	101. hundertst
	1000. tausendst

Check up!

다음 숫자를 독일어로 적으세요.

1. 12 _____

2. 20 _____

3. 25 _____

4. 230 _____

5. 2655 _____

 정답

1. zwölf
2. zwanzig
3. fünfundzwanzig
4. zweihundertdreißig
5. zweitausendsechshundertfünfundfünfzig

DAY 14 형용사

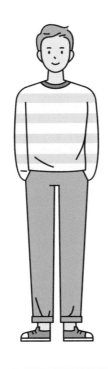 

Ich bin **groß**.
저는 (키가) 커요.

Ich bing **klug**.
저는 똑똑해요.

Und ich bin **verheiratet**.
그리고 저는 기혼입니다.

Ich bin **klein**.
저는 (키가) 작아요.

Ich bin **schön**.
저는 예뻐요.

Und Ich bin **ledig**.
저는 미혼입니다.

A Wie war es gestern? War die Prüfung schwer?
어제 어땠어? 시험이 어려웠니?

B Nein. Für mich war es sehr leicht.
아니. 나에게는 아주 쉬웠어.

A Für mich war es schwer. Du bist ja klug.
나에게는 어려웠어. 너는 똑똑하구나.

B Danke schön.
고마워.

오늘의 어휘 정리

MP3 14_02

1	groß	a 큰 (↔ klein)	16	leicht	a 가벼운, 쉬운 (↔ schwer)
2	nächste	a 가장 가까운, 인근의	17	schön	a 아름다운, 멋진
3	klug	a 현명한	18	los	a 풀어진, 자유로운
4	ledig	a 미혼의, 자유로운 (↔ verheiratet)	19	frei	a 자유로운, 빈
5	ganz	a 온전한, 전체의	20	toll	a 멋진, 훌륭한
6	gerade	a 정확한, 곧은	21	faul	a 게으른 (↔ fleißig)
7	langsam	a 느린, 천천히 (↔ schnell)	22	nett	a 상냥한, 친절한
8	modern	a 현대적인, 근대의	23	schnell	a 빠른, 신속한 (↔ langsam)
9	viel	a 많은	24	fertig	a 끝난, 준비가 된
10	allein	a 홀로, 단독으로	25	fremd	a 잘 모르는, 낯선 (↔ bekannt)
11	sauber	a 깨끗한, 맑은 (↔ schmutzig)	26	früh	a 이른, 초기의 (↔ spät)
12	eilig	a 긴급한, 서둘러야 하는	27	dick	a 두꺼운, 뚱뚱한 (↔ dünn)
13	fleißig	a 부지런한, 열심인	28	schade	a 애석한, 유감스러운
14	einfach	a 단순한, 이해하기 쉬운, 편도의	29	prima	a 뛰어난, 우수한
15	richtig	a 올바른 (↔ falsch)	30	gut	a 좋은

주요 어휘와 예문

01
groß

ⓐ 큰 (↔ klein)

A1 Wie **groß** bist du?
너는 키가 어떻게 되니?

A2 Ich bin 3 cm **größer** als er.
나는 그보다 3센티 더 크다.

A2 Haben Sie nichts **Größeres**?
조금 더 큰 것은 없나요?

02
nächste

ⓐ 가장 가까운, 인근의

A1 Der **nächste** Bus kommt in fünf Minuten.
다음 버스는 5분 후에 도착한다.

A1 **Nächste** Woche gehe ich zum Amt.
나는 다음 주에 관공서에 간다.

nächsten Monat	다음 달
nächstes Jahr	다음 해
nächste Woche	다음 주

nächst adv 바로 다음에, 가장 가까이

A1 Ich möchte **nächstes** Jahr nach Deutschland fahren.
나는 내년에 독일에 가고 싶다.

03
klug

ⓐ 현명한

A1 Das Kind ist sehr **klug**.
그 아이는 무척 똑똑하다.

04
ledig

ⓐ 미혼의, 자유로운 (↔ verheiratet)

A1 Sind Sie **ledig** oder verheiratet?
당신은 미혼입니까, 기혼입니까?

05
ganz

ⓐ 온전한, 전체의

A1 Den **ganzen** Tag hat er geschlafen.
온종일 그는 잠을 잤다.

DAY
14

ganz adv 완전히, 전적으로, 온통, 전혀
A1 Das Buch ist **ganz** interessant.
그 책은 아주 흥미롭다.

06
gerade

a 정확한, 곧은

A1 Sitz **gerade**!
똑바로 앉아라!

A1 Er kann nicht mehr **gerade** stehen.
그는 더 이상 똑바로 서지 못한다.

gerade adv 정확한, 바로
A1 Es ist **gerade** 12 Uhr. 이제 바로 12시이다.

07
langsam

a 느린, 천천히 (↔ schnell)

A1 Er geht **langsam**, denn er ist müde.
그는 피곤하기 때문에, 천천히 간다.

08
modern

a 현대적인, 근대의

A1 Magst du **moderne** Musik?
너는 현대 음악을 좋아하니?

09
viel

a 많은

A1 Er arbeitet **viel**.
그는 일을 많이 합니다.

A2 Ich habe **viel** gelernt.
나는 많이 배웠습니다.

A2 **Vielen** Dank für Ihre Einladung!
초대해 주셔서 감사합니다!

viel adv 크게, 많이
A1 **Viel** Glück!
행운을 빕니다!

10
allein

a 홀로, 단독으로

A1 Ich gehe nicht gern **allein** ins Kino.
나는 혼자 영화관에 가는 것을 좋아하지 않는다.

A1 Wenn ich **allein** bin, höre ich gern Radio.
나는 혼자 있을 때 라디오 듣는 것을 좋아한다.

* allein adv 다만, 단지

11
sauber

a 깨끗한, 맑은 (↔ schmutzig)

A1 Das Klassenzimmer ist **sauber**.
교실은 깨끗하다.

A1 Meine Mutter macht das Zimmer **sauber**.
어머니는 방을 청소한다.

12
eilig

a 긴급한, 서둘러야 하는

A1 Ich habe es furchtbar **eilig**!
몹시 서둘러야 해!

13
fleißig

a 부지런한, 열심인

A1 Er lernt **fleißig**.
그는 열심히 공부한다.

A2 Sie ist eine **fleißige** Schülerin.
그녀는 근면한 학생입니다.

14
einfach

a 단순한, 이해하기 쉬운, 편도의

A1 **Einfach** oder hin und zurück?
편도입니까, 왕복입니까?

einfach adv 그냥
A1 Komm **einfach**! 그냥 와!
A1 Die Wohnung ist **einfach** super!
이 집은 그냥 정말 최고입니다!

15
richtig

a 올바른 (↔ falsch)

A1 Welcher Satz ist **richtig**?
어느 문장이 옳은가요?

* richtig adv 바르게, 정확히

16
leicht

a 가벼운, 쉬운 (↔ schwer)

A1 Die Prüfung war sehr **leicht**.
그 시험은 무척 쉬웠다.

schwer a 무거운, 어려운
Die Prüfung war **schwer**. 시험은 어려웠다.

17
schön

a 아름다운, 멋진

A1 Der Garten ist sehr **schön**.
그 정원은 매우 아름답다.

A1 Das ist ein **schöner** Tag.
오늘은 아름다운 날이다.

schön 감탄사
A1 **Schön**, dass ihr da seid. 너희들이 와 주어서 좋다.

schön adv 참으로, 제발
A1 Danke **schön**! 대단히 감사합니다!

hübsch a 예쁜, 귀여운, 아름다운
A1 Du siehst sehr **hübsch** aus. 너는 매우 예쁘다.

18
los

a 풀어진, 자유로운

A1 Die Party ist **los**.
파티는 시작되었어.

A1 Was ist denn **los** mit dir?
대체 무슨 일이니?

los adv 시작(출발)해라
A1 Lass uns **los**!
우리 출발하자!

19
frei

a 자유로운, 빈

A1 A Ist hier noch **frei**?
여기는 아직 비어 있나요?

B Aber sicher.
당연하죠.

A1 Heute Abend habe ich **frei**.
나는 오늘 저녁에 시간이 비어 있다.

A1 Haben Sie noch ein Zimmer **frei**?
빈 방이 하나 더 있습니까?

* frei adv 대단히, 매우, 실제로

20
toll

a 멋진, 훌륭한

A1 Ich finde es **toll**, wenn Sie morgen wieder kommen.
나는 당신이 내일 다시 오는 것이, 좋을 것 같다고 생각한다.

21
faul

a 게으른 (↔ fleißig)

A1 Er ist nicht **faul**, sondern fleißig.
그는 게으르지 않고 부지런하다.

22
nett

a 상냥한, 친절한

A1 Ich kenne den **netten** Mann.
나는 그 친절한 남자를 안다.

A1 Das ist sehr **nett** von Ihnen.
친절에 감사드립니다.

* nett adv 솔직히, 명료하게

* freundlich a 상냥한, 친절한

23
schnell

a 빠른, 신속한 (↔ langsam)

A1 Sprich doch nicht so **schnell**!
그렇게 빨리 말하지 말아라!

24
fertig

a 끝난, 준비가 된

A1 Ich bin mit meiner Arbeit **fertig**.
나는 일이 끝났다.

25
fremd

a 잘 모르는, 낯선 (↔ bekannt)

A1 Ich bin hier auch **fremd**.
(= Ich bin auch nicht von hier.)
저도 여기가 낯섭니다.
(= 저도 여기 출신이 아닙니다.)

DAY
14

26

früh

    ⓐ 이른, 초기의 (↔ spät)

    A1 Er arbeitet von **früh** bis spät.
        그는 일찍부터 늦게까지 일한다.

    A2 Ich bin **früh** aufgestanden.
        나는 일찍 일어났다.

> **spät** ⓐ 늦은, 지각한
> Wie **spät** ist es? (= Wie viel Uhr ist es?)
> 몇 시입니까?
> Der Zug kommt immer **spät**.
> 그 기차는 항상 늦게 온다.

27

dick

    ⓐ 두꺼운, 뚱뚱한 (↔ dünn)

    A1 Er findet mich zu **dick**.
        그는 나를 너무 뚱뚱하다고 생각한다.

    A1 Dein Fuß ist ja ganz **dick**!
        너의 발이 완전히 부었어!

    * dick adv 매우, 대단히

28

schade

    ⓐ 애석한, 유감스러운

    A1 **Schade**, dass du nicht kommen kannst.
        네가 올 수 없다니 유감이다.

29

prima

    ⓐ 뛰어난, 우수한

    A1 Das Haus ist **prima**.
        이 집은 훌륭해요.

30

gut

    ⓐ 좋은

    A1 A Sie sprechen **gut** Deutsch.
        당신은 독일어를 잘하시네요.

        B Nein, nur ein bisschen.
        아닙니다, 단지 조금 할 뿐입니다.

DAY 14 단어 시험

	독일어	의미 쓰기	독일어 쓰기	재시
1	☐ groß		☐	☐
2	☐ nächst		☐	☐
3	☐ klug		☐	☐
4	☐ ledig		☐	☐
5	☐ ganz		☐	☐
6	☐ gerade		☐	☐
7	☐ langsam		☐	☐
8	☐ modern		☐	☐
9	☐ viel		☐	☐
10	☐ allein		☐	☐
11	☐ sauber		☐	☐
12	☐ eilig		☐	☐
13	☐ fleißig		☐	☐
14	☐ einfach		☐	☐
15	☐ richtig		☐	☐
16	☐ leicht		☐	☐
17	☐ schön		☐	☐
18	☐ los		☐	☐
19	☐ frei		☐	☐
20	☐ toll		☐	☐
21	☐ faul		☐	☐
22	☐ nett		☐	☐
23	☐ schnell		☐	☐
24	☐ fertig		☐	☐
25	☐ fremd		☐	☐
26	☐ früh		☐	☐
27	☐ dick		☐	☐
28	☐ schade		☐	☐
29	☐ prima		☐	☐
30	☐ gut		☐	☐

Check up!

다음 문장을 독일어로 작문해 보세요.　　　　　　　　　　　　　　MP3 14_03

1. 나는 내년에 독일에 가고 싶다.

　　_____

2. 너는 현대 음악을 좋아하니?

　　_____

3. 저도 여기가 낯섭니다.

　　_____

4. 그는 일찍부터 늦게까지 일한다.

　　_____

5. 당신은 독일어를 잘하시네요.

　　_____

6. 어느 문장이 옳은가요?

　　_____

7. 초대해 주셔서 감사합니다!

　　_____

8. 너의 발이 완전히 부었어!

　　_____

9. 나는 일이 끝났다.

　　_____

10. 나는 그 친절한 남자를 안다.

　　_____

 정답

5. Sie sprechen gut Deutsch.
4. Er arbeitet von früh bis spät.
3. Ich bin hier auch fremd.
2. Magst du moderne Musik?
1. Ich möchte nächstes Jahr nach Deutschland gehen/fahren.

10. Ich kenne den netten Mann.
9. Ich bin mit meiner Arbeit fertig.
8. Dein Fuß ist ja ganz dick!
7. Vielen Dank für Ihre Einladung!
6. Welcher Satz ist richtig?

DAY 15 부사

Ich bin **wirklich** groß.
저는 (키가) 정말 커요.

Ich bing **sogar** klug.
저는 게다가 똑똑해요.

Und ich bin **leider** verheiratet.
그리고 저는 유감스럽게도 기혼입니다.

Ich bin **etwas** klein.
저는 (키가) 약간 작아요.

Ich bin **sehr** schön.
저는 매우 예뻐요.

Und Ich bin **noch** ledig.
저는 아직 미혼입니다.

주제별 주요 문장

A Was machst du gern am Wochenende?
너는 주말에 무엇을 즐겨 하니?

B Ich gehe gern ins Kino.
나는 영화관에 즐겨 가.

A Hast du heute Abend etwas vor?
너는 오늘 저녁에 계획을 가지고 있니?

B Ich werde schwimmen gehen und übermorgen mache ich einen Ausflug.
나는 수영을 가고 모레는 소풍을 가.

오늘의 어휘 정리

MP3 15_02

1	gern	adv 즐겨, 기꺼이	16	ungefähr	adv 대략
2	hin	adv 저리로, 저쪽으로 (↔ her)	17	zusammen	adv 함께, 같이
3	genau	adv 바로, 꼭, 정확히	18	später	adv 나중에, 그 후에
4	überall	adv 도처에, 어디에나	19	sehr	adv 매우, 몹시, 대단히
5	wirklich	adv 실제로, 정말로	20	bald	adv 곧, 금방
6	schwer	adv 심하게, 무겁게, 어렵게 (↔ leicht)	21	schon	adv 이미, 벌써
7	wieder	adv 다시, 새로	22	jetzt	adv 지금, 현재
8	etwas	adv 조금, 약간, 다소	23	nur	adv 오직, 다만
9	noch	adv 아직, 지금도, 더	24	sofort	adv 즉각, 지체 없이, 곧바로
10	links	adv 왼쪽에 (↔ rechts)	25	unterwegs	adv 가는 도중에, 외출 중인
11	rechts	adv 오른쪽에 (↔ links)	26	vorgestern	adv 그저께
12	manchmal	adv 때때로, 이따금	27	übermorgen	adv 모레
13	leider	adv 유감스럽게도, 슬프게도	28	sogar	adv 더욱이, 게다가
14	geradeaus	adv 똑바로, 직진해서	29	circa (ca.)	adv 대략
15	vielleicht	adv 아마도, 어쩌면, 대략	30	natürlich	adv 당연히, 자연히

주요 어휘와 예문

01
gern

adv 즐겨, 기꺼이

A1 Was machst du **gern** am Wochenende?
너는 주말에 무엇을 즐겨 하니?

A1 Ich habe dich **gern**.
너를 좋아해.

A1 Ich esse **gern** Fisch.
나는 생선을 즐겨 먹는다.

02
hin

adv 저리로, 저쪽으로 (↔ her)

A1 A Wohin geht er?
그는 어디로 가니?

B Er geht **hin**.
그는 저쪽으로 간다.

A1 Ich werfe den Ball **hin**.
나는 공을 저쪽으로 던진다.

03
genau

adv 바로, 꼭, 정확히

A1 **Genau**! Das ist das richtige Hotel für Sie!
맞아요! 이것이 당신에게 알맞은 호텔입니다!

genau a 정확한, 딱 들어맞는
A2 Können Sie mir eine **genaue** Zeit sagen?
정확한 시간을 말씀해 주실 수 있나요?

04
überall

adv 도처에, 어디에나

A1 Das findet man **überall**.
그것은 어디서나 발견할 수 있다.

05
wirklich

adv 실제로, 정말로

A1 Ist das **wirklich** so wichtig?
그것이 정말 그렇게 중요하니?

A2 Ich weiß **wirklich** nicht, was du meinst.
나는 네가 하는 말을 정말 모르겠다.

* wirklich a 현실의, 실제의, 정말

DAY
15

06
schwer

adv 심하게, 무겁게, 어렵게 (↔ leicht)

A1 Er atmet **schwer**.
그는 어렵게 숨을 쉰다.

A2 Er hat sich **schwer** verletzt.
그는 심하게 다쳤다.

schwer a 무거운, 어려운, 힘든

A1 Meine Hausaufgabe ist **schwer**.
나의 숙제는 어렵다.

A1 Der Koffer ist viel zu **schwer**.
여행 가방은 너무 무겁다.

A2 Die Prüfung war **schwer**.
시험은 어려웠다.

07
wieder

adv 다시, 새로

A1 Ich komme bald **wieder**.
나는 곧 다시 올 것이다.

08
etwas

adv 조금, 약간, 다소

A1 Kannst du **etwas** warten?
조금 기다릴 수 있나요?

A1 Es ist **etwas** kalt draußen.
밖이 조금 춥다.

A2 Das finde ich **etwas** übertrieben.
나는 그것이 약간 과장되었다고 생각한다.

etwas prn 무언가, 어떤 것

A1 Ich habe **etwas** für euch.
나는 너희에게 무언가 줄 게 있어.

A1 Hast du heute Abend **etwas** vor?
오늘 저녁에 계획 있니?

09
noch

adv 아직, 지금도, 더

A1 Ich studiere **noch**.
나는 아직 대학에서 공부한다.

A1 Ich gehe **noch** zur Uni.
나는 아직 대학교를 다닌다.

A2 Könnten wir **noch** etwas Brot bekommen?
빵을 조금 더 받을 수 있을까요?

10
links

adv 왼쪽에 (↔ rechts)

A1 Gehen Sie geradeaus, dann **links**!
똑바로 가다가 왼쪽으로 가세요!

A2 An der Kreuzung müssen Sie nach **links** abbiegen.
교차로에서 당신은 왼쪽으로 꺾으셔야 합니다.

＊ nach links 왼쪽으로
＊ nach rechts 오른쪽으로

11
rechts

adv 오른쪽에 (↔ links)

A1 Gehen Sie **rechts** um die Ecke!
모퉁이에서 오른쪽으로 가세요!

12
manchmal

adv 때때로, 이따금

A1 Ich treffe sie **manchmal** auf der Straße.
나는 그녀를 가끔 거리에서 만난다.

13
leider

adv 유감스럽게도, 슬프게도

A1 Das ist **leider** kaputt.
이것은 유감스럽게도 고장 났어요.

A1 **Leider** kann ich nicht nach Deutschland.
유감스럽게도 나는 독일에 갈 수 없다.

14
geradeaus

adv 똑바로, 직진해서

A1 Fahren Sie immer **geradeaus**!
계속 직진해서 가세요!

15
vielleicht

adv 아마도, 어쩌면, 대략

A1 Peter kommt heute **vielleicht** nicht.
페터는 어쩌면 오늘 오지 않는다.

16
ungefähr

adv 대략

A1 Es ist **ungefähr** halb drei.
대략 두 시 반이다.

＊ ungefähr a 대략의, 개괄적인

17
zusammen

adv 함께, 같이

A1 Was macht das **zusammen**?
합해서 얼마입니까?

18
später

adv 나중에, 그 후에

A1 Ich rufe ihn **später** nochmal an.
나는 그에게 나중에 다시 전화한다.

* später a 장래의, 나중의

19
sehr

adv 매우, 몹시, 대단히

A1 Heute ist das Wetter **sehr** heiß.
오늘은 날씨가 무척 덥다.

A2 Der Film war **sehr** spannend.
그 영화는 매우 스릴있었다.

20
bald

adv 곧, 금방

A1 Die Prüfung beginnt **bald**.
시험이 곧 시작된다.

A1 Auf Wiedersehen, bis **bald**!
안녕히 계세요, 곧 봐요!

A2 Geben Sie mir bitte so **bald** wie möglich
Bescheid.
저에게 가능하면 빨리 답변을 주세요.

21
schon

adv 이미, 벌써

A1 A Ist der Chef **schon** im Büro?
대표님이 사무실에 벌써 출근하셨나요?

B Nein, der ist leider noch nicht da.
아니요, 유감스럽게도 아직 계시지 않아요.

A1 Sind Sie **schon** lange hier?
여기에 이미 오래 계셨어요?

A1 Ich war **schon** beim Arzt.
나는 이미 의사에게 갔었다.

A1 Ist das Essen **schon** fertig?
음식조리가 벌써 끝났니?

22
jetzt

adv 지금, 현재

A1 Leider muss ich **jetzt** gehen.
유감이지만 나는 지금 가야 한다.

23
nur

adv 오직, 다만

A1 Ich bin **nur** müde.
나는 피곤하기만 할 뿐이다.

nicht nur ..., sondern auch ... ~뿐만 아니라 ~도
A2 Sie ist nicht **nur** hübsch, **sondern auch** klug.
그녀는 예쁠 뿐만 아니라 현명하기도 하다.

24
sofort

adv 즉각, 지체 없이, 곧바로

A1 Kommen Sie **sofort**!
당장 오세요!

25
unterwegs

adv 가는 도중에, 외출 중인

A1 Ich bin **unterwegs** zur Schule.
나는 학교에 가는 중이다.

26
vorgestern

adv 그저께

A2 **Vorgestern** hatte ich eine wichtige Prüfung.
그저께 나는 중요한 시험이 있었다.

27
übermorgen

adv 모레

A1 Ich werde **übermorgen** einen Ausflug machen.
나는 모레 소풍을 갈 것이다.

28
sogar

adv 더욱이, 게다가

A1 Er arbeitet **sogar** am Samstag.
그는 게다가 토요일에도 일을 한다.

29
circa (ca.)

adv 대략

A1 Es kostet **circa** 100 Euro.
가격은 대략 100유로입니다.

30
natürlich

adv 당연히, 자연히

A1 **Natürlich** haben wir auch andere Farben.
우리는 당연히 다른 색들도 가지고 있습니다.

A1 A Kommst du morgen zum Fest?
내일 축제에 올 거니?

B **Natürlich.**
물론이지.

---

natürlich a 자연의, 본래의

A2 Wir haben **natürlich** Zutaten in diesem Rezept
verwendet.
우리는 이 레시피에 자연 재료를 사용했다.

	독일어	의미 쓰기	독일어 쓰기	재시
1	☐ gern		☐	☐
2	☐ hin		☐	☐
3	☐ genau		☐	☐
4	☐ überall		☐	☐
5	☐ wirklich		☐	☐
6	☐ schwer		☐	☐
7	☐ wieder		☐	☐
8	☐ etwas		☐	☐
9	☐ noch		☐	☐
10	☐ links		☐	☐
11	☐ rechts		☐	☐
12	☐ manchmal		☐	☐
13	☐ leider		☐	☐
14	☐ geradeaus		☐	☐
15	☐ vielleicht		☐	☐
16	☐ ungefähr		☐	☐
17	☐ zusammen		☐	☐
18	☐ später		☐	☐
19	☐ sehr		☐	☐
20	☐ bald		☐	☐
21	☐ schon		☐	☐
22	☐ jetzt		☐	☐
23	☐ nur		☐	☐
24	☐ sofort		☐	☐
25	☐ unterwegs		☐	☐
26	☐ vorgestern		☐	☐
27	☐ übermorgen		☐	☐
28	☐ sogar		☐	☐
29	☐ circa (ca.)		☐	☐
30	☐ natürlich		☐	☐

Check up!

다음 문장을 독일어로 작문해 보세요.　　　　　　　　　MP3 15_03

1. 그것이 정말 그렇게 중요하니?

_____

2. 오늘 저녁 무슨 계획 있니?

_____

3. 이것은 유감스럽게도 고장 났어요.

_____

4. 페터는 어쩌면 오늘 오지 않는다.

_____

5. 유감이지만 나는 지금 가야 한다.

_____

6. 그는 심지어 토요일에도 일을 한다.

_____

7. 당장 오세요!

_____

8. 오늘은 날씨가 무척 덥다.

_____

9. 합해서 얼마입니까?

_____

10. 계속 직진해서 가세요!

_____

 정답

5. Leider muss ich jetzt gehen.
4. Peter kommt vielleicht heute nicht.
3. Das ist leider kaputt.
2. Hast du heute Abend etwas vor?
1. Ist das wirklich so wichtig?

10. Fahren Sie immer geradeaus!
9. Was macht das zusammen?
8. Heute ist das Wetter sehr heiß.
7. Kommen Sie sofort!
6. Er arbeitet sogar am Samstag.

A1
시험 맛보기!

A1 시험 맛보기!

지금까지 A1 수준의 기본 어휘를 익히시느라 수고 많으셨습니다. 이제는 배운 어휘를 응용할 시간입니다. 다음에 제공하는 4개의 미니 모의 시험지를 실전처럼 풀어 보세요.

1. Goethe Zertifikat A1 (Telc A1)
2. 대학수학능력시험 및 내신 대비
3. Flex
4. 국가직 7급 외무영사직

1 Goethe Zertifikat / Telc

Hören

MP3 A1_01

Teil 1 ● ● ●

Was ist richtig?
Kreuzen Sie an: a, b oder c.
Sie hören jeden Text **zweimal**.

Beispiel

0   Welche Zimmernummer hat Herr Schneider?

a Zimmer 240   b Zimmer 245   ☒ Zimmer 254

vom Goethe-Institut

1   Wann will die Frau in die Wohnung einziehen?
   a Angang Mai.
   b Mitte Mai.
   c Ende Mai.

Teil 2 ● ● ·

Kreuzen Sie an: [Richtig] oder [*Falsch*].
Sie hören jeden Text **einmal**.

Beispiel

0 Die Reisende soll zur Information in Halle C kommen.   [R̶i̶c̶h̶t̶i̶g̶]   [*Falsch*]

vom Goethe-Institut

2 ICE 5636 fährt heute um 16 Uhr 30.   [Richtig]   [*Falsch*]

3 Wenn man Informationen zu „Sprachreisen" braucht,   [Richtig]   [*Falsch*]
soll man mit dem Rathaus telefonieren.

Teil 3 ● ● ●

Was ist richtig?
Kreuzen Sie an: [a], [b] oder [c].
Sie hören jeden Text **zweimal**.

4 Wie kommt Jona heute zur Arbeit?

  [a] Mit dem Auto.
  [b] Mit der S-Bahn.
  [c] Mit dem Fahrrad.

5 Ein Junge dankt für ihr Geburtstagsgeschenk. Er dankt...

  [a] für den Rucksack.
  [b] für die Tasche für das Rad.
  [c] für die vielen Bücher.

Lesen

Teil 1 •

Lesen Sie die beiden Texte und die Aufgaben.
Kreuzen Sie an: Richtig oder Falsch .

Beispiel

0 Luisa kennt schon viele Leute.   R̶i̶c̶h̶t̶i̶g̶   Falsch

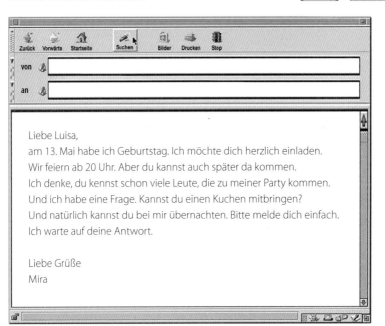

Liebe Luisa,
am 13. Mai habe ich Geburtstag. Ich möchte dich herzlich einladen.
Wir feiern ab 20 Uhr. Aber du kannst auch später da kommen.
Ich denke, du kennst schon viele Leute, die zu meiner Party kommen.
Und ich habe eine Frage. Kannst du einen Kuchen mitbringen?
Und natürlich kannst du bei mir übernachten. Bitte melde dich einfach.
Ich warte auf deine Antwort.

Liebe Grüße
Mira

1 Luisa soll früh da sein.   Richtig   Falsch

2 Luisa muss ein Hotel reservieren.   Richtig   Falsch

Teil 2 ● ●

Lesen Sie die Texte und die Aufgaben.
Wo finden Sie die Informationen? Kreuzen Sie an: a oder b.

Beispiel

0   Sie sind in Köln und möchten am Abend in Frankfurt sein. Sie möchten mit dem
    Zug fahren.

a   www-reiseauskunft-bahn.de
b   www.reiseportal.de

vom Goethe-Institut

3   Sie möchten mit Freunden am Freitag Italienisch essen gehen. Wohin gehen Sie?

a
Pizza-Pasta
Pisa

Italienische Spezialitäten.
täglich von 17-22Uhr.
An Feiertagen haben wir zu.

b
Italienisches Restaurant.
Maries Garten
Wir haben jeden Tag auf.
Wir haben großen Garten.

Tel. 0611/53 36 27

Teil 3 ● ● ●

Lesen Sie die Texte und die Aufgaben.
Kreuzen Sie an: Richtig oder *Falsch* .

Beispiel   An der Tür der **Sprachschule**

0   Zum Deutsch Lernen gehen Sie in die Beethovenstraße 23.   ~~Richtig~~   *Falsch*

vom Goethe-Institut

> # SPRACHZENTRUM
> Das Sprachzentrum ist umgezogen.
> Sie finden uns jetzt in der
> Beethovenstr. 23

4   In dem **Tanzkurs**

> 10 Min. Pause pro Stunde
> An der Rezeption kann man Wasser oder Kaffee
> bekommen. Das kostet nur 1 Euro.

Im Tanzkurs kann man etwas zu essen kaufen.   Richtig   *Falsch*

5   An einer **Post**

> ## Öffnungszeiten:
> montags – freitags
> 8.00 – 12.00 und 13.00 – 18.00
> samstags
> 8.00 – 12.00

Sie können am Freitag nachmittags in der Post einen   Richtig   *Falsch*
Briefumschlag kaufen.

Schreiben

Teil 2 ● ●

Schreiben Sie an die Touristeninformation in Dresden:
- Sie kommen im August nach Dresden.
- Bitten Sie um Informationen über Film, Theater, Museen, Kulturprogramm usw.
- Bitten Sie um Hoteladressen.

Schreiben Sie zu jedem Punkt ein bis zwei Sätze (circa 30 Wörter) auf den Antwortbogen.
Vergessen Sie nicht den passenden Anfang und Gruß am Schluss.

Sprechen

Teil 1 ● ● ●   sich vorstellen.

Kandidatenblätter

Name?
Alter?
Land?
Wohnort?
Sprachen?
Beruf?
Hobby?

Teil 2 • • Um Informationen bitten und Informationen geben.

SD1 ÜT1 Teil 2	SD1 ÜT1 Teil 2	SD1 ÜT1 Teil 2
Thema: Essen und Trinken	Thema: Einkaufen	Thema: Einkaufen
Sonntag	Obst	Buch

Teil 3 • • • Bitten formulieren und darauf reagieren.

SD1 ÜT1 Teil 3	SD1 ÜT1 Teil 3	SD1 ÜT1 Teil 3

1. 네모에 들어갈 글자 중 대문자의 개수는?

> A : G☐ten Morgen. Wie viel ☐hr ist es?
> B : Es ist sechs.
> A : Wann beginnt unser ☐nterrichht?
> B : ☐m acht Uhr.

① 1개   ② 2개   ③ 3개
④ 4개   ⑤ 5개

2. 빈칸 (a), (b)에 들어갈 말로 알맞은 것은?

> A : Wie heißen Sie?
> B : Ich heiße Soyoung Kim. Soyoung ist der ____(a)____ und Kim ist
>   der ____(b)____.

     (a)   (b)
① Vorname   Nachname
② Nachname   Vorname
③ Nachname   Familienname
④ Familienname   Nachname
⑤ Familienname   Vorname

3. 빈칸에 들어갈 말로 알맞은 것은?

> A : Wo wohnen Sie?
> B : Ich wohne in Hamburg.
> A : _____ Sie?
> B : Ich bin Arzt.

① Was sagen   ② Wie alt sind
③ Wann arbeiten   ④ Woher kommen
⑤ Als was arbeiten

4. 빈칸에 들어갈 말로 알맞은 것을 〈보기〉에서 찾아 순서대로 바르게 배열한 것은?

> A : _____
> B : Nein, ich bin verheiratet.
> A : _____
> B : _____

〈보 기〉

> a. Sind Sie ledig?
> b. Haben Sie Kinder?
> c. Ja, ich habe einen Sohn.

① a – b – c ② b – a – c ③ b – c – a
④ c – a – b ⑤ c – b – a

5. 빈칸에 들어갈 말로 알맞은 것은?

> A : Wohnen Sie in Dortmund?
> B : _____, ich wohne in Düsseldorf.

① Ja ② Und ③ Aber
④ Doch ⑤ Nein

6. 낱말들의 관계로 보아 빈칸 (a), (b)에 들어갈 말로 알맞은 것은?

> Korea – Koreanisch
> Italien – (a)
> Spanien – (b)

	(a)	(b)
①	Italisch	Spanisch
②	Italnisch	Spanisch
③	Italienisch	Spanisch
④	Italienisch	Spaniensch
⑤	Italienisch	Spaniensch

7. Mia의 일과를 이해한 내용으로 알맞지 않은 것은?

> Mia steht um sechs Uhr auf. Zuerst duscht sie, und um halb sieben
> frühstückt sie.
> Um Viertel vor sieben geht sie aus dem Haus. Ihr Bus fährt um zehn vor
> sieben ab.
> Um fünf nach sieben kommt der Bus in der Stadtmitte an. Dort steigt Mia
> aus und geht zu Fuß weiter. Zehn Minuten später kommt sie im Büro an.

① 6시에 일어난다.
② 6시 45분에 집을 나선다.
③ 먼저 샤워를 하고 아침 식사를 한다.
④ 6시 50분에 출발하는 버스를 타서 도심에서 내린다.
⑤ 버스에서 내린 후 걸어서 7시 5분에 사무실에 도착한다.

8. 밑줄 친 부분과 의미가 유사한 것은?

> A : Was machst du gern?
> B : Ich spiele gern Fußball.

① Ich mag Fußball
② Ich kaufe einen Fußball
③ Ich möchte einen Fußball
④ Hier kann man Fußbälle kaufen
⑤ Hier spielt man sehr gern Fußball

9. 빈칸에 들어갈 말로 알맞은 것은?

> A : Entschuldigung! Ist es noch weit bis zur Post?
> B : _____. Sie können in nur 3 Minuten zu Fuß da
> sein.
> A : Danke schön.

① Ich bin hier fremd.
② Doch, ich weiß nichts davon.
③ Nein, sie ist ganz in der Nähe.
④ Oh, sie liegt ziemlich weit weg.
⑤ Ja, das ist zu weit zum Laufen.

10. 빈칸에 들어갈 말로 알맞은 것은?

> A : Heute Abend gehe ich auf das Konzert von Marie. Kommst du mit?
>
> B : Ja, gern. Um wie viel Uhr sehen wir uns?
>
> A : Am besten um 6 Uhr.
>
> B : Da kann ich leider nicht. _____.
>
> A : Kein Problem. Ich kann warten.
>
> B : Wunderbar, danke.

① Ich kenne sie nicht so gut.

② Auf Musik habe ich keine Lust.

③ Um 6 Uhr fliege ich nach Spanien.

④ Ich möchte lieber zu Hause bleiben.

⑤ Bis Viertel nach 6 habe ich Unterricht.

Hörverständnis

Teil 1 •

In diesem Teil des Testes werden Ihre Kenntnisse der deutschen Alltagssprache getestet. Er besteht aus 3 Abschnitten.

Sie hören nun kurze Fragen oder Aussagen zu verschiedenen Situationen mit jeweils drei möglichen Antworten. Wählen Sie die richtige Antwort! Die Fragen und Antworten werden nur einmal gesprochen. Sie stehen nicht in Ihrem Testheft.

1. Wo findet dieses Gespräch statt?
   ① Am Kiosk.
   ② In der Bibliothek.
   ③ In einer Buchhandlung
   ④ Auf dem Bahnhof

2. Warum braucht der Mann eine Brille?
   ① Weil er alt ist.
   ② Weil er noch jung ist.
   ③ Weil er eine Augenkrankheit hat.
   ④ Er braucht keine Brille.

Teil 2 ••

In diesem Teil hören Sie kurze Dialoge. Lesen Sie zuerst die Frage und hören Sie dann den Kurzdialog. Sie hören die Dialoge nur einmal. Wählen Sie dann die richtige Antwort.

3. Was hat der Mann?
   ① Hamburger schmecken ihm nicht.
   ② Er will zu McDonalds.
   ③ Er will Fastfood essen.
   ④ Ihm ist schlecht.

4. Wozu braucht der Student das Wörterbuch?

 ① Er liebt Wörterbücher.

 ② Er hat eine Prüfung.

 ③ Er hat eine Geburtstagsfeier.

 ④ Er braucht es gar nicht.

5. Warum soll der Mann einen Kochkurs machen?

 ① Weil er gern kocht.

 ② Weil er gern Kurse besucht.

 ③ Weil er nicht gut kocht.

 ④ Weil seine Frau nicht kochen kann.

Leseverständnis(독해)

Dieser Teil des Tests besteht aus den Abschnitten V bis VlII.

＊원래 독해 부분은 5부에서 8부까지 구성 되어있습니다. 총 50개의 문항으로
  문법, 어휘, 어휘 의미, 오류 찾기, 지문 독해 등 다양한 문제들이 출제됩니다.

6. 다음 문장을 읽고 밑줄 친 부분에 대한 알맞은 의미를 고르세요.

 > <u>Da haben Sie Recht.</u>

 ① Da sind Sie falsch informiert.

 ② Da bin ich Ihrer Meinung.

 ③ Darüber kann man streiten.

 ④ Davon bin ich nicht überzeugt.

7. 다음 문장을 읽고 밑줄 친 부분에 대한 알맞은 의미를 고르세요.

 > <u>Das ist alles, was ich dir sagen kann.</u>

 ① Ich kann dir alles sagen.

 ② Ich kann dir das nicht sagen.

 ③ Ich kann dir noch mehr sagen.

 ④ Mehr kann ich dir nicht sagen.

8. 이 독해 부분에는 불완전한 문장이 주어져 있습니다. 밑줄에 들어갈 알맞은 답을 고르십시오.

> Nur du kannst mir helfen! _____ kann ich mich sonst verlassen?

① Auf wen   ② Worauf

③ Wem   ④ Wen

9. 이 독해 부분에는 불완전한 문장이 주어져 있습니다. 밑줄에 들어갈 알맞은 답을 고르십시오.

> Wie möchten Sie Ihre Fotos, _____ oder glänzend?

① farbig   ② scharf

③ matt   ④ schwarz und weiß

10. 이 독해 부분에는 불완전한 문장이 주어져 있습니다. 밑줄에 들어갈 알맞은 답을 고르십시오.

> Nach dem Studium bin ich nach Deutschland geflogen und habe meine Eltern _____ Monate nicht gesehen.

① mehr   ② mehre

③ mehrere   ④ mehreren

1. 다음 글에 들어 있지 않은 내용은? (2010 출제)

> Meine Freundin hat morgen Geburtstag. Blumen mag sie nicht. Aber sie liest gern. Dann schenke ich ihr ein Buch.

① 내 여자 친구는 독서를 즐긴다.
② 내일은 나의 생일이다.
③ 나는 내 여자 친구에게 책을 선물한다.
④ 내 여자 친구는 꽃을 싫어한다.

2. A의 질문에 대한 B의 대답으로 적절하지 않은 것은? (2010 출제)

① A : Was isst du gern zum Frühstück?
   B : Abends habe ich keine Zeit, ich esse nichts.
② A : Was bekommen Sie?
   B : Einen Hamburger und eine Cola.
③ A : Wie finden Sie diesen Mantel?
   B : Er gefällt mir gut.
④ A : Was möchtest du werden?
   B : Maler. Ich male gern.

3. 대화의 내용과 일치하지 않는 것은? (2012 출제)

> Lao :   Herr Ober! Wir möchten zahlen.
> Ober : Ja, ich komme sofort. Bitte schön. Zusammen oder getrennt?
> Lao :   Getrennt, bitte.
> Ober : Und was bezahlen Sie?
> Lao :   Den Käsekuchen und den Kaffee.
> Ober : Das macht 5 Euro 30.
> Jan :   Und ich bezahle die Pizza und das Bier.
> Ober : Eine Pizza und ein Bier, das macht 7 Euro 20.
> Jan :   8 Euro, stimmt so!
> Ober : Vielen Dank!

① 라오와 얀은 한 식당에서 따로 식사를 했다.
② 얀은 거스름돈을 받지 않았다.
③ 라오는 치즈케이크와 커피를 먹었다.
④ 라오와 얀은 식사 비용을 각자 계산하였다.

4. 대화의 내용이 서로 어울리지 않는 것은? (2012 출제)

① A : Was fehlt dir denn?
   B : Ich habe Bauchschmerzen.
② A : Was hat Hans am Wochenende vor?
   B : Er geht schwimmen.
③ A : Wie geht es Ihnen?
   B : Ich nehme den Bus.
④ A : Wie spät ist es?
   B : Es ist halb zehn.

5. 밑줄 친 부분에 들어갈 말로 가장 알맞은 것은? (2014 출제)

> A : Wohin gehst du?
> B : _____, ich will Brötchen einkaufen.

① Zum Bäcker   ② Zum Metzger
③ Zum Arzt   ④ Zur Post

6. 밑줄 친 부분에 들어갈 말로 가장 알맞은 것은? (2014 출제)

> Vergessen Sie Ihre _____ nicht, wenn Sie nach
> Spanien fliegen! Dort ist tolles Wetter.

① Postkarte   ② Sonnenbrille
③ Eintrittskarte   ④ Handynummer

7. 밑줄 친 부분에 들어갈 말로 가장 알맞은 것은? (2019 출제)

> Wir treffen uns _____ Samstag _____ 11:00 Uhr.

① am - um   ② im - am
③ im - um   ④ am - am

8. 밑줄 친 부분에 들어갈 말로 가장 적절한 것은? (2016 출제)

> Ich fahre gern _____, weil ich lange Strandspaziergänge mag.

① in die Berge   ② ans Meer
③ in eine Stadt   ④ zum Museum

9. A와 B의 대화 내용이 어울리지 않는 것은? (2022 출제)

① A : Willst du noch ein Brot?
　　B : Ja, gern. Danke.
② A : Haben Sie noch einen Wunsch?
　　B : Nein, danke. Das ist alles.
③ A : In welchem Stock liegt die Wohnung?
　　B : Im Erdgeschoss.
④ A : Du siehst ein bisschen krank aus. Was hast du denn?
　　B : Ich habe ein Buch.

10. 밑줄 친 부분에 들어갈 말로 적절한 것을 고르시오. (2022 출제)

> A : Möchtest du gern einmal Ski fahren?
> B : Nein. Ski fahre ich nicht, _____ es ist zu gefährlich.

① da　　　　　　　　　　② aber
③ denn　　　　　　　　　④ obwohl

A1 시험 맛보기! 정답과 해석

1 Goethe Zertifikat (Telc)

Hören

Teil 1 ● ● ●

정답이 무엇일까요?
a, b, c 알맞은 정답에 ✕ 표시를 하세요.
본문은 두 번 듣게 됩니다.

Beispiel

📄 **Skript**

Frau   Ah, Verzeihung, wo finde ich Herrn Schneider vom Betriebsrat?
Mann   Schneider. Warten Sie mal. Ich glaube, der ist in Zimmer Nummer 254. Ja, stimmt, Zimmer 254. Das ist im zweiten Stock. Da können Sie den Aufzug hier nehmen.
Frau   Zweiter Stock, Zimmer 254. Okay, vielen Dank.

🔍 **해석**

Frau   실례합니다. 기업 상담 파트의 슈나이더 씨를 어디서 만날 수 있나요?
Mann   슈나이더 씨요. 잠시만 기다려 주세요. 제 생각에 그는 254호 방에 있을 거예요. 맞네요. 254호. 그것은 2층(한국식 3층)에 있어요. 저기서 엘리베이터를 타고 가시면 돼요.
Frau   2층(한국식 3층) 254호. 알겠습니다. 정말 감사합니다.

---

0   슈나이더 씨의 방 번호는 어떻게 되나요?

a Zimmer 240   b Zimmer 245   ✕ Zimmer 254

vom Goethe-Institut

Aufgabe 1

📄 Skript

Frau Wissen Sie, wann ich die Wohnung haben kann, Herr Sommer?
Mann Die Mieter ziehen Ende April aus. Anfang Mai können Sie umziehen.
Frau Prima, dann kann ich bald einziehen.

🔍 해석

Frau 좀머 씨, 제가 이 집으로 언제 들어올 수 있는지 아세요?
Mann 세입자들이 4월 말에 이사 나갑니다. 5월 초에 당신은 이사하실 수 있어요.
Frau 좋네요. 그러면 제가 곧 이사할 수 있겠네요.

1 여자는 언제 집으로 이사 오려고 하는가?

- ⊠ 5월 초.
- b 5월 중순.
- c 5월 말.

Teil 2 ● ● ●

맞으면 Richtig 에 틀리면 Falsch 에 ✕ 표시를 하세요.
본문은 한 번 듣게 됩니다.

Beispiel

📄 Skript

Frau Katrin Gundlach, angekommen aus Budapest, wird zum Informationsschalter in der Ankunftshalle C gebeten. Frau Gundlach bitte zum Informationsschalter in der Ankunftshalle C.

🔍 해석

부다페스트에서 오신 카트린 군드라흐 부인, 도착 홀 C에 있는 정보 안내 창구로 오세요. 군드라흐 부인, 도착 홀 C에 있는 정보 안내 창구로 오세요.

0 여행객들은 C홀에 있는 정보 안내소로 와야 한다.   ~~Richtig~~ Falsch

vom Goethe-Institut

Aufgabe 2

> ### 📄 Skript
>
> Liebe Fahrgäste, gebucht auf ICE 5636 nach Paris. Wegen der Verspätung ist die Abfahrt nach Paris heute nicht um 16 Uhr 30, sondern um 18 Uhr. Ich wiederhole, Abfahrt nach Paris heute anderthalb Stunde später.
>
> #### 🔎 해석
>
> 파리행 ICE 5636 기차를 예약하신 승객 여러분, 오늘 파리로 가는 출발 시간은 연착이 되어 16시 30분이 아닌 18시입니다. 다시 말씀드립니다. 파리행 기차는 오늘 한 시간 반 후에 출발합니다.

2   ICE 5636 는 오늘 16시 30분에 출발합니다.

Aufgabe 3

> ### 📄 Skript
>
> Die Stadt Bremen organisiert im August Sprachreisen für Schülerinnen und Schüler schon ab 14 Jahren. Wenn du interessiert bist, kannst du zwischen 8:00 Uhr und 12:30 Uhr im Rathaus unter der Nummer 030 25 25 25 anrufen. Dann bekommst du mit der Post oder per E-Mail genauere Informationen.
>
> #### 🔎 해석
>
> 브레멘 도시에서는 8월에 14세 이상의 학생들을 위한 어학 여행을 조직해. 관심이 있다면 8:00부터 12:30까지 시청에 030 25 25 25로 전화할 수 있어. 그러면 우편이나 이메일로 더 자세한 정보를 받게 돼.

3   "어학 여행"에 관한 정보가 필요하면, 시청에 전화해야 한다.   Falsch

Teil 3 ● ● ●

정답이 무엇일까요?
a, b, c 알맞은 정답에 ✕ 표시를 하세요.
본문은 두 번 듣게 됩니다.

Aufgabe 4

📄 Skript

Du, Julian. Ich bin's Jona. Ich gehe jetzt zur Arbeit. Normalerweise fahre ich mit der S-Bahn, aber heute fahre ich mit dem Fahrrad. Deshalb dauert es länger. Kannst du bitte Frau Kaiser Bescheid sagen? Aber ich komme nicht zu spät an.

🔎 해석

율리안 나야 요나. 나는 지금 일하러 가. 나는 보통 트램을 타고 가지만 오늘은 자전거를 타고 가. 그래서 조금 더 걸릴 것 같아. 카이저 부인에게 말해 줄 수 있겠니? 하지만 너무 늦지는 않을 거야.

4 오늘 Jona는 어떻게 일하러 오는가?

a 자동차를 타고.
b S-철도를 타고.
✕ 자전거를 타고.

Aufgabe 5

📄 Skript

Hallo Onkel Max! Danke für das tolle Geschenk. Genau diese Fahrradtasche wollte ich haben. In die passen endlich alle meine Schulbücher und ich kann sie ohne Probleme in die Schule mitnehmen. Die ist viel besser als mein alter Schulrucksack. Ich rufe dich bald wieder an. Danke nochmals. Tschüss!

🔎 해석

막스 삼촌 안녕하세요! 멋진 선물 고마워요. 정확히 이런 자전거 가방이 필요했어요. 그 안에는 이제 마침내 모든 교과서가 들어가고, 고민 없이 학교에 가져갈 수 있어요. 제 오래된 학교 가방보다 훨씬 좋아요. 조만간 다시 전화할게요. 다시 한번 고마워요. 안녕!

5 한 명의 소년이 생일 선물에 대해 고마워한다. 그는 ... 고마워한다.

a 가방에 대해
✕ 자전거 가방에 대해
c 많은 책들에 대해

Lesen

Teil 1 ● ● ○

두 본문을 읽고 보기의 문장이 옳은지 틀린지 알맞은 정답을 선택하세요.

Beispiel

0   루이자는 이미 많은 사람을 알고 있다.   ~~Richtig~~   *Falsch*

> 사랑하는 루이자,
> 5월 13일이 내 생일이야. 나는 너를 진심으로 초대하고 싶어. 우리는 20시부터 축제를 할 거야. 하지만 넌 더 늦게 와도 돼. 내 생각에 파티에 오는 많은 사람을 너는 이미 아는 것 같아. 그리고 질문이 있어. 너는 케이크 하나를 가지고 올 수 있니? 그리고 당연히 너는 우리 집에서 자고 가도 돼. 편하게 연락해. 너의 대답을 기다릴게.
>
> 사랑의 안부를 담아
> 미라

1   루이자는 일찍 와야 한다.   Richtig   ~~Falsch~~

2   루이자는 호텔을 예약해야 한다.   Richtig   ~~Falsch~~

Teil 2 ● ● ○

문장을 읽고 정답을 고르세요.
정보를 어디에서 찾을 수 있나요? a, 아니면 b 알맞은 정답에 ✕ 표시를 하세요.

Beispiel

0   당신은 쾰른에 있다. 그리고 저녁에 프랑크푸르트에 있기를 원한다. 당신은 기차를 타고 싶다.

www-reiseauskunft-bahn.de			
역	시간	걸리는 시간	게이트
Köln	ab 18.44	1.09	8
Frankfurt	an 19.53		

www.reiseportal.de			
역	시간	걸리는 시간	게이트
Köln	ab 13.55	1.09	8
Frankfurt	an 16.15		

☒ www-reiseauskunft-bahn.de
b www.reiseportal.de

3 당신은 친구들과 금요일에 이태리 음식을 먹으러 가고 싶다. 당신은 어디로 가는가?

a

피자-파스타
Pisa

이탈리아 특별 요리
매일 17시부터 22시까지

공휴일에는 문을 닫습니다.

☒

이탈리아 식당
Maries Garten
매일 우리는 문을 엽니다.
우리는 큰 정원을 가지고 있어요.

Tel. 0611/53 36 27

Teil 3 ● ● ●

두 본문을 읽고 보기의 문장이 옳은지 틀린지 알맞은 정답을 선택하세요.

Beispiel

0   어학원 문 앞에

어학 센터

어학 센터는 이전했습니다.
이제는 베토벤 거리 23에서
우리를 만날 수 있습니다.

독일어를 배우기 위해서는 베토벤 거리 23번지로 가세요.   ~~Richtig~~   *Falsch*

4   댄스 강의에서

한 시간마다 10분의 휴식
프론트에서 물과 커피를 받을 수 있습니다.
가격은 1유로밖에 안 합니다.

댄스 강의에서 무언가 먹을 것을 구매할 수 있습니다.   Richtig   ~~Falsch~~

5   우체국에서

오픈 시간:

월요일 - 금요일
8.00 - 12.00 그리고 13.00 - 18.00
토요일
8.00 - 12.00

당신은 금요일 오후에 우체국에서 하나의 편지 봉투를 살 수
있습니다.   ┌─────────┐
                                                                  │ Falsch │
                                                                  └─────────┘

Schreiben

Teil 2 ● ●

드레스덴에 관광객 안내소에 편지를 쓰세요:
• 당신은 8월에 드레스덴에 갑니다.
• 영화, 연극, 박물관, 문화프로그램 등에 관한 정보를 부탁하세요.
• 호텔 주소를 부탁하세요.

각 제시어(또는 상황, 관점)에 대하여 1-2개의 문장을 답안지에 적으세요. (약 30개의 단어)
호칭과 안부도 적으세요.

┌──┐
│   🔹 예시 답안 1   │
│   │
│   Sehr geehrte Damen und Herren der Touristeninformation Dresden,   │
│   Im August plane ich einen Besuch in Dresden und interessiere mich   │
│   sehr für das Kulturprogramm. Können Sie mir bitte Informationen zu   │
│   Museen geben? Und empfehlen Sie mir auch ein paar Hotels.   │
│   │
│   Mit freundlichen Grüßen   │
│   Minsu Kim   │
└──┘

🔍 해석

친애하는 드레스덴 관광 정보 담당자 여러분.
8월에 드레스덴을 방문 계획 중이며 문화 행사에 많은 관심이 있습니다. 저에게 박물관에 관한 정보를 주실 수 있나요? 또한 저에게 몇 개의 호텔을 추천해 주세요.

친절한 안부를 담아
김민수

예시 답안 2

Sehr geehrte Damen und Herren,
ich habe eine Reise nach Dresden geplant und interessiere mich für die Kulturprogramme. Könnten Sie mir bitte mitteilen, wann die Kulturveranstaltungen beginnen? Zudem wäre ich Ihnen dankbar, wenn Sie mir eine Hoteladresse empfehlen.

Mit freundlichen Grüßen
Hwayoung Oh

🔍 해석

친애하는 신사 숙녀 여러분.
· 저는 드레스덴으로의 여행을 계획했고 문화 프로그램에 흥미를 가지고 있습니다. 문화 프로그램이 언제 시작되는지 알려주실 수 있나요? 그리고 저에게 하나의 호텔 주소를 추천해 주실 수 있으시면 감사하겠습니다.

친절한 안부를 담아
오화영

Sprechen

Teil 1 ● ○ ○   자기소개 (sich vorstellen)

🅠 **예시 답안**

Name? Ich heiße Eden. Ich bin Eden. Mein Name ist Eden.	**이름?** 제 이름은 이든입니다.
Alter? Ich bin 29 Jahre alt.	**나이?** 저는 29살입니다.
Land? Ich komme aus Korea.	**나라?** 저는 한국에서 왔습니다.
Wohnort? Ich wohne in Busan.	**사는 곳?** 저는 부산에 삽니다.
Sprachen? Ich spreche Englisch und Japanisch und ein bisschen Deutsch. Meine Muttersprache ist Koreanisch.	**언어?** 저는 영어와 일본어 그리고 독일어를 조금 합니다. 저의 모국어는 한국어입니다.
Beruf? Ich arbeite in einem Büro.	**직업?** 저는 사무실에서 일합니다.
Hobby? Meine Hobbys sind Lesen und Musikhören.	**취미?** 저의 취미는 독서와 음악 감상입니다.

Teil 2 • •

 예시 답안

정보를 상대방에게 부탁하고 정보를 주세요.

ÜT1 Teil 2	ÜT1 Teil 2	ÜT1 Teil 2
Thema: Essen und Trinken	Thema: Einkaufen	Thema: Einkaufen
Sonntag	**Obst**	**Buch**
A: Was wollen Sie am Sonntag essen? B: Ich werde eine Pizza bestellen.	A: Kaufen Sie gern Obst? B: Ja. Besonders kaufe ich oft Äpfel.	A: Welches Buch kaufen Sie gern? B: Ich kaufe gern Romane.
A: 일요일에 무엇을 드실 건가요? B: 저는 피자를 주문할 거예요.	A: 과일을 즐겨 사시나요? B: 네. 저는 특히 사과를 자주 삽니다.	A: 어떤 책을 즐겨 사시나요? B: 저는 소설을 즐겨 삽니다.

Teil 3 ● ● ●

그림에 대하여 표현하고 반응해 보세요.

SD1 ÜT1 Teil 3	SD1 ÜT1 Teil 3	SD1 ÜT1 Teil 3
A: Kaufen Sie mir bitte diese Blumen. B: Ja, das mache ich. A: 저에게 이 꽃을 사 주세요. B: 네, 그럴게요.	A: Gehen Sie bitte mit dem Hund spazieren. B: Ich habe leider keine Zeit. A: 강아지와 산책해 주세요. B: 저는 유감스럽게도 시간이 없어요.	A: Suchen Sie bitte meinen Schlüssel. B: Ja, ich werde Ihnen helfen. A: 저의 열쇠를 찾아 주세요. B: 네, 제가 당신을 도와 드릴게요.

---

2 대학수학능력시험 및 내신대비

---

1. 네모에 들어갈 글자 중 대문자의 개수는?

> A : 안녕하세요. 지금 몇 시인가요?
> B : 6시입니다.
> A : 우리 수업은 몇 시에 시작하나요?
> B : 8시에 시작합니다.

① 1개   ② 2개   ❸ 3개
④ 4개   ⑤ 5개

2. 빈칸 (a), (b)에 들어갈 말로 알맞은 것은?

> A : 당신 이름이 어떻게 됩니까?
> B : 저는 소영 김입니다. 소영은 ＿＿＿ (a) ＿＿＿ 이고 김은 ＿＿＿ (b) ＿＿＿ 입니다.

(a)	(b)		(a)	(b)
❶ 이름	성		② 성	이름
③ 성	성		④ 성	성
⑤ 성	이름			

3. 빈칸에 들어갈 말로 알맞은 것은?

> A : 당신은 어디에서 거주합니까?
> B : 전 함부르크에 거주합니다.
> A : 당신은 ＿＿＿＿＿＿＿＿＿＿＿＿?
> B : 저는 의사입니다.

① 무엇을 말하시나요?   ② 몇 살이신가요?
③ 언제 일하시나요?   ④ 어디서 왔나요?
❺ 무슨 일을 하시나요?

4. 빈칸에 들어갈 말로 알맞은 것을 〈보기〉에서 찾아 순서대로 바르게 배열한 것은?

> A : _____
> B : 아니요, 저는 결혼했습니다.
> A : _____
> B : _____

─────── 〈보 기〉 ───────
> a. 당신은 미혼이신가요?
> b. 당신은 아이들이 있나요?
> c. 네, 저는 한 명의 아들이 있어요.

❶ a – b – c   ② b – a – c   ③ b – c – a
④ c – a – b   ⑤ c – b – a

5. 빈칸에 들어갈 말로 알맞은 것은?

> A : 당신은 도르트문트에 거주합니까?
> B : _____, 나는 뒤셀도르프에 거주합니다.

① 네   ② 그리고   ③ 하지만
④ 그럼요   ❺ 아니요

6. 낱말들의 관계로 보아 빈칸 (a), (b)에 들어갈 말로 알맞은 것은?

> 한국 – 한국어
> 이탈리아 – (a)
> 스페인 – (b)

	(a)	(b)
①	Italisch	Spanisch
②	Italnisch	Spanisch
❸	Italienisch	Spanisch
④	Italienisch	Spaniensch
⑤	Italienisch	Spaniensch

＊이탈리아어의 철자는 Italienisch
스페인어의 철자는 Spanisch

7. 미아의 일과를 이해한 내용으로 알맞지 않은 것은?

> 미아는 6시에 일어난다. 먼저 샤워를 하고 6시 반에 아침을 먹는다. 6시 45분에 집을 나간다. 그녀
> 의 버스는 6시 50분에 떠난다. 7시 5분에 시내에 도착한다. 거기서 미아는 내리고 계속 걸어간다.
> 10분 후에 그녀는 회사에 도착한다.

① 6시에 일어난다.
② 6시 45분에 집을 나선다.
③ 먼저 샤워를 하고 아침 식사를 한다.
④ 6시 50분에 출발하는 버스를 타서 도심에서 내린다.
❺ 버스에서 내린 후 걸어서 7시 5분에 사무실에 도착한다.

8. 밑줄 친 부분과 의미가 유사한 것은?

> A : 너는 무엇을 즐겨 하니?
> B : 나는 축구를 즐겨 한다.

❶ 나는 축구를 좋아한다.
② 나는 축구공을 산다.
③ 나는 축구를 원한다.
④ 여기서 축구공들을 살 수 있다.
⑤ 여기에서 사람들은 축구를 매우 즐겨 합니다.

9. 빈칸에 들어갈 말로 알맞은 것은?

> A : 실례합니다. 우체국까지 가려면 아직도 먼가요?
> B : _____. 걸어서 단지 3분만 지나면 거기에 도착할 수 있어요.
> A : 정말 감사합니다.

① 저도 여기를 잘 모릅니다.
② 천만에요, 저는 그것에 대해 아무것도 모릅니다.
❸ 아니요, 그것은 아주 가까이에 있습니다.
④ 아, 그것은 꽤 멀리 떨어져 있습니다.
⑤ 예, 걷기에는 너무 멉니다.

10. 빈칸에 들어갈 말로 알맞은 것은?

> A : 오늘 저녁에 마리의 콘서트에 가려고 해. 너도 같이 갈래?
> B : 그래. 좋아. 우리 몇 시에 만날까?
> A : 6시에 만나는 것이 좋겠어.
> B : 안타깝게도 나는 그 시간에는 안 돼. _____.
> A : 문제없어. 나는 기다릴 수 있어.
> B : 잘 됐다. 고마워.

① 나는 그녀를 잘 몰라.
② 나는 음악에는 흥미가 없어.
③ 6시에 나는 비행기를 타고 스페인으로 가.
④ 나는 집에 있는 편이 더 좋을 것 같아.
❺ 6시 15분까지 수업이 있어.

---

3 FLEX

Hörverständnis (듣기)

Teil 1 ● ● ●

청해 부분은 일상 독일어 능력을 테스트하게 됩니다. 청해 부분은 총 3부로 구성되어 있습니다.
이제 3개의 가능한 답이 있는 다양한 상황에 대한 간단한 질문이나 진술을 듣습니다. 그 중에 정답을
고르십시오. 질문과 대답은 단 한 번만 들려드리며, 시험지에는 제시되어 있지 않습니다.

Aufgabe 1

> 📄 **Skript**
>
> **Mann** Haben Sie den neuen Harry Potter?
> **Frau** Leider nicht mehr. Wir bekommen die nächste Lieferung erst am Freitag.
>   Versuchen Sie es doch in der Bahnhofsbuchhandlung.
> **Mann** Danke für den Tipp.

> ### 🔍 해석
>
> **Mann** 새로 나온 해리포터 있어요?
> **Frau** 유감스럽게도 더 이상 없습니다. 우리는 다음 배송을 금요일에야 받을 거예요. 기차역에 있는 서점에서 한번 찾아 보세요.
> **Mann** 알려주셔서 감사합니다.

1. 이 대화는 어디서 이루어지는 것인가?

   ① 매점에서.　　　　　　　　　　② 도서관에서.
   ❸ 서점에서.　　　　　　　　　　④ 정거장에서.

Aufgabe 2

> ### 📋 Skript
>
> **Mann** Ich glaube, ich brauche jetzt eine Lesebrille.
> **Frau** Ist es das Alter oder vielleicht eine Augenkrankheit?
> **Mann** Es ist das Erste. Tja, man wird immer älter.
>
> ### 🔍 해석
>
> **Mann** 내 생각에 이제 돋보기 안경이 필요한 거 같아요.
> **Frau** 그게 나이 때문인가요, 아니면 안구 질환 때문이에요?
> **Mann** 첫 번째 이유에요. 휴. 사람은 계속해서 나이가 드니까요.

2. 남자는 왜 안경이 필요한가?

   ❶ 그는 나이가 들었기 때문에.　　　② 그는 아직 젊기 때문에.
   ③ 그는 눈에 질병이 있기 때문에.　　④ 그는 안경이 필요하지 않다.

Teil 2 ● ● ○ ○

청해 2부에서는 짧은 대화를 듣게 됩니다. 우선 질문을 읽으시고 짧은 대화를 들으십시오.
대화는 한 번만 들려드립니다. 그리고 정답을 고르십시오.

Aufgabe 3

📄 **Skript**

Mann	Ich glaube, ich habe gestern einen schlechten Hamburger gegessen.
Frau	Ja, du siehst nicht gut aus.
Mann	Ich werde auch keinen Hamburger mehr kaufen.
Frau	Das ist eine gute Idee. Fastfood ist nicht gesund.

🔍 **해석**

Mann	어제 상한 햄버거를 먹은 것 같아.
Frau	그래, 안색이 좋지 않아 보여.
Mann	앞으로는 더 이상 햄버거를 사지 않을 거야.
Frau	좋은 생각이야. 패스트푸드는 어차피 몸에 좋지 않아.

3. 남자에게 무슨 일이 있는가?

① 햄버거가 맛이 없다.　　　　② 맥도날드에 가려 한다.
③ 패스트푸드를 먹으려 한다.　　❹ 그는 속이 좋지 않다.

Aufgabe 4

📄 **Skript**

Mann	Ich brauche morgen mein Wörterbuch.
Frau	Wozu brauchst du es?
Mann	Ich habe vor der Geburtstagsfeier noch eine Prüfung.
Frau	Ok. Ich bringe es dir am Morgen vorbei.

🔍 **해석**

Mann	나는 내일 나의 사전이 필요해.
Frau	왜 필요한데?
Mann	나는 생일파티 전에 시험이 하나 있어.
Frau	그래. 내가 아침에 들러서 줄게.

4. 남학생은 사전이 왜 필요한가?

① 그는 사전을 좋아한다.　　　　❷ 그는 시험이 있다.
③ 그는 생일 파티가 있다.　　　　④ 그는 그것이 전혀 필요하지 않다.

Aufgabe 5

📋 Skript

Frau Sag mal, willst du einen Kochkurs mit mir machen?
Mann Sara! Du weißt doch, dass mir beim Kochen immer alles anbrennt.
Frau Deshalb würde dir ein Kurs helfen.

🔍 해석

Frau 말해 봐. 나와 요리 수업 들을래?
Mann 사라! 너도 알다시피 내가 요리하면 항상 다 태우잖아.
Frau 그래서 너에게 하나의 코스가 도움이 될 거야.

5. 그 남자는 왜 요리 수업을 들어야 하는가?

① 그는 요리를 즐겨 하기 때문에.   ② 그는 강좌를 즐겨 듣기 때문에.
❸ 그는 요리를 잘하지 못하기 때문에.   ④ 그의 부인이 요리를 못하기 때문에.

Leseverständnis (독해)

독해는 5부에서 8부까지 구성되어 있습니다.

6. 다음 문장을 읽고 밑줄 친 부분에 대한 알맞은 의미를 고르세요.

그 점에 있어 <u>당신이 옳습니다.</u>

① 그 점에 있어 당신이 잘못 알고 있습니다.
❷ 그 점에 있어 저도 당신의 의견과 같습니다.
③ 그 점에 대해 논쟁의 여지가 있습니다.
④ 그 점은 제가 납득할 수 없습니다.

＊Recht haben 의견/주장이 옳다

7. 다음 문장을 읽고 밑줄 친 부분에 대한 알맞은 의미를 고르세요.

> 이것이 내가 너에게 말해 줄 수 있는 전부야.

① 난 네게 모든 걸 말할 수 있어.
② 난 네게 그것을 말할 수 없어.
③ 내게 더 말해 줄 수 있어.
❹ 더 이상 네게 말해 줄 수 없어.

8. 이 독해 부분에는 불완전한 문장이 주어져 있습니다. 밑줄에 들어갈 알맞은 답을 고르십시오.

> 오직 너만이 나를 도울 수 있어! 그럼 내가 <u>누구를</u> 믿을 수 있겠어?

❶ Auf wen   ② Worauf
③ Wem   ④ Wen

* sich auf jn. (jemanden) / etwas verlassen 누구를/무엇을 믿다

9. 이 독해 부분에는 불완전한 문장이 주어져 있습니다. 밑줄에 들어갈 알맞은 답을 고르십시오.

> 사진을 어떻게 해 드릴까요, <u>무광</u> 아니면 유광?

① 천연색의   ② 뚜렷한
❸ 무광의   ④ 흑과 백

10. 이 독해 부분에는 불완전한 문장이 주어져 있습니다. 밑줄에 들어갈 알맞은 답을 고르십시오.

> 학업을 마친 후 독일로 가서 <u>몇 달 동안</u> 부모님을 보지 못했다.

① mehr   ② mehre
❸ mehrere   ④ mehreren

* mehr의 형용사 어미변화를 하면 mehrere가 됩니다. mehrere Tage / Monate / Jahre

④ 국가직 7급 외무영사직

1. 다음 글에 들어 있지 않은 내용은? (2010 출제)

> 나의 여자 친구는 내일 생일이다. 그녀는 꽃을 좋아하지 않는다. 하지만 그녀는 독서를 좋아한다.
> 그러면 나는 그녀에게 책을 선물할 것이다.

① 내 여자 친구는 독서를 즐긴다.
❷ 내일은 나의 생일이다.
③ 나는 내 여자 친구에게 책을 선물한다.
④ 내 여자 친구는 꽃을 싫어한다.

2. A의 질문에 대한 B의 대답으로 적절하지 않은 것은? (2010 출제)
❶ A : 너는 아침에 무엇을 즐겨 먹니?
   B : 저녁에는 시간이 없어서, 아무것도 먹지 않아요.
② A : 무엇을 주문하시겠어요?
   B : 햄버거 하나와 콜라 하나 주세요.
③ A : 이 코트를 어떻게 생각하세요?
   B : 마음에 들어요.
④ A : 너는 무엇이 되고 싶니?
   B : 화가요. 그림 그리는 것을 즐겨합니다.

3. 대화의 내용과 일치하지 않는 것은? (2012 출제)

> 라오: 종업원님! 저희 계산하고 싶어요.
> 종업원: 네, 즉시 가겠습니다. 여기요. 같이 계산할 건가요 아니면 따로 계산할 건가요?
> 라오: 따로 부탁해요.
> 종업원: 그럼 무엇을 드셨나요?
> 라오: 치즈케이크와 커피요.
> 종업원: 5유로 30센트에요.
> 안: 그리고 저는 피자와 맥주를 지불하겠습니다.
> 종업원: 피자 하나와 맥주 하나, 총 7유로 20센트예요.
> 안: 8유로, 나머지는 팁입니다!
> 종업원: 정말 감사합니다!

❶ 라오와 안은 한 식당에서 따로 식사를 했다.
② 안은 거스름돈을 받지 않았다.
③ 라오는 치즈케이크와 커피를 먹었다.
④ 라오와 안은 식사 비용을 각자 계산하였다.

4. 대화의 내용이 서로 어울리지 않는 것은? (2012 출제)

① A : 어디가 아파?
   B : 저는 배가 아파요.
② A : 한스는 주말에 무엇을 할 예정이에요?
   B : 그는 수영을 갑니다.
❸ A : 어떻게 지내세요?
   B : 저는 버스를 탈 거예요.
④ A : 지금 몇 시예요?
   B : 9시 30분이에요.

5. 밑줄 친 부분에 들어갈 말로 가장 알맞은 것은? (2014 출제)

> A : 어디로 가니?
> B : _____, 나는 작은 빵을 살 거야.

❶ 빵집에   ② 정육점에
③ 의사에게   ④ 우체국에

　　　*Brötchen은 독일인들이 아침에 즐겨 먹는 겉은 딱딱하고 안은 부드러운 작은 빵의 이름입니다.

6. 밑줄 친 부분에 들어갈 말로 가장 알맞은 것은? (2014 출제)

> 당신이 스페인으로 갈 때, 당신의 _____ 잊지 마세요! 그곳은 날씨가 멋집니다.

① 엽서   ❷ 선글라스
③ 입장권   ④ 휴대폰 번호

7. 밑줄 친 부분에 들어갈 말로 가장 알맞은 것은? (2019 출제)

> 우리 _____ 토요일 _____ 11:00에 만나자.

❶ am – um   ② im – am
③ im – um   ④ am – am

　　　*시간 앞은 um, 요일 앞은 am 전치사를 암기해 주세요.

8. 밑줄 친 부분에 들어갈 말로 가장 적절한 것은? (2016 출제)

> 길게 뻗은 해변 산책로를 좋아하기 때문에, 나는 즐겨 _____ 가.

① 산으로   ❷ 바다로
③ 도시로   ④ 박물관으로

9. A와 B의 대화 내용이 어울리지 않는 것은? (2022 출제)

   ① A : 빵 하나 더 먹을래?

   　 B : 네, 좋아요. 고마워요.

   ② A : 추가 주문하실 건 없으세요?

   　 B : 아니요. 괜찮아요. 그게 다예요.

   ③ A : 몇 층에 아파트가 있어요?

   　 B : 1층이에요.

   ❹ A : 너 조금 아픈 것 같아. 뭐가 문제야?

   　 B : 나는 책이 한 권 있어요.

10. 밑줄 친 부분에 들어갈 말로 적절한 것을 고르시오. (2022 출제)

A : 스키 한번 타 보고 싶니?
B : 아니요. 스키는 안 탑니다. _____ 너무 위험합니다.

   ① 저기　　　　　　　　　　　② 하지만

   ❸ 왜냐하면　　　　　　　　　④ 비록

DAY 16 하루 일과

Wiederholung 복습하기 ✏️

앞에서 배운 어휘를 잘 기억하고 있는지 확인해 봅시다. 다음 예시에 있는 어휘를 아래 빈칸에 알맞게 채우세요. 부족한 부분이 있다면 다시 돌아가서 복습하시기 바랍니다.

geradeaus Leider vielleicht wichtig zusammen

1. Ist das wirklich so _____?

   그것이 정말 그렇게 중요하니?

2. Peter kommt _____ heute nicht.

   페터는 어쩌면 오늘 오지 않는다.

3. _____ muss ich jetzt gehen.

   유감이지만 나는 지금 가야 한다.

4. Was macht das _____?

   합해서 얼마입니까?

5. Fahren Sie immer _____!

   계속 직진해서 가세요!

 정답

A Was hast du gestern gemacht?
너는 어제 무엇을 했니?

B Ich habe mich gestern auf Petras Geburtstagsparty wirklich gut
amüsiert. Und wie war deine Party?
나는 어제 페트라의 생일 파티에서 정말 즐겁게 놀았어. 그리고 너의 파티는 어땠니?

A Die Atmosphäre war nicht so gut.
분위기가 별로 좋지 않았어.

B Das ist aber eine Überraschung!
그건 놀라운 일이네!

오늘의 어휘 정리 MP3 16_02

1	reden	v 이야기하다	16	vergessen	v 잊다
2	packen	v (짐을) 꾸리다	17	leihen	v 빌려주다
3	unternehmen	v 계획하다, 꾸미다	18	senden	v 보내다
4	mitbringen	v 가지고 오다	19	sich unterhalten	v 이야기하다, 담소를 나누다
5	braten	v 굽다	20	erfahren	v 경험하다
6	träumen	v 꿈꾸다	21	erleben	v 경험하다
7	öffnen	v 열다 (↔ schließen)	22	vermissen	v 그리워하다
8	hängen	v 걸다	23	sich amüsieren	v 놀다
9	verbrauchen	v 사용하다, 소비하다	24	lächeln	v 미소 짓다
10	gehören	v ~에게 속하다	25	die Vorstellung	n 소개, 공연
11	geschehen	v 일어나다	26	die Freude	n 기쁨
12	begegnen	v 마주치다	27	die Stimmung	n 기분
13	wiederkommen	v 다시 오다	28	die Überraschung	n 놀람
14	klingen	v 울리다, 소리가 나다	29	die Atmosphäre	n 분위기
15	streiten	v 싸우다	30	der Feiertag	n 명절

01
reden
- [ ] du redest, er redet
- [ ] reden - redete - geredet

v 이야기하다

A1 Sie **redet** gerne über Politik.
그녀는 정치에 대해 이야기하는 것을 좋아한다.

A2 Die Freunde **redeten** bis spät in die Nacht.
친구들은 늦은 저녁까지 이야기를 나누었다.

02
packen
- [ ] du packst, er packt
- [ ] packen - packte - gepackt

v (짐을) 꾸리다

A1 Ich muss den Koffer für meinen Mann **packen**.
나는 남편을 위해 트렁크를 꾸려야 한다.

03
unternehmen
- [ ] du unternimmst, er unternimmt
- [ ] unternehmen - unternahm - unternommen

v 계획하다, 꾸미다

A2 Was wollen wir heute **unternehmen**?
오늘은 우리 무엇을 계획할까요?

04
mitbringen
- [ ] du bringst mit, er bringt mit
- [ ] mitbringen - brachte mit - mitgebracht

v 가지고 오다

A1 Was **bringst** du ihm mit?
너는 그에게 무얼 가져다 주니?

05
braten
- [ ] du brätst, er brät
- [ ] braten - briet - gebraten

v 굽다

A2 Ich **brate** Kartoffeln in der Pfanne.
나는 프라이팬에 감자를 굽는다.

06
träumen
- [ ] du träumst, er träumt
- [ ] träumen - träumte - geträumt

v 꿈꾸다

A2 Auf Reisen **träume** ich immer was Schönes.
여행 중에 나는 항상 아름다운 꿈을 꾼다.

* von jemandem träumen 누구의 꿈을 꾸다

07
öffnen
- ☐ du öffnest, er öffnet
- ☐ öffnen - öffnete - geöffnet

v 열다 (↔ schließen)

A1 **Öffnen** Sie Ihren Koffer!
트렁크를 열어 보시오!

08
hängen
- ☐ du hängst, er hängt
- ☐ hängen - hing - gehängt

v 걸다

A1 Das Bild **hängt** an der Wand.
그림이 벽에 걸려 있다.

A2 Ich **hing** das Bild an die Wand.
나는 그림을 벽에 건다.

09
verbrauchen
- ☐ du verbrauchst, er verbraucht
- ☐ verbrauchen - verbrauchte - verbraucht

v 사용하다, 소비하다

A2 Wir haben schon viel Geld **verbraucht**.
우리는 이미 많은 돈을 소비했다.

10
gehören
- ☐ du gehörst, er gehört
- ☐ gehören - gehörte - gehört

v ~에게 속하다

A1 Wem **gehört** der Koffer hier?
이 트렁크는 누구의 것입니까?

11
geschehen
- ☐ es geschieht
- ☐ geschehen - geschah - geschehen

v 일어나다

A2 Was ist denn **geschehen**?
(= Was ist los? Was ist passiert?)
대체 무슨 일이 일어났니?

12
begegnen
- ☐ du begegnest, er begegnet
- ☐ begegnen - begegnete - begegnet

v 마주치다

A2 Ich bin ihr auf der Straße **begegnet**.
나는 그녀와 길에서 마주쳤다.

13
wiederkommen
- ☐ du kommst wieder, er kommt wieder
- ☐ wiederkommen - kam wieder - wiedergekommen

v 다시 오다

A1 Wann soll ich **wiederkommen**?
언제 다시 올까요?

A2 Ich werde in einer Stunde **wiederkommen**.
나는 한 시간 안에 돌아온다.

14
klingen
- ☐ du klingst, er klingt
- ☐ klingen - klang - geklungen

v 울리다, 소리가 나다

A2 Der Vorschlag **klingt** gut.
그 제안은 좋은 거 같습니다.

15
streiten
- ☐ du streitest, er streitet
- ☐ streiten - stritt - gestritten

v 싸우다

A2 Ich **streite** oft mit meiner Mutter.
나는 엄마와 자주 다툰다.

16
vergessen
- ☐ du vergisst, er vergisst
- ☐ vergessen - vergaß - vergessen

v 잊다

A2 Ich habe **vergessen**, wann wir losfahren.
우리가 언제 출발하는지를 잊어버렸다.

17
leihen
- ☐ du leihst, er leiht
- ☐ leihen - lieh - geliehen

v 빌려주다

A2 Kannst du mir 10 Euro **leihen**?
나에게 10유로를 빌려줄 수 있겠니?

18
senden
- ☐ du sendest, er sendet
- ☐ senden - sandte - gesandt

v 보내다

A2 Bitte **senden** Sie den Brief an folgende Adresse.
이 편지를 다음 주소로 보내 주세요.

19
sich unterhalten
- ☐ du unterhältst dich, er unterhält sich
- ☐ unterhalten - unterhielt - unterhalten

v 이야기하다, 담소를 나누다

A2 Ich habe **mich** lange mit dem Lehrer über meine Zukunft **unterhalten**.
나는 선생님과 미래에 대해 오랫동안 이야기를 나누었다.

20
erfahren
- ☐ du erfährst, er erfährt
- ☐ erfahren - erfuhr - erfahren

v 경험하다

A2 Wie haben Sie davon **erfahren**?
그것에 대해 어떻게 알게 되었어요?

21
erleben
- ☐ du erlebst, er erlebt
- ☐ erleben - erlebte - erlebt

v 경험하다

A2 Also, was wir da **erlebt** haben, war furchtbar.
즉, 우리가 그곳에서 경험한 것은 끔찍했다.

22
vermissen
- ☐ du vermisst, er vermisst
- ☐ vermissen - vermisste - vermisst

v 그리워하다

A2 Ich habe dich lange **vermisst**.
나는 너를 오래 그리워했다.

23
sich amüsieren
- ☐ du amüsierst dich, er amüsiert sich
- ☐ amüsieren - amüsierte - amüsiert

v 놀다

A2 Ich habe **mich** gestern auf Petras Geburtstagsparty wirklich gut **amüsiert**.
나는 어제 페트라의 생일 파티에서 정말 즐겁게 놀았다.

24
lächeln
- ☐ du lächelst, er lächelt
- ☐ lächeln - lächelte – gelächelt

v 미소 짓다

A2 Meine Tochter **lächelte** schön.
나의 딸이 예쁘게 미소 지었다.

25
die Vorstellung

n 소개, 공연

A2 Wann beginnt die **Vorstellung**?
언제 공연이 시작됩니까?

A2 Wann ist die **Vorstellung** zu Ende?
언제 공연이 끝납니까?

26
die Freude

n 기쁨

A2 Vor **Freude** kann ich nicht schlafen.
기쁜 나머지 나는 잠을 이룰 수 없다.

27
die Stimmung

n 기분

A2 Die **Stimmung** auf der Party war sehr gut.
그 파티의 분위기는 매우 좋았다.

28

die Überraschung

n 놀람

A2 Das ist aber eine **Überraschung**!
그건 정말 놀라운 일이네요!

29

die Atmosphäre

n 분위기

A2 Die **Atmosphäre** war nicht so gut.
분위기가 별로 좋지 않았다.

30

der Feiertag

n 명절

A2 Auch in Korea gibt es sicher viele **Feiertage**.
한국에도 확실히 명절이 많다.

		독일어	의미 쓰기	독일어 쓰기	재시
1	☐	reden		☐	☐
2	☐	packen		☐	☐
3	☐	unternehmen		☐	☐
4	☐	mitbringen		☐	☐
5	☐	braten		☐	☐
6	☐	träumen (von)		☐	☐
7	☐	öffnen		☐	☐
8	☐	hängen		☐	☐
9	☐	verbrauchen		☐	☐
10	☐	gehören		☐	☐
11	☐	geschehen		☐	☐
12	☐	begegnen		☐	☐
13	☐	wiederkommen		☐	☐
14	☐	klingen		☐	☐
15	☐	streiten		☐	☐
16	☐	vergessen		☐	☐
17	☐	leihen		☐	☐
18	☐	senden		☐	☐
19	☐	sich unterhalten		☐	☐
20	☐	erfahren		☐	☐
21	☐	erleben		☐	☐
22	☐	vermissen		☐	☐
23	☐	sich amüsieren		☐	☐
24	☐	lächeln		☐	☐
25	☐	die Vorstellung		☐	☐
26	☐	die Freude		☐	☐
27	☐	die Stimmung		☐	☐
28	☐	die Überraschung		☐	☐
29	☐	die Atmosphäre		☐	☐
30	☐	der Feiertag		☐	☐

Check up!

다음 문장을 독일어로 작문해 보세요.

MP3 16_03

1. 그녀는 정치에 대해 이야기하는 것을 좋아한다.

   _____

2. 오늘은 우리 무엇을 계획할까요?

   _____

3. 우리가 언제 출발하는지를 잊어버렸다.

   _____

4. 그것에 대해 어떻게 알게 되었어요?

   _____

5. 그 파티의 분위기는 매우 좋았다.

   _____

6. 그러나 그건 놀라운 일이네요!

   _____

7. 나에게 10유로를 빌려줄 수 있겠니?

   _____

8. 그 제안은 좋은 거 같습니다.

   _____

9. 나는 엄마와 자주 다툰다.

   _____

10. 나는 그녀와 길에서 마주쳤다.

   _____

정답

1. Sie redet gerne über Politik.
2. Was wollen wir heute unternehmen?
3. Ich habe vergessen, wann wir losfahren.
4. Wie haben Sie davon erfahren?
5. Die Stimmung auf der Party war sehr gut.
6. Das ist aber eine Überraschung!
7. Kannst du mir 10 Euro leihen?
8. Der Vorschlag klingt gut.
9. Ich streite oft mit meiner Mutter.
10. Ich bin ihr auf der Straße begegnet.

DAY 17 휴가

Wiederholung 복습하기 ✏️

이전 본문에서 익힌 주요 대화를 복습해 봅시다. 아래 문장을 동일하게 세 번 적으면서
기억력을 높여 보세요.

A Was hast du gestern gemacht?
너는 어제 무엇을 했니?

1. Was hast du gestern gemacht?
2. _____
3. _____

B Ich habe mich gestern auf Petras Geburtstagsparty wirklich gut amüsiert.
Und wie war deine Party?
나는 어제 페트라의 생일 파티에서 정말 즐겁게 놀았어. 그리고 너의 파티는 어땠니?

1. Ich habe mich gestern auf Petras Geburtstagsparty wirklich gut
amüsiert. Und wie war deine Party?
2. _____
_____
3. _____
_____

A Die Atmosphäre war nicht so gut.
분위기가 별로 좋지 않았어.

1. Die Atmosphäre war nicht so gut.
2. _____
3. _____

B Das ist aber eine Überraschung!
그건 정말 놀라운 일이네!

1. Das ist aber eine Überraschung!
2. _____
3. _____

주제별 주요 문장

A Was machst du im Urlaub?
너는 휴가 때 무엇을 하니?

B Im Urlaub genieße ich es, lange zu schlafen. Wann hast du Urlaub?
휴가 기간에는 오랫동안 잠을 자는 것을 즐겨. 너는 언제 휴가야?

A Ich habe ab Donnerstag Urlaub! Ich freue mich schon auf den Urlaub.
나는 목요일부터 휴가야! 나는 벌써 휴가를 고대해.

오늘의 어휘 정리

1	besichtigen	v 구경하다, 둘러보다	16	das Picknick	n 소풍	
2	sich beeilen	v 빨리하다, 서두르다	17	die Sehenswürdigkeit	n 볼거리, 관광 명소	
3	abbiegen	v 굽히다, 방향을 바꾸다	18	die Eintrittskarte	n 입장권	
4	führen	v 안내하다, 이끌다, 지도하다	19	die Ermäßigung	n 할인	
5	aufpassen	v 주의하다	20	die Jugendherberge	n 유스호스텔	
6	zurückkommen	v 돌아오다	21	das Gepäck	n 여행 가방, 짐	
7	wandern	v 산책하다, 방랑하다	22	die Richtung	n 방향	
8	genießen	v 즐기다	23	die Richtung	n 길	
9	erwarten	v 기다리다, 고대하다	24	die Besorgung	n 구입, 마련	
10	besorgen	v 구입하다, 마련하다	25	das Schiff	n 배	
11	sich freuen	v (미래의) 무엇을 고대하다, 기대하다	26	der Stadtplan	n 시내 지도	
12	das Camping	n 야영, 캠핑	27	die Verspätung	n 지각, 연착	
13	das Stadtzentrum	n 도심	28	täglich	a 매일	
14	die Buchhandlung	n 서점	29	spannend	p.a 재미있는, 흥미진진한	
15	der Urlaub	n 휴가	30	berühmt	a 유명한 (↔ unbekannt, fremd)	

주요 어휘와 예문

01
besichtigen
- ☐ du besichtigst, er besichtigt
- ☐ besichtigen - besichtigte - besichtigt

v 구경하다, 둘러보다

(A2) Haben Sie schon das Schloss Neuschwanstein **besichtigt**?
당신은 노이슈반슈타인 성을 이미 관람했습니까?

02
sich beeilen
- ☐ du beeilst dich, er beeilt sich
- ☐ beeilen - beeilte - beeilt

v 빨리하다, 서두르다

(A2) **Beeil dich**, sonst verpassen wir den Zug!
서둘러, 그렇지 않으면 우리는 기차를 놓쳐!

03
abbiegen
- ☐ du biegst ab, er biegt ab
- ☐ abbiegen - bog ab - abgebogen

v 굽히다, 방향을 바꾸다

(A2) Das Auto ist nach rechts **abgebogen**.
그 자동차는 우회전을 했다.

04
führen
- ☐ du führst, er führt
- ☐ führen - führte - geführt

v 안내하다, 이끌다, 지도하다

(A2) Er **führte** Touristen durch ein Museum.
그는 관광객들을 박물관으로 안내했다.

(A2) **Führt** dieser Weg zur Stadtmitte oder müssen wir eine andere Route nehmen?
이 길이 도심으로 가는 길입니까? 아니면 다른 길을 가야 하나요?

die Führung n 안내
(A1) Ich danke Ihnen für die **Führung**.
안내해 주셔서 감사드립니다.

05
aufpassen
- ☐ du passt auf, er passt auf
- ☐ aufpassen - passte auf - aufgepasst

v 주의하다

(A2) Auf Reisen soll man gut auf den Verkehr **aufpassen**.
여행 중에는 교통을 주의해야 한다.

06
zurückkommen

- [ ] du kommst zurück,
      er kommt zurück
- [ ] zurückkommen - kam zurück -
      zurückgekommen

v 돌아오다

A1 Wann **kommen** Sie **zurück**?
당신은 언제 돌아옵니까?

07
wandern

- [ ] du wanderst, er wandert
- [ ] wandern - wanderte - gewandert

v 산책하다, 방랑하다

A2 Er **wanderte** durch den Wald.
그는 숲을 산책했다.

08
genießen

- [ ] du genießt, er genießt
- [ ] genießen- genoss - genossen

v 즐기다

A2 In den Ferien **genieße** ich es, lange zu
schlafen.
나는 방학에는 오랫동안 잠을 자는 것을 즐긴다.

09
erwarten

- [ ] du erwartest, er erwartet
- [ ] erwarten - erwartete - erwartet

v 기다리다, 고대하다

A2 Ich **erwarte** einen wichtigen Brief, wegen
meiner Reise.
나는 여행 때문에, 중요한 편지를 기다린다.

10
besorgen

- [ ] du besorgst, er besorgt
- [ ] besorgen - besorgte - besorgt

v 구입하다, 마련하다

A2 Könnten Sie mir eine Karte **besorgen**?
당신이 저에게 표를 구입해 줄 수 있나요?

A2 Könnten Sie mir ein Taxi **besorgen**?
당신이 저에게 택시 좀 불러 주실 수 있나요?

11
**sich freuen
(...auf etwas)**

- [ ] du freust dich, er freut sich
- [ ] freuen - freute - gefreut

v (미래의) 무엇을 고대하다, 기대하다

A2 Ich **freue mich auf** das Wochenende.
나는 주말을 기대하고 있어요.

sich freuen über ～에 대해 기뻐하다
A2 Ich habe **mich** sehr **über** Ihr Geschenk
gefreut.
나는 당신의 선물에 대해 매우 기뻤습니다.

12
das Camping

n 야영, 캠핑

(A2) A Magst du **Camping**?
캠핑을 좋아하니?

B Ja. Beim **Camping** kann man die Natur genießen.
응. 캠핑을 하면서 자연을 즐길 수 있어.

der Campingplatz	n 캠핑장
die Unterkunft	n 숙소
der Service	n 서비스
das Zelt	n 천막, 텐트

13
das Stadtzentrum

n 도심

(A2) Welcher Bus fährt ins (= in das) **Stadtzentrum**?
어떤 버스가 도심으로 가나요?

14
die Buchhandlung

n 서점

(A1) Vor dem Urlaub gehe ich zur **Buchhandlung**.
휴가 전에 나는 서점에 간다.

(A2) In der **Buchhandlung** in der Stadt haben sie das Buch sicher.
시내에 서점에서는 그 책을 분명히 가지고 있다.

(A2) Die **Buchhandlung** ist bereits geschlossen.
서점은 이미 닫혀 있다.

＊ die Bücherei n 서점

15
der Urlaub

n 휴가

(A1) Er ist jetzt im **Urlaub**.
그는 지금 휴가 중이다.

(A1) Was machst du im **Urlaub**?
너는 휴가 때 무엇을 하니?

(A2) Alle hatten **Urlaub**, nur er musste weiterarbeiten.
모두가 휴가를 보냈다. 단지 그는 계속 일을 해야 했다.

＊ der Sonderurlaub n 특별 휴가

＊ (pl.) die Ferien n 휴가, 방학

16
das Picknick

n 소풍

A2 Wenn es Frühling wird, machen wir ein
Picknick am Fluss.
봄이 되면, 우리는 강에서 소풍을 한다.

17
die Sehenswürdigkeit

n 볼거리, 관광 명소

A1 A Entschuldigung, ich suche
Sehenswürdigkeiten.
실례합니다. 저는 관광지를 찾고 있습니다.

B Tut mir leid, ich bin auch fremd hier.
죄송합니다. 저도 여기가 낯설어요.
(= Ich bin nicht von hier.
나는 이곳 사람이 아닙니다.)

A1 Welche **Sehenswürdigkeiten** gibt es
hier?
이곳에 어떤 관광 명소가 있습니까?

18
die Eintrittskarte

n 입장권

A2 A Wo kann man hier eine **Eintrittskarte**
kaufen?
여기 어디에서 입장권을 살 수 있나요?

B Da gehen Sie am besten zum Eingang.
당신은 입구로 가는 것이 가장 좋습니다.

A1 Wie teuer ist die **Eintrittskarte**?
입장권이 얼마입니까?

der Eintritt n 입장
A1 Was kostet der **Eintritt**?
입장료는 얼마입니까?

19
die Ermäßigung

n 할인

A1 Wo bekomme ich eine **Ermäßigung**?
제가 어디서 할인을 받을 수 있나요?

20
die Jugendherberge

n 유스호스텔

A1 Ich übernachte heute in der
Jugendherberge.
나는 오늘 유스호스텔에서 숙박한다.

21
das Gepäck

n 여행 가방, 짐

(A2) Ich habe das **Gepäck** verloren.
나는 여행 가방을 잃어버렸다.

(A2) Er bringt das **Gepäck** aufs (= auf das) Zimmer.
그는 짐을 방으로 가져다 준다.

22
die Richtung

n 방향

(A2) Wir gehen in die **Richtung** des Bahnhofs.
우리는 기차역 방향으로 가고 있다.

23
der Weg

n 길

(A1) Der **Weg** zum Bahnhof ist nicht weit von hier.
역으로 가는 길은 여기서 멀지 않다.

(A2) Könnten Sie mir den **Weg** nach München zeigen?
뮌헨으로 가는 길을 가르쳐 줄 수 있나요?

24
die Besorgung

n 구입, 마련

(A2) Ich muss noch einige **Besorgungen** für den Urlaub machen.
나는 휴가를 위한 몇 가지 구입을 해야 한다.

25
das Schiff

n 배

(A2) Wie oft am Tag fährt das **Schiff**?
배는 하루에 몇 번 운항합니까?

26
der Stadtplan

n 시내 지도

(A1) Wieviel kostet der **Stadtplan**?
시내 지도는 얼마입니까?

(A2) Hast du einen **Stadtplan** von Berlin gekauft?
베를린 도시 지도를 샀니?

27
die Verspätung

n 지각, 연착

A1 A Hat das Flugzeug **Verspätung**?
비행기가 연착하나요?

B Ja. Die Maschine hat 10 Minuten **Verspätung**.
네. 비행기가 10분 연착합니다.

28
täglich

a 매일

A1 In den Ferien werde ich **täglich** joggen.
나는 방학 기간 동안 매일 조깅을 할 것이다.

* jeden Tag 매일

29
spannend

p.a 재미있는, 흥미진진한

A2 Mein Urlaub war sehr **spannend**.
나의 휴가는 무척 재미있었다.

30
berühmt

a 유명한 (↔ unbekannt, fremd)

A1 Der Dom ist sehr **berühmt**.
그 성당은 매우 유명하다.

A2 Goethe ist ein **berühmter** Dichter.
괴테는 유명한 시인이다.

* beliebt p.p 인기 있는

bekannt a 잘 알려진, 유명한
A1 Sie ist in Berlin **bekannt**.
그녀는 베를린에서 유명하다.
A2 Darf ich Sie mit meiner Freundin **bekannt** machen?
당신을 내 (여자) 친구에게 소개시켜 드려도 될까요?

		독일어	의미 쓰기	독일어 쓰기	재시
1	☐	besichtigen		☐	☐
2	☐	sich beeilen		☐	☐
3	☐	abbiegen		☐	☐
4	☐	führen		☐	☐
5	☐	aufpassen		☐	☐
6	☐	zurückkommen		☐	☐
7	☐	wandern		☐	☐
8	☐	genießen		☐	☐
9	☐	erwarten		☐	☐
10	☐	besorgen		☐	☐
11	☐	sich freuen		☐	☐
12	☐	das Camping		☐	☐
13	☐	das Stadtzentrum		☐	☐
14	☐	die Buchhandlung		☐	☐
15	☐	der Urlaub		☐	☐
16	☐	das Picknick		☐	☐
17	☐	die Sehenswürdigkeit		☐	☐
18	☐	die Eintrittskarte		☐	☐
19	☐	die Ermäßigung		☐	☐
20	☐	die Jugendherberge		☐	☐
21	☐	das Gepäck		☐	☐
22	☐	die Richtung		☐	☐
23	☐	die Richtung		☐	☐
24	☐	die Besorgung		☐	☐
25	☐	das Schiff		☐	☐
26	☐	der Stadtplan		☐	☐
27	☐	die Verspätung		☐	☐
28	☐	täglich		☐	☐
29	☐	spannend		☐	☐
30	☐	berühmt		☐	☐

DAY
17

Check up!

다음 문장을 독일어로 작문해 보세요.   MP3 17_03

1. 봄이 되면, 우리는 강에서 소풍을 한다.

   _____

2. 서둘러, 그렇지 않으면 우리는 기차를 놓쳐!

   _____

3. 그는 관광객들을 박물관으로 안내했다.

   _____

4. 그는 숲을 산책했다.

   _____

5. 당신이 저에게 표를 구입해 줄 수 있나요?

   _____

6. 여기 어디에서 입장권을 살 수 있나요?

   _____

7. 제가 어느 방향으로 가야 하나요?

   _____

8. 나의 휴가는 무척 재미있었다.

   _____

9. 그 성당은 매우 유명하다.

   _____

10. 뮌헨으로 가는 길을 가르쳐 줄 수 있나요?

    _____

정답

1. Wenn es Frühling wird, machen wir ein Picknick am Fluss.
2. Beeil dich, sonst verpassen wir den Zug!
3. Er führte Touristen durch ein Museum.
4. Er wanderte durch den Wald.
5. Können Sie mir eine Karte besorgen?
6. Wo kann man hier eine Eintrittskarte kaufen?
7. In welche Richtung soll ich fahren?
8. Mein Urlaub war sehr spannend.
9. Der Dom ist sehr berühmt.
10. Können Sie mir den Weg nach München zeigen?

DAY 18 교통

Wiederholung 복습하기 ✏️

앞에서 배운 어휘를 잘 기억하고 있는지 확인해 봅시다. 다음 예시에 있는 어휘를 아래 빈칸에 알맞게 채우세요. 부족한 부분이 있다면 다시 돌아가서 복습하시기 바랍니다.

Eintrittskarte Wald spannend berühmt Frühling

1. Wenn es _____ wird, machen wir ein Picknick am Fluss.

   봄이 되면, 우리는 강에서 소풍을 한다.

2. Er wanderte durch den _____.

   그는 숲을 산책했다.

3. Wo kann man hier eine _____ kaufen?

   여기 어디에서 입장권을 살 수 있나요?

4. Mein Urlaub war sehr _____.

   나의 휴가는 무척 재미있었다.

5. Der Dom ist sehr _____.

   그 성당은 매우 유명하다.

 정답

주제별 주요 문장

A Ich brauche eine Auskunft. Ist die Maschine aus Deutschland schon gelandet?
저는 안내 정보가 필요합니다. 독일에서 출발하는 비행기가 벌써 착륙했나요?

B Nein. Die Maschine landet um 17 Uhr in Seoul.
아니요. 비행기는 17시에 서울에 착륙합니다.

A Warum?
왜죠?

B Heute hat der Abflug 20 Minuten verspätung.
오늘은 이륙이 20분 연착합니다.

오늘의 어휘 정리

1	abholen	v 데려오다	16	der Automat	n 자판기, 자동판매기
2	landen	v 착륙하다	17	die Ecke	n 모서리, 모퉁이
3	halten	v 멈추다	18	die Reihe	n 줄
4	bleiben	v 머무르다	19	die Ankunft	n 도착
5	parken	v 주차하다	20	der Anschluss	n 연결, 접속
6	bedeuten	v 의미하다	21	der Ausgang	n 출구
7	folgen	v 뒤따라가다	22	der Eingang	n 입구
8	der Unfall	n 사건	23	die Ampel	n 신호등
9	die Kurve	n 커브	24	die Linie	n 선
10	die Kreuzung	n 네거리	25	die Verzeihung	n 용서
11	die Maschine	n 기계, 비행기	26	der Führerschein	n 운전면허
12	die Auskunft	n 알림, 정보, 안내	27	der LKW	n 화물차
13	die Abfahrt	n 출발	28	die Kfz-Werkstatt	n 자동차 수리 공장
14	die Fahrt	n (차를 타고 하는) 여행, 드라이브	29	sicher	a 안전한, 확실한
15	der Abflug	n 이륙	30	hin und zurück	왕복

주요 어휘와 예문

01
abholen
- [ ] du holst ab, er holt ab
- [ ] abholen - holte ab - abgeholt

v 데려오다

A1 Jetzt will ich meinen Onkel vom Flughafen **abholen**.
나는 지금 공항에서 삼촌을 데려오려고 한다.

02
landen
- [ ] du landest, er landet
- [ ] landen - landete - gelandet

v 착륙하다

A2 A Ist die Maschine aus Korea schon **gelandet**?
한국에서 출발하는 비행기가 벌써 착륙했나요?

B Nein. Die Maschine **landet** um 17 Uhr.
아니요. 비행기는 17시에 착륙합니다.

03
halten
- [ ] du hältst, er hält
- [ ] halten - hielt - gehalten

v 멈추다

A1 Der Zug **hält** nicht in Bonn.
그 열차는 본에 서지 않는다.

A2 Der Bus **hält** an der nächsten Haltestelle.
버스는 다음 정류장에서 멈춘다.

04
bleiben
- [ ] du bleibst, er bleibt
- [ ] bleiben - blieb - geblieben

v 머무르다

A1 Er **bleibt** 3 Jahre in Deutschland.
그는 3년 독일에 머무른다.

A2 Statt des Wagens nimmt er den Zug und **bleibt** in Dortmund.
그는 자동차 대신에 기차를 이용하고 도르트문트에 머무른다.

05
parken
- [ ] du parkst, er parkt
- [ ] parken - parkte - geparkt

v 주차하다

A2 Hier darf man nicht **parken**. Mann muss an einem sicheren Ort **parken**.
이곳에 주차를 해서는 안 된다. 안전한 장소에 주차해야 한다.

der Parkplatz n 주차장
A2 Wo gibt es einen **Parkplatz** hier in der Nähe?
이 근처에 주차장이 어디 있습니까?

06
bedeuten

☐ du bedeutest, er bedeutet
☐ bedeuten - bedeutete - bedeutet

v 의미하다

A2 Was **bedeutet** dieses Verkehrszeichen?
이 교통 신호는 무엇을 의미합니까?

07
folgen

☐ du folgst, er folgt
☐ folgen - folgte - gefolgt

v 뒤따라가다

A2 Heute konnte ich dem Ausflug nicht
folgen.
나는 오늘 그 소풍에 따라갈 수 없었습니다.

08
der Unfall

n 사건

A2 An der Kreuzung ist gestern ein schwerer
Unfall passiert.
사거리에서 어제 심각한 사고가 발생했다.

09
die Kurve

n 커브

A2 Das ist direkt gegenüber der **Kurve.**
그것은 커브 바로 맞은편에 있어요.

10
die Kreuzung

n 네거리

A2 Er ist bei Rot über die **Kreuzung**
gefahren.
그는 빨간불일 때 네거리를 건넜다.

11
die Maschine

n 기계, 비행기

A1 Wann kommt die **Maschine** an?
비행기는 언제 도착하나요?

A2 Die **Maschine** läuft seit Stunden
reibungslos.
그 기계는 몇 시간 동안 원활하게 작동한다.

* das Verkehrsmittel n 교통수단

der Zug	n 열차
die U-Bahn	n 전철
die Straßenbahn	n 도시고속전철
der Bus	n 버스
das Taxi	n 택시

12
die Auskunft

n 알림, 정보, 안내

A2 Können Sie mir bitte eine **Auskunft** geben?
저에게 정보를 주실 수 있나요?

13
die Abfahrt

n 출발

A2 Bitte Vorsicht bei der **Abfahrt**!
기차가 출발할 때 조심하세요!

abfahren v 출발하다
A1 Der Zug **fährt** pünktlich **ab**.
열차는 정시에 출발한다.
A1 Wo **fährt** der Bus zum Flughafen **ab**?
공항으로 가는 버스가 어디서 출발합니까?

14
die Fahrt

n (차를 타고 하는) 여행, 드라이브

A2 Gute **Fahrt**!
즐거운 여행이 되기를!

A2 Die **Fahrt** nach Hamburg dauert 4 Stunden.
함부르크 가는 데 네 시간이 걸린다.

15
der Abflug

n 이륙

A2 Heute hat der **Abflug** 20 Minuten
Verspätung.
오늘은 이륙이 20분 연착합니다.

B1 Der **Abflug** verzögert sich um eine Stunde.
출발이 한 시간 지연됩니다.

16
der Automat

n 자판기, 자동판매기

A2 Die Fahrkarten kannst du am **Automaten**
kaufen.
승차권은 자동판매기에서 살 수 있다.

17
die Ecke

n 모서리, 모퉁이

A1 Hier um die **Ecke** ist der Bahnhof.
이곳 모퉁이에 기차역이 있다.

A1 Gehen Sie rechts um die **Ecke**!
모퉁이를 돌아 오른쪽으로 가세요!

18
die Reihe

n 줄

A2 Warten wir, bis wir an der **Reihe** sind!
우리 순서가 될 때까지 기다립시다!

19
die Ankunft

n 도착

A2 Bei **Ankunft** am Flughafen Berlin standen mehrere Busse.
베를린 공항에 도착했을 때 여러 대의 버스가 준비되어 있었다.

20
der Anschluss

n 연결, 접속

A1 Sie haben **Anschluss** mit dem RE 1563.
당신은 이어서 RE 1563열차를 타시면 됩니다.

A2 Der **Anschluss** war dauernd besetzt.
연결이 계속 되지 않았다.

21
der Ausgang

n 출구

A2 Wo ist der **Ausgang**? Ich habe meine Freunde verloren.
출구가 어디입니까? 저는 친구들을 잃어버렸어요.

A2 Draußen vor dem **Ausgang** finden Sie schon ein Taxi.
당신은 바깥 출구 앞에서 택시를 잡을 수 있습니다.

22
der Eingang

n 입구

A2 A Ich weiß nicht, wo der **Eingang** ist.
저는 어디가 입구인지 모르겠습니다.

B Der **Eingang** ist auf der linken Seite.
입구는 왼쪽에 있어요.

23
die Ampel

n 신호등

A1 Gehen Sie geradeaus bis zur **Ampel**.
신호등까지 직진으로 가세요!

24
die Linie

n 선

A2 Welche **Linie** fährt am schnellsten zum Rathaus?
몇 호선이 시청으로 가장 빠르게 갑니까?

A2 Die **Linie** ist gerade besetzt.
그 차선은 지금 사용 중입니다.

25
die Verzeihung

n 용서

A1 **Verzeihung**. Haben Sie eine Uhr?
실례합니다. 시계가 있으신가요?

A2 **Verzeihung**, wo ist die nächste U-bahnstation?
실례합니다. 다음 지하철역이 어디인가요?

26
der Führerschein

n 운전면허

A2 Ohne einen **Führerschein** kann man nicht Auto fahren.
운전면허 없이는 자동차 운전을 할 수가 없다.

27
der LKW

n 화물차 (= Lastkraftwagen)

A2 Die Arbeiter beladen den **LKW** mit Waren.
직원들은 트럭에 물건을 싣는다.

* der PKW (= Personenkraftwagen) n 승용차

* das Kfz (= Kraftfahrzeug) n 자동차

28
die Kfz-Werkstatt

n 자동차 수리 공장

A1 Herr Müller hat seit 10 Jahren eine **Kfz-Werkstatt**.
뮐러 씨는 자동차 수리 공장을 10년째 가지고 있다.

* der Kfz-Mechaniker n 자동차 정비사

29
sicher

a 안전한, 확실한

A2 Sind Sie **sicher**? Haben Sie reserviert?
확실합니까? 예약하셨나요?

A2 Es ist nicht **sicher**, ob er heute kommt.
그가 오늘 올지 확실하지 않다.

A2 Schließen die Türen **sicher** automatisch?
문이 확실히 자동으로 닫히나요?

A2 Bist du **sicher**, dass die Bank heute geöffnet ist?
너는 오늘 은행이 열었다고 확신하니?

30
hin und zurück

왕복

A1 Einfach oder **hin und zurück**?
편도 아니면 왕복 드릴까요?

		독일어	의미 쓰기	독일어 쓰기	재시
1	☐	abholen		☐	☐
2	☐	landen		☐	☐
3	☐	halten		☐	☐
4	☐	bleiben		☐	☐
5	☐	parken		☐	☐
6	☐	bedeuten		☐	☐
7	☐	folgen		☐	☐
8	☐	der Unfall		☐	☐
9	☐	die Kurve		☐	☐
10	☐	die Kreuzung		☐	☐
11	☐	die Maschine		☐	☐
12	☐	die Auskunft		☐	☐
13	☐	die Abfahrt		☐	☐
14	☐	die Fahrt		☐	☐
15	☐	der Abflug		☐	☐
16	☐	der Automat		☐	☐
17	☐	die Ecke		☐	☐
18	☐	die Reihe		☐	☐
19	☐	die Ankunft		☐	☐
20	☐	der Anschluss		☐	☐
21	☐	der Ausgang		☐	☐
22	☐	der Eingang		☐	☐
23	☐	die Ampel		☐	☐
24	☐	die Linie		☐	☐
25	☐	die Verzeihung		☐	☐
26	☐	der Führerschein		☐	☐
27	☐	der LKW		☐	☐
28	☐	die Kfz-Werkstatt		☐	☐
29	☐	sicher		☐	☐
30	☐	hin und zurück		☐	☐

Check up!

다음 문장을 독일어로 작문해 보세요.

1. 그 열차는 본에 서지 않는다.

_____

2. 몇 호선이 시청으로 갑니까?

_____

3. 베를린 공항에 도착했을 때 여러 대의 버스가 준비되어 있었다.

_____

4. 당신은 바깥 출구 앞에서 택시를 잡을 수 있어요.

_____

5. 기차가 출발할 때 조심하세요!

_____

6. 편도 아니면 왕복 드릴까요?

_____

7. 저는 어디가 입구인지 모르겠습니다.

_____

8. 오늘은 이륙이 20분 연착했습니다.

_____

9. 모퉁이를 돌아 오른쪽으로 가세요!

_____

10. 우리 순서가 될 때까지 기다립시다!

_____

정답

1. Der Zug hält nicht in Bonn.
2. Welche Linie fährt zum Rathaus?
3. Bei der Ankunft am Flughafen Berlin standen mehrere Busse.
4. Draußen vor dem Ausgang finden Sie ein Taxi.
5. Bitte Vorsicht bei der Abfahrt!
6. Einfach oder hin und zurück?
7. Ich weiß nicht, wo der Eingang ist.
8. Heute hat der Abflug 20 Minuten verspätung.
9. Gehen Sie rechts um die Ecke!
10. Warten wir, bis wir an der Reihe sind!

DAY 18 교통 **255**

독일어로 구체적인 질문을 할 때 필요한 의문부사를 한번 정리해 보고
예문도 익히고 갑시다!

> Was kostet das?
> 이거 얼마예요?

> Das Buch kostet 10 Euro.
> 이 책은 10유로예요.

wo 어디에

A **Wo** wohnen Sie?
어디에 사시나요?

B Ich wohne in Seoul.
저는 서울에 삽니다.

woher 어디에서

A **Woher** kommen Sie?
어느 나라 출신입니까? (어디에서 오세요?)

B Aus Finnland.
핀란드 출신입니다.

wohin 어디로

A **Wohin** fahren Sie?
어디로 가세요?

B Ich fahre nach Busan.
저는 부산으로 갑니다.

wann 언제

A **Wann** öffnet die Praxis?
진료실은 언제 시작하나요?

B Um 9 Uhr.
9시에요.

wer 누구

Wer sind Sie?
당신은 누구십니까?

Wer will die Prüfung machen?
누가 이 시험을 칠래?

warum 왜, 무엇 때문에

A **Warum** kommen Sie nicht?
당신은 왜 오시지 않나요?

B Ich habe keine Zeit.
저는 시간이 없습니다.

welch– 어떤

welcher, welche, welches 뒤에 나오는
명사의 성과 격에 따라 welch–는 달라집니다.

Welcher Tag ist heute?
오늘은 며칠인가요?

Welchen Kurs hast du gemacht?
어떤 코스를 들었나요?

was für ein– 어떤

Was für ein Auto hast du?
어떤 자동차를 가지고 있니?

Was für ein Buch liest du?
너는 어떤 책을 읽고 있니?

Check up!

빈칸에 알맞은 의문부사를 찾으세요.

| Welche, Was für ein, Was, Wer, Wann |

---

1. _____ möchten Sie?

   무엇을 원하시나요?

2. _____ kommst du?

   너는 언제 오니?

3. _____ bist du?

   너는 누구니?

4. _____ Tomaten möchten Sie kaufen?

   당신은 어떤 토마토를 구매하고 싶나요?

5. _____ Instrument spielst du?

   어떤 악기를 연주하니?

DAY 19 교실

Wiederholung 복습하기 ✏️

새로운 단원을 시작하기 전에 복습을 해 봅시다. 다음 예시에 있는 문장 중에서 아래 해석에 맞는 것을 선택하여 적어 보세요.

> Heute hat der Abflug 20 Minuten verspätung.
> Einfach oder hin und zurück?
> Bitte Vorsicht bei der Abfahrt!
> Gehen Sie rechts um die Ecke!
> Ich weiß nicht, wo der Eingang ist.

1. 기차가 출발할 때 조심하세요!

   _____

2. 편도 아니면 왕복 드릴까요?

   _____

3. 저는 어디가 입구인지 모르겠습니다.

   _____

4. 오늘은 이륙이 20분 연착했습니다.

   _____

5. 모퉁이를 돌아 오른쪽으로 가세요!

   _____

 정답

1. Bitte Vorsicht bei der Abfahrt!
2. Einfach oder hin und zurück?
3. Ich weiß nicht, wo der Eingang ist.
4. Heute hat der Abflug 20 Minuten verspätung.
5. Gehen Sie rechts um die Ecke!

주제별 주요 문장

MP3 19_01 ○○○

A Hat Max die A2 Prüfung bestanden?
막스는 A2 시험에 합격했나요?

B Ja. Er hat schon ein Zertifikat für A2.
네. 그는 이미 A2 증명서를 가지고 있습니다.

A Und Maria auch?
그리고 또한 마리아도요?

B Nein. Sie ist durch die Prüfung gefallen, aber sie hat noch eine Chance.
아니요. 그녀는 시험에서 떨어졌지만, 한 번 더 기회가 있습니다.

오늘의 어휘 정리

MP3 19_02

1	üben	v 연습하다	16	der Studentenkollege	n 대학생 동료
2	übersetzen	v 번역하다, 옮기다	17	der Satz	n 문장
3	durchfallen	v 떨어지다	18	der Anfang	n 시작 (↔ das Ende)
4	korrigieren	v 수정하다, 고치다	19	das Studium	n 대학 공부
5	bestehen	v 합격하다	20	die Vorlesung	n 강의
6	ausfallen	v 빠지다, 취소되다	21	das Hauptfach	n 전공
7	lehren	v 가르치다	22	die Grundschule	n 초등학교
8	stimmen	v 맞다, 일치하다	23	die Übung	n 연습
9	aufschlagen	v 열다, 펴다	24	das Klassenzimmer	n 교실
10	die Sprachprüfung	n 어학 시험	25	die Studiengebühr	n 대학 등록금
11	das Niveau	n 수준, 정도	26	das Abitur	n 김나지움 졸업시험, 대학 입학 자격시험
12	das Zertifikat	n 증명서	27	die Mensa	n (대학의) 학생 식당
13	die Meinung	n 견해	28	langweilig	a 지루한, 단조로운
14	die Aussprache	n 발음	29	falsch	a 잘못된, 그릇된 (↔ richtig)
15	die Zahl	n 숫자	30	wichtig	a 중요한

주요 어휘와 예문

01
üben
☐ du übst, er übt
☐ üben - übte - geübt

v 연습하다

A2 Mein Sohn **übt** jeden Tag fleißig Klavier.
나의 아들은 매일 열심히 피아노를 연습한다.

02
übersetzen
☐ du übersetzt, er übersetzt
☐ übersetzen - übersetzte - übersetzt

v 번역하다, 옮기다

A2 Bitte **übersetzen** Sie den Satz auf Koreanisch!
이 문장을 한국어로 옮겨 주세요!

03
durchfallen
☐ du fällst durch, er fällt durch
☐ durchfallen - fiel durch - durchgefallen

v 떨어지다

A2 Er ist **durch** die Prüfung **gefallen**, aber er hat noch eine Chance.
그는 시험에서 떨어졌지만 한 번 더 기회가 있다.

04
korrigieren
☐ du korrigierst, er korrigiert
☐ korrigieren - korrigierte - korrigiert

v 수정하다, 고치다

A2 Die Lehrerin hat alle Fehler **korrigiert**.
그 (여)선생님은 모든 오류를 수정했다.

05
bestehen
☐ du bestehst, er besteht
☐ bestehen - bestand - bestanden

v 합격하다

A2 Sie hat die Aufnahmeprüfung **bestanden**.
그녀는 대학 입학 시험에 합격했다.

06
ausfallen
☐ du fällst aus, er fällt aus
☐ ausfallen - fiel aus - ausgefallen

v 빠지다, 취소되다

A2 Der Englischunterricht **fällt** heute wegen Krankheit von Herrn Steinke **aus**.
영어 수업은 오늘 슈타인케 씨의 병환으로 휴강이다.

* der Ausfall n 탈락, 빠짐

07
lehren
☐ du lehrst, er lehrt
☐ lehren - lehrte - gelehrt

v 가르치다

A2 Sie hat mir das Lesen **gelehrt**.
그녀는 내게 읽기를 가르쳐 주었다.

08
stimmen
☐ du stimmst, er stimmt
☐ stimmen - stimmte - gestimmt

v 맞다, 일치하다

A2 Das **stimmt** doch gar nicht.
그것은 전혀 옳지 않다.

09
aufschlagen
☐ du schlägst auf, er schlägt auf
☐ aufschlagen - schlug auf - aufgeschlagen

v 열다, 펴다

A2 Bitte **schlagt** die Seite 20 **auf**!
(너희) 20페이지를 펴!

10
die Sprachprüfung

n 어학 시험

A1 Morgen habe ich meine **Sprachprüfung**.
내일 나는 어학 시험이 있다.

A2 Ich muss mich auf die **Sprachprüfung** vorbereiten.
나는 어학 시험을 준비해야 해.

11
das Niveau

n 수준, 정도

A2 Anfang Februar habe ich die A2 **Niveau** Aufnahmeprüfung.
2월 초에 나는 A2 수준의 입학 시험이 있다.

12
das Zertifikat

n 증명서

A2 Er hat schon ein **Zertifikat** für den A2 Kurs.
그는 이미 A2 수업 증명서를 가지고 있다.

13
die Meinung

n 견해

A1 Wie ist deine **Meinung** dazu?
그것에 대한 네 견해가 어떠하니?

14
die Aussprache

n 발음

A2 Die **Aussprache** des Deutschen ist nicht so schwer.
독일어 발음은 그리 어렵지 않다.

15
die Zahl

n 숫자

A2 13 gilt als eine unglückliche **Zahl**.
13은 불길한 숫자로 간주된다.

* drei 3
Drei und fünf macht acht.
3 더하기 5는 8이다.

* dreizehn 13
Dreizehn weniger drei ist zehn.
13 빼기 3은 10이다.

* dreißig 30
Meine Mutter ist dreißig Jahre alt.
내 어머니는 30살이다.

* dritt 세 번째의
Heute ist der dritte April.
오늘은 4월 3일이다.

16
der Kommilitone

n 대학생 동료

A2 Frag doch mal deine **Kommilitonen**, ob sie zum Grillabend kommen wollen.
너의 학교 동료에게 그들도 저녁에 바비큐 하는 데 오기를 원하는지 물어봐.

17
der Satz

n 문장

A2 Könnten Sie mir sagen, was der **Satz** bedeutet?
이 문장이 무엇을 의미하는지 말해 주실 수 있나요?

18
der Anfang

n 시작 (↔ das Ende)

A2 Aller **Anfang** ist schwer.
모든 시작은 어렵다.

das Ende n 끝 (↔ der Anfang)
A2 A Am **Ende** des Monats reise ich in die Türkei.
나는 월말에 터키로 여행한다.
B Die Ferien sind schnell zu Ende.
방학이 빨리 끝난다.

19
das Studium

n 대학 공부

A2 Sie hat das **Studium** der Anglistik abgebrochen.
그녀는 영문학 전공을 중단했다.

20
die Vorlesung

n 강의

A2 Zu den **Vorlesungen** komme ich immer pünktlich.
나는 수업에 항상 정시에 온다.

21
das Hauptfach

n 전공

A2 Mein **Hauptfach** ist Medizin und im Nebenfach studiere ich Politik.
나의 전공은 의학이고 부전공으로 정치를 배운다.

das Nebenfach n 부전공
A2 Im **Nebenfach** habe ich Musiktheorie studiert.
부전공 과목으로 나는 음악 이론을 공부했다.

22
die Grundschule

n 초등학교

A2 Mein Kind geht dieses Jahr in die **Grundschule**.
나의 아이는 올해 초등학교에 간다.

das Gymnasum	n 김나지움 (독일의 인문계 중등 고등 통합 학교)
die Mittelschule	n (우리나라) 중학교
die Oberschule	n (우리나라) 고등학교
die Berufsschule	n 직업학교
die Realschule	n 실업학교
die Universität	n 대학교
die Hochschule	n 대학, 단과대학
die Musikhochschule	n 음악대학
die Fachhochschule	n 전문대학

23
die Übung

n 연습

A2 **Übung** macht den Meister.
연습이 대가(大家)를 만든다.

24
das Klassenzimmer

n 교실

A2 Die Schüler gehen pünktlich ins **Klassenzimmer**.
학생들이 제 시간에 교실로 간다.

25
die Studiengebühr

n 대학 등록금

A2 Die **Studiengebühren** in Deutschland sind relativ gering.
독일의 대학 등록금은 상대적으로 높지 않다.

26
das Abitur

n 김나지움 졸업시험, 대학 입학 자격시험

A2 Wie lernt man am besten für das **Abitur** (Abi)?
어떻게 하면 가장 잘 대학 입학 시험을 공부할 수 있을까?

27
die Mensa

n (대학의) 학생 식당

A2 Was gibt es heute Mittag in der **Mensa**?
오늘 학생 식당 점심 메뉴로는 무엇이 나오나요?

28
langweilig

a 지루한, 단조로운

A1 Mathematik finde ich so **langweilig**.
나는 수학이 매우 지루하다고 생각한다.

A2 Die Präsentation war so **langweilig**.
발표는 너무 지루했다.

29
falsch

a 잘못된, 그릇된 (↔ richtig)

A1 Welcher Satz ist **falsch**?
어떤 문장이 틀렸나요?

A1 Was Sie da sagen, ist **falsch**.
당신이 이야기하는 것은 틀렸다.

A2 Die Hose hat die **falsche** Größe.
이 바지의 치수는 틀렸어요.

30
wichtig

a 중요한

A1 Die Sache ist sehr **wichtig** für mich.
그 일은 나에게 무척 중요하다.

A2 Morgen habe ich einen **wichtigen** Termin.
내일 나는 하나의 중요한 약속이 있다.

	독일어	의미 쓰기	독일어 쓰기	재시
1	☐ üben		☐	☐
2	☐ übersetzen		☐	☐
3	☐ durchfallen		☐	☐
4	☐ korrigieren		☐	☐
5	☐ bestehen		☐	☐
6	☐ ausfallen		☐	☐
7	☐ lehren		☐	☐
8	☐ stimmen		☐	☐
9	☐ aufschlagen		☐	☐
10	☐ die Sprachprüfung		☐	☐
11	☐ das Niveau		☐	☐
12	☐ das Zertifikat		☐	☐
13	☐ die Meinung		☐	☐
14	☐ die Aussprache		☐	☐
15	☐ die Zahl		☐	☐
16	☐ der Studentenkollege		☐	☐
17	☐ der Satz		☐	☐
18	☐ der Anfang		☐	☐
19	☐ das Studium		☐	☐
20	☐ die Vorlesung		☐	☐
21	☐ das Hauptfach		☐	☐
22	☐ die Grundschule		☐	☐
23	☐ die Übung		☐	☐
24	☐ das Klassenzimmer		☐	☐
25	☐ die Studiengebühr		☐	☐
26	☐ das Abitur		☐	☐
27	☐ die Mensa		☐	☐
28	☐ langweilig		☐	☐
29	☐ falsch		☐	☐
30	☐ wichtig		☐	☐

Check up!

다음 문장을 독일어로 작문해 보세요.　**MP3** 19_03

1. 그 (여)선생님은 모든 오류를 수정했다.

　　_____

2. 그녀는 대학 입학 시험에 합격했다.

　　_____

3. (너희) 20페이지를 펴!

　　_____

4. 내일 나는 어학 시험이 있다.

　　_____

5. 그는 이미 A2 수업 증명서를 가지고 있다.

　　_____

6. 이 문장이 무엇을 의미하는지 말해 주실 수 있나요?

　　_____

7. 나는 수업에 항상 정시에 온다.

　　_____

8. 나의 전공은 의학이다.

　　_____

9. 연습이 대가(大家)를 만든다.

　　_____

10. 나는 수학이 지루하다고 생각한다.

　　_____

🔔 정답

1. Die Lehrerin hat alle Fehler korrigiert.
2. Sie hat die Aufnahmeprüfung bestanden.
3. Bitte schlagt die Seite 20 auf!
4. Morgen habe ich meine Sprachprüfung.
5. Er hat schon ein Zertifikat für den A2 Kurs.
6. Können Sie mir sagen, was der Satz bedeutet?
7. Zu den Vorlesungen komme ich immer pünktlich.
8. Mein Hauptfach ist Medizin.
9. Übung macht den Meister.
10. Mathematik finde ich so langweilig.

DAY 19

DAY 20 의류

Wiederholung 복습하기 ✏️

이전 본문에서 익힌 주요 대화를 복습해 봅시다. 아래 문장을 동일하게 세 번 적으면서 기억력을 높여 보세요.

A Hat Max die A2 Prüfung bestanden?
막스는 A2 시험에 합격했나요?
1. Hat Max die A2 Prüfung bestanden?
2. _____
3. _____

B Ja. Er hat schon ein Zertifikat für A2.
네. 그는 이미 A2 증명서를 가지고 있습니다.
1. Ja. Er hat schon ein Zertifikat für A2.
2. _____
3. _____

A Und Maria auch?
그리고 또한 마리아도요?
1. Und Maria auch?
2. _____
3. _____

B Nein. Sie ist durch die Prüfung gefallen, aber sie hat noch eine Chance.
아니요. 그녀는 시험에서 떨어졌지만, 한 번 더 기회가 있습니다.
1. Nein. Sie ist durch die Prüfung gefallen, aber sie hat noch eine Chance.
2. _____
_____
3. _____
_____

A Welcher Rock steht mir besser?
어떤 치마가 나에게 더 어울려?

B Dieser Rock steht dir gut.
이 치마가 너에게 잘 어울려.

A Danke. Und passt dir die Hose gut, die du im Internet gekauft hast?
고마워. 네가 인터넷에서 구매한 그 옷은 너에게 잘 맞니?

B Ja. Ich bin mit der Hose zufrieden.
응. 나는 바지에 만족해.

오늘의 어휘 정리

MP3 20_02

1	umtauschen	v 교환하다	16	das Internet	n 인터넷
2	kombinieren	v 결합하다, 조합하다	17	die Unterwäsche	n 속옷
3	anschauen	v 바라보다, 응시하다	18	die Marke	n 브랜드
4	stehen	v 서다, 어울리다, 쓰여 있다	19	der Anzug	n 양복
5	passen	v 어울리다, 적합하다	20	die Quittung	n 영수증
6	liefern	v 배달하다, 제공하다	21	das Gebäude	n 건물
7	wechseln	v 바꾸다, 변경하다	22	das Taschengeld	n 용돈
8	zurechtkommen	v 잘 해내다, 잘 다루다	23	die Reinigung	n 세탁소
9	messen	v 재다	24	der Schmuck	n 장신구, 보석
10	herstellen	v 생산하다, 제조하다	25	der Rabatt	n 할인
11	sich erinnern	v 기억하다	26	der Geldbeutel	n 지갑
12	tragen	v 운반하다, 지니다	27	zufrieden	a 만족한
13	das Interesse	n 관심, 흥미	28	kaum	adv 거의 ~아닌
14	die Umkleidekabine	n 탈의실	29	gültig	a 유효한
15	der Onlineshop	n 온라인 상점	30	wert	a 가치 있는

주요 어휘와 예문

01
umtauschen

☐ du tauschst um, er tauscht um
☐ umtauschen - tauschte um - umgetauscht

v 교환하다

A2 Die Kleidung kann **umgetauscht** werden.
그 옷은 교환 될 수 있다.

＊ der Umtausch **n** 교환

02
kombinieren

☐ du kombinierst, er kombiniert
☐ kombinieren - kombinierte - kombiniert

v 결합하다, 조합하다

A2 Sie will eine Bluse kaufen, die sie mit der Hose **kombinieren** kann.
그녀는 바지에 받쳐 입을 블라우스를 사려 한다.

03
anschauen

☐ du schaust an, er schaut an
☐ anschauen - schaute an - angeschaut

v 바라보다, 응시하다

A2 Er hat den Hut **angeschaut**.
그는 그 모자를 바라보았다.

04
stehen

☐ du stehst, er steht
☐ stehen - stand - gestanden

v 서다, 어울리다, 쓰여 있다

A2 Welcher Rock **steht** mir besser?
어떤 치마가 나에게 더 어울리나요?

A2 Der Anzug **steht** Ihnen gut.
그 양복은 당신에게 잘 어울립니다.

A2 **Steht** etwas Neues in der Zeitung?
신문에 새로운 게 적혀 있나요?

05
passen

☐ du passt, er passt
☐ passen - passte - gepasst

v 어울리다, 적합하다

A1 Dieser Mantel **passt** dir nicht.
이 외투는 너에게 맞지 않는다.

A2 **Passt** dir die Kleidung gut, die du im Internet gekauft hast.
네가 인터넷에서 구매한 그 옷은 너에게 잘 맞니?

06
liefern

☐ du lieferst, er liefert
☐ liefern - lieferte - geliefert

v 배달하다, 제공하다

A2 **Liefern** Sie es bitte ins Hotel!
이것을 호텔로 배달해 주세요!

07
wechseln

☐ du wechselst, er wechselt
☐ wechseln - wechselte - gewechselt

v 바꾸다, 변경하다

A1 Ich will das Hemd **wechseln**.
나는 이 셔츠를 교환하고 싶다.

A1 Ich möchte Dollar in Euro **wechseln**.
달러를 유로로 바꾸고 싶습니다.

＊ umtauschen v 교환하다

08
zurechtkommen

☐ du kommst zurecht, er kommt zurecht,
☐ zurechtkommen - kam zurecht - zurechtgekommen

v 잘 해내다, 잘 다루다

A2 **Kommen** Sie **zurecht**?
(쇼핑할 때) 구경 잘 하고 계신가요?

09
messen

☐ du misst, er misst
☐ messen - maß - gemessen

v 재다

A2 **Messen** wir einmal die Hose.
우리 바지를 한번 재 보도록 합시다.

10
herstellen

☐ du stellst her, er stellt her
☐ herstellen - stellte her - hergestellt

v 생산하다, 제조하다

A2 Das Kleid hat er neu **hergestellt**.
그는 이 원피스를 새로 생산했다.

11
sich erinnern

☐ du erinnerst dich, er erinnert sich
☐ erinnern - erinnerte - erinnert

v 기억하다

A2 **Erinnern** Sie **sich** an mich?
저를 기억하십니까?

12
tragen

☐ du trägst, er trägt
☐ tragen - trug - getragen

v 운반하다, 지니다

A1 Er **trägt** eine Brille.
그는 안경을 쓰고 다닌다.

A2 Meine Schwester **trägt** nie Ringe und Ketten.
나의 언니는 반지나 목걸이는 전혀 착용하지 않는다.

13
das Interesse

n 관심, 흥미

A2 Ich habe kein **Interesse** an Mode.
(= Ich interessiere mich nicht für Mode.)
나는 유행에는 관심이 없다.

14
die Umkleidekabine

n 탈의실

A2 Du kannst den Rock in der
Umkleidekabine anprobieren.
너는 그 치마를 탈의실에서 입어 볼 수 있다.

15
der Onlineshop

n 온라인 상점

A1 Kaufst du oft im **Onlineshop** ein?
너는 자주 온라인 상점(온라인 쇼핑몰)에서 구매하니?

16
das Internet

n 인터넷

A2 Im **Internet** kann ich zu Hause einkaufen.
나는 인터넷으로 집에서 쇼핑할 수 있다.

A2 Ich chatte oft mit meinen Freunden im
Internet.
나는 인터넷에서 친구들과 자주 채팅한다.

17
die Unterwäsche

n 속옷

A3 Wie oft soll man **Unterwäsche** neu
kaufen?
얼마나 자주 속옷을 새로 사야 하나요?

18
die Marke

n 브랜드

A2 Diese Tasche ist von einer bekannten
Marke.
이 가방은 유명한 브랜드의 것이다.

B1 Bei **Marken** kann ich eigentlich sicher
sein.
나는 브랜드 제품에 확신이 간다.

19
der Anzug

n 양복

A2 Ich muss meinen **Anzug** zur Reinigung
bringen.
나는 내 정장을 세탁소에 맡겨야 한다.

20
die Quittung

n 영수증

A1 Hier ist die **Quittung**.
영수증 여기 있습니다.

21
das Gebäude

n 건물

A2 Das **Gebäude** des Geschäftes ist sehr hoch.
그 상점의 건물은 매우 높다.

22
das Taschengeld

n 용돈

A1 Wieviel **Taschengeld** bekommen Sie?
용돈을 얼마나 받으세요?

23
die Reinigung

n 세탁소

A2 Hast du den Anzug schon zur **Reinigung** gebracht?
너는 그 정장을 이미 세탁소에 갔다 주었니?

24
der Schmuck

n 장신구, 보석

A2 Sie trägt immer viel **Schmuck**.
그녀는 항상 많은 장신구를 하고 다닌다.

25
der Rabatt

n 할인

A0 Wenn Sie bar bezahlen, können Sie 10 Prozent **Rabatt** bekommen.
현금 구매 시 10% 할인됩니다.

der Kinderrabatt	n	어린이 할인
die Ermäßigung	n	할인
der Preisabschlag	n	할인

26
der Geldbeutel

n 지갑 (= das Portemonnaie)

A2 Mir gefällt der gestreifte **Geldbeutel**.
줄무늬의 지갑이 제 마음에 들어요.

* gestreift p.p 줄무늬의

27
zufrieden

a 만족한

A2 Ich bin mit der Hose **zufrieden**.
나는 바지에 만족한다.

28
kaum

adv 거의 ~아닌

A2 Ich habe **kaum** Zeit für Einkaufen.
나는 쇼핑할 시간이 거의 없다.

29
gültig

a 유효한

A2 Der Gutschein ist nicht mehr **gültig**.
그 상품권은 더이상 유효하지 않다.

30
wert (sein)

a 가치 있는

A2 Das Kleid **ist** mir viel **wert**.
이 원피스는 나에게 매우 소중한 것이다.

DAY 20

DAY 20 단어 시험

		독일어	의미 쓰기	독일어 쓰기	재시
1	☐	umtauschen		☐	☐
2	☐	kombinieren		☐	☐
3	☐	anschauen		☐	☐
4	☐	stehen		☐	☐
5	☐	passen		☐	☐
6	☐	liefern		☐	☐
7	☐	wechseln		☐	☐
8	☐	zurechtkommen		☐	☐
9	☐	messen		☐	☐
10	☐	herstellen		☐	☐
11	☐	sich erinnern		☐	☐
12	☐	tragen		☐	☐
13	☐	das Interesse		☐	☐
14	☐	die Umkleidekabine		☐	☐
15	☐	der Onlineshop		☐	☐
16	☐	das Internet		☐	☐
17	☐	die Unterwäsche		☐	☐
18	☐	die Marke		☐	☐
19	☐	der Anzug		☐	☐
20	☐	die Quittung		☐	☐
21	☐	das Gebäude		☐	☐
22	☐	das Taschengeld		☐	☐
23	☐	die Reinigung		☐	☐
24	☐	der Schmuck		☐	☐
25	☐	der Rabatt		☐	☐
26	☐	der Geldbeutel		☐	☐
27	☐	zufrieden		☐	☐
28	☐	kaum		☐	☐
29	☐	gültig		☐	☐
30	☐	wert		☐	☐

Check up!

다음 문장을 독일어로 작문해 보세요.

MP3 20_03

1. 나는 이 셔츠를 교환하고 싶다.

_____

2. 어떤 치마가 나에게 더 어울리나요?

_____

3. 우리 바지를 한번 재 보도록 합시다.

_____

4. 나는 유행에는 관심이 없다.

_____

5. 너는 자주 온라인 상점(온라인 쇼핑몰)에서 구매하니?

_____

6. 여기 영수증이 있습니다.

_____

7. 나는 바지에 만족한다.

_____

8. 그 상품권은 더이상 유효하지 않다.

_____

9. 너는 그 치마를 탈의실에서 입어 볼 수 있다.

_____

10. 이 원피스는 나에게 매우 소중한 것이다.

_____

 정답

1. Ich will das Hemd wechseln.
2. Welcher Rock steht mir besser?
3. Messen wir einmal die Hose.
4. Ich habe kein Interesse an Mode.
5. Kaufst du oft im Onlineshop ein?
6. Hier ist die Quittung.
7. Ich bin mit der Hose zufrieden.
8. Der Gutschein ist nicht mehr gültig.
9. Du kannst den Rock in der Umkleidekabine anprobieren.
10. Das Kleid ist mir viel wert.

DAY 21 호텔

Wiederholung 복습하기 ✏️

앞에서 배운 어휘를 잘 기억하고 있는지 확인해 봅시다. 다음 예시에 있는 어휘를 아래 빈칸에 알맞게 채우세요. 부족한 부분이 있다면 다시 돌아가서 복습하시기 바랍니다.

Mode	Rock	Onlineshop	Quittung	wechseln

1. Ich will das Hemd _____.

   나는 이 셔츠를 교환하고 싶다.

2. Welcher _____ steht mir besser?

   어떤 치마가 나에게 더 어울리나요?

3. Ich habe kein Interesse an _____.

   나는 유행에는 관심이 없다.

4. Kaufst du oft im _____ ein?

   너는 자주 온라인 상점(온라인 쇼핑몰)에서 구매하니?

5. Hier ist die _____.

   여기 영수증이 있습니다.

 정답

주제별 주요 문장

A Ich möchte ein Doppelzimmer reservieren.
나는 2인실을 예약하고 싶습니다.

B Und wie lange bleiben Sie?
그리고 얼마나 오래 머무르시나요?

A Wir möchten für drei Nächte bleiben.
우리는 3일간 머무르고 싶습니다.

B Haben Sie noch einen Wunsch?
다른 바람도 있으신가요?

A Ich hätte gern ein Zimmer mit Blick auf den See.
저는 호수 조망권이 있는 방을 원합니다.

오늘의 어휘 정리

1	abreisen	v 떠나다	16	die Anreise	n 도착, 여행
2	verreisen	v 여행을 떠나다	17	die Aussicht	n 전망
3	reservieren	v 예약하다	18	die Rezeption	n (호텔의) 프론트, 접수처
4	übernachten	v 숙박하다	19	die Saison	n 시즌
5	auspacken	v 짐을 풀다	20	der Unterschied	n 차이
6	ausleihen	v 빌려주다	21	der Blick	n 광경, 조망
7	einschlafen	v 잠들다	22	der Koffer	n 트렁크
8	klingeln	v 벨이 울리다	23	die Pension	n 연금, 숙박료, 숙박소
9	lassen	v (그대로) 두다, 하게 하다	24	die Wäsche	n 세탁물, 빨래
10	sich ausziehen	v 옷을 벗다	25	unangenehm	a 불편한, 언짢은 (↔ angenehm)
11	das Souvenir	n 기념품	26	offen	a 영업 중인
12	das Reisebüro	n 여행 안내소, 여행사	27	bequem	a 쾌적한, 편안한
13	die Ruhe	n 안정, 휴식	28	jemand	prn 누군가
14	der Aufenthalt	n 체류	29	niemand	prn 아무도 ~가 아닌
15	die Unterkunft	n 숙박	30	einsam	a 한적한, 외로운

주요 어휘와 예문

01
abreisen

☐ du reist ab, er reist ab
☐ abreisen - reiste ab - abgereist

v 떠나다

A2 Ich werde in 3 Tagen **abreisen**.
나는 3일 후에 떠날 것이다.

die Abreise n 출발
B1 Kann ich die Hotelrechnung am Tag meiner **Abreise** bezahlen?
제가 호텔 계산을 떠나는 날에 해도 됩니까?

02
verreisen

☐ du verreist, er verreist
☐ verreisen - verreiste - verreist

v 여행을 떠나다

A2 Ich will dieses Jahr im Winter **verreisen**.
나는 올 겨울에 여행을 떠나려고 한다.

03
reservieren

☐ du reservierst, er reserviert
☐ reservieren - reservierte - reserviert

v 예약하다

A1 Ich möchte ein Doppelzimmer **reservieren**.
나는 2인실을 예약하고 싶다.

A2 Wir möchten ein Doppelzimmer für drei Nächte **reservieren**.
우리는 2인실을 3일간 예약하고 싶습니다.

A2 Ich habe ein Zimmer bei Ihnen **reserviert**.
나는 당신의 호텔에서 방을 하나 예약했습니다.

die Reservierung n 예약
A2 Leider muss ich meine **Reservierung** absagen.
유감스럽게도 나는 예약을 취소해야 합니다.

04
übernachten

☐ du übernachtest, er übernachtet
☐ übernachten - übernachtete - übernachtet

v 숙박하다

A2 Ich habe in einer Jugendherberge **übernachtet**.
나는 유스호스텔에서 숙박했다.

05
auspacken

☐ du packst aus, er packt aus
☐ auspacken - packte aus - ausgepackt

v 짐을 풀다

A2 Im Hotel habe ich zuerst den Koffer **ausgepackt**.
나는 호텔에서 먼저 짐을 풀었다.

06
ausleihen

☐ du leihst aus, er leiht aus
☐ ausleihen - lieh aus - ausgeliehen

v 빌려주다

A2 Was können wir hier **ausleihen**?
우리가 무엇을 여기에서 빌릴 수 있나요?

07
einschlafen

☐ du schläfst ein, er schläft ein
☐ einschlafen - schlief ein - eingeschlafen

v 잠들다

A2 Das Kind ist bald **eingeschlafen**.
그 아이는 곧 잠이 들었다.

B1 Er war erschöpft, deshalb ist er im Hotel kurz **eingeschlafen**.
그는 녹초가 되어서 호텔에서 잠깐 잠들었다.

08
klingeln

☐ du klingelst, er klingelt
☐ klingeln - klingelte - geklingelt

v 벨이 울리다

A2 Es hat **geklingelt**. Ich muss kurz schauen, wer da ist.
벨이 울렸습니다. 누가 왔는지 잠깐 볼게요.

09
lassen

☐ du lässt, er lässt
☐ lassen - ließ - gelassen

v (그대로) 두다, 하게 하다

A2 Ich habe meinen Schlüssel im Zimmer **gelassen**.
나는 열쇠를 방에 놔두었다.

A2 **Lasst** uns doch zusammen etwas machen!
우리 함께 무엇인가를 하자!

B1 Ich **lasse** von mir hören.
제가 연락드리겠습니다.

10
sich ausziehen

☐ du ziehst dich aus, er zieht sich aus
☐ ausziehen - zog aus - ausgezogen

v 옷을 벗다

A1 **Zieh dir** den Mantel **aus**.
코트를 벗어라.

11
das Souvenir

n 기념품

A2 Ich habe dir ein kleines **Souvenir** aus der Heimat mitgebracht.
나는 너에게 고국에서 작은 기념품을 하나 가지고 왔다.

12
das Reisebüro

n 여행 안내소, 여행사

A1 Wie komme ich zum **Reisebüro**?
어떻게 여행 안내소에 갈 수 있나요?

13
die Ruhe

n 안정, 휴식

A2 Ich brauche jetzt **Ruhe**, meine Gedanken zu ordnen.
나는 지금 생각을 정리하기 위해 휴식이 필요하다.

14
der Aufenthalt

n 체류

A2 Wie lange haben wir hier **Aufenthalt**?
우리는 여기에 얼마나 오래 머뭅니까?

A2 Ich wünsche Ihnen einen angenehmen **Aufenthalt**.
잘 지내다 가세요.

15
die Unterkunft

n 숙박

A2 Ich suche eine preiswerte **Unterkunft**.
나는 저렴한 숙소를 찾는다.

16
die Anreise

n 도착, 여행

A2 Bei **Anreise** mit dem eigenen Wagen müssen Sie nur für die Unterkunft zahlen.
자차로 오시는 경우 숙박비만 지불하면 됩니다.

17
die Aussicht

n 전망

A2 Vom Hotelzimmer kann man eine wunderbare **Aussicht** haben.
호텔방에서 멋진 전망을 가질 수 있다.

18
die Rezeption

n (호텔의) 프론트, 접수처

A2 Ich habe vergessen, den Schlüssel an der **Rezeption** abzugeben.
나는 프론트에 열쇠를 반납하는 것을 깜빡했다.

19
die Saison

n 시즌

A2 Die Sommer-**Saison** beginnt im Juni.
여름 시즌은 6월에 시작해요.

die Hauptsaison n 성수기

A2 In der **Hauptsaison** sind die Hotelpreise teuer.
성수기에는 호텔 가격이 비싸다.

20
der Unterschied

n 차이

A2 Was ist der **Unterschied** zwischen Hotel und Ferienwohnung?
호텔과 펜션의 차이가 무엇입니까?

21
der Blick

n 광경, 조망

A2 Ich hätte gern ein Zimmer mit **Blick** auf den See.
저는 호수 조망권이 있는 방을 원합니다.

22
der Koffer

n 트렁크

A2 Ich habe den **Koffer** verloren.
나는 트렁크를 잃어버렸다.

A2 Lassen Sie bitte meinen **Koffer** herunterbringen!
제 짐을 아래로 내려 보내 주세요!

23
die Pension

n 연금, 숙박료, 숙박소

A2 Wir haben in einer **Pension** übernachtet.
우리는 펜션에서 묵었다.

die Vollpension n 세 끼씩 주는 하숙

A2 Was kostet das Zimmer mit **Vollpension**?
세 끼 식사를 주는 방은 얼마입니까?

24
die Wäsche

n 세탁물, 빨래

A2 Ich möchte meine **Wäsche** übermorgen haben, wenn es möglich ist.
가능하다면 내일 세탁물을 찾고 싶어요.

25
unangenehm

a 불편한, 언짢은 (↔ angenehm)

A2 Tut mir leid, das Zimmer ist wirklich **unangenehm**.
미안하지만, 이 방은 정말 불편합니다.

26
offen

a 영업 중인

A2 Das Hotel ist heute bis 22 Uhr **offen**.
그 호텔은 오늘 22시까지 열려 있다.

27
bequem

a 쾌적한, 편안한

A2 Machen Sie sich **bequem**, wie zu Hause!
집처럼 편안하게 머무르세요!

28
jemand

prn 누군가

A2 Hat **jemand** nach mir gefragt?
누가 저를 찾았나요?
(= 누군가 내가 어디 있는지 물었나요?)

29
niemand

prn 아무도 ~가 아닌

A2 Es war **niemand** zu Hause.
아무도 집에 없었다.

A2 **Niemand** hat mich in den Ferien besucht.
방학 때 아무도 나를 찾아오지 않았다.

30
einsam

a 한적한, 외로운

A2 Ich möchte in einem **einsamen** Hotel bleiben.
나는 한적한 호텔에서 머무르고 싶다.

DAY 21 단어 시험

		독일어	의미 쓰기	독일어 쓰기	재시
1	☐	abreisen		☐	☐
2	☐	verreisen		☐	☐
3	☐	reservieren		☐	☐
4	☐	übernachten		☐	☐
5	☐	auspacken		☐	☐
6	☐	ausleihen		☐	☐
7	☐	einschlafen		☐	☐
8	☐	klingeln		☐	☐
9	☐	lassen		☐	☐
10	☐	sich ausziehen		☐	☐
11	☐	das Souvenir		☐	☐
12	☐	das Reisebüro		☐	☐
13	☐	die Ruhe		☐	☐
14	☐	der Aufenthalt		☐	☐
15	☐	die Unterkunft		☐	☐
16	☐	die Anreise		☐	☐
17	☐	die Aussicht		☐	☐
18	☐	die Rezeption		☐	☐
19	☐	die Saison		☐	☐
20	☐	der Unterschied		☐	☐
21	☐	der Blick		☐	☐
22	☐	der Koffer		☐	☐
23	☐	die Pension		☐	☐
24	☐	die Wäsche		☐	☐
25	☐	unangenehm		☐	☐
26	☐	offen		☐	☐
27	☐	bequem		☐	☐
28	☐	jemand		☐	☐
29	☐	niemand		☐	☐
30	☐	einsam		☐	☐

Check up!

다음 문장을 독일어로 작문해 보세요.　　　　　　　　　　　　**MP3** 21_03

1. 나는 지금 휴식이 필요하다.

　　_____

2. 나는 2인실을 예약하고 싶다.

　　_____

3. 나는 호텔에서 먼저 짐을 풀었다.

　　_____

4. 나는 저렴한 숙소를 찾는다.

　　_____

5. 호텔방에서 멋진 전망을 가질 수 있다.

　　_____

6. 나는 열쇠를 방에 놔두었다.

　　_____

7. 성수기에는 호텔 가격이 비싸다.

　　_____

8. 세 끼 식사를 주는 방은 얼마입니까?

　　_____

9. 저는 호수 조망권이 있는 방을 원합니다.

　　_____

10. 호텔과 펜션의 차이가 무엇입니까?

　　_____

 정답

10. Was ist der Unterschied zwischen Hotel und Ferienwohnung?
9. Ich hätte gern ein Zimmer mit Blick auf den See.
8. Was kostet das Zimmer mit Vollpension?
7. In der Hauptsaison sind die Hotelpreise teuer.
6. Ich habe meinen Schlüssel im Zimmer gelassen.
5. Vom Hotelzimmer kann man eine wunderbare Aussicht haben.
4. Ich suche eine preiswerte Unterkunft.
3. Im Hotel habe ich zuerst den Koffer ausgepackt.
2. Ich möchte ein Doppelzimmer reservieren.
1. Ich brauche jetzt Ruhe.

DAY 22 병원

Wiederholung 복습하기 ✏️

이전 본문에서 익힌 주요 대화를 복습해 봅시다. 아래 문장을 동일하게 세 번 적으면서 기억력을 높여 보세요.

A Ich möchte ein Doppelzimmer reservieren.
나는 2인실을 예약하고 싶습니다.
1. Ich möchte ein Doppelzimmer reservieren.
2. _____
3. _____

B Und wie lange bleiben Sie?
그리고 얼마나 오래 머무르시나요?
1. Und wie lange bleiben Sie?
2. _____
3. _____

A Wir möchten für drei Nächte bleiben.
우리는 3일간 머무르고 싶습니다.
1. Wir möchten für drei Nächte bleiben.
2. _____
3. _____

B Haben Sie noch einen Wunsch?
다른 바람도 있으신가요?
1. Haben Sie noch einen Wunsch?
2. _____
3. _____

A Ich hätte gern ein Zimmer mit Blick auf den See.
저는 호수 조망권이 있는 방을 원합니다.
1. Ich hätte gern ein Zimmer mit Blick auf den See.
2. _____
3. _____

주제별 주요 문장

MP3 22_01 ○○○

A Haben Sie schon einen Termin?
예약이 벌써 있으신가요?

B Ja. Aber ich möchte den Termin ändern.
네. 하지만 저는 예약을 변경하고 싶어요.

A Geht es am Dienstag um 3Uhr?
화요일 3시에 가능한가요?

B Das passt mir sehr gut.
아주 좋습니다.

A Bringen Sie Ihren Krankenversicherungsschein mit.
당신의 의료보험증을 갖고 오세요.

B Ja, das mache ich.
네, 그럴게요.

오늘의 어휘 정리

MP3 22_02

1	versprechen	v 약속하다	16	sorgen	v 근심하다, 돌보다
2	vereinbaren	v 약속하다, 일치시키다	17	das Körperteil	n 신체
3	ändern	v 변경하다	18	die Sprechstunde	n 면담 시간, 진료
4	raten	v 조언하다	19	die Verabredung	n 약속
5	zunehmen	v 증가하다, (체중이) 늘다 (↔ abnehmen)	20	der Krankenschein	n 진찰권, 진단서
6	abnehmen	v 떼어내다, (체중을) 줄이다 (↔ zunehmen)	21	der Krankenwagen	n 구급차
7	atmen	v 숨 쉬다	22	das Wartezimmer	n 대기실
8	verabreden	v 약속하다, 협정하다	23	das Schmerzmittel	n 진통제
9	sich brechen	v 부러지다, 부러뜨리다	24	das Attest	n (의사의) 진단서
10	sich verletzen	v 부상당하다, 다치다	25	die Gesundheitskarte	n 건강보험카드
11	sterben	v 죽다	26	die Grippe	n 유행성 감기, 독감
12	melden	v 알리다, 보고하다, 말하다	27	die Medizin	n 의학, 약
13	prüfen	v 검사하다	28	das Mittel	n 약, 수단, 도구
14	probieren	v 시도하다	29	vorsichtig	a 조심스러운, 신중한
15	operieren	v 수술하다	30	fit	a 건강한, 컨디션이 가장 좋은

주요 어휘와 예문

01
versprechen
- [ ] du versprichst, er verspricht
- [ ] versprechen - versprach - versprochen

v 약속하다

A2 **Versprich** mir, dass du aufpasst!
네가 조심하겠다고 나에게 약속해 줘!

02
vereinbaren
- [ ] du vereinbarst, er vereinbart
- [ ] vereinbaren - vereinbarte - vereinbart

v 약속하다, 일치시키다

A2 Ich möchte gern(e) einen Untersuchungstermin **vereinbaren**.
저는 진찰 약속을 정하고 싶습니다.

03
ändern
- [ ] du änderst, er ändert
- [ ] ändern - änderte - geändert

v 변경하다

A2 Ich möchte meinen Termin **ändern**.
저는 예약을 변경하고 싶어요.

04
raten
- [ ] du rätst, er rät
- [ ] raten - riet - geraten

v 조언하다

A2 Ich habe ihm **geraten**, einmal mit seiner Mutter zu sprechen.
나는 그에게 어머니와 한번 이야기해 보라고 조언했다.

05
zunehmen
- [ ] du nimmst zu, er nimmt zu
- [ ] zunehmen - nahm zu - zugenommen

v 증가하다, (체중이) 늘다 (↔ abnehmen)

A2 Sie hat im Urlaub ein Kilo **zugenommen**.
그녀는 휴가 중에 1키로 살이 쪘다.

06
abnehmen
- [ ] du nimmst ab, er nimmt ab
- [ ] abnehmen - nahm ab - abgenommen

v 떼어내다, (체중을) 줄이다 (↔ zunehmen)

A2 Beim Essen sollte man den Hut **abnehmen**.
식사할 때는 모자를 벗어야 한다.

A2 Ich gehe zum Apparat, **nehme** den Hörer **ab** und wähle seine Nummer.
나는 전화기에 가서 수화기를 집어 들고, 그의 번호를 돌린다.

A2 Ich versuche **abzunehmen**.
나는 체중을 줄이려고 한다.

07
atmen
- ☐ du atmest, er atmet
- ☐ atmen - atmete - geatmet

v 숨 쉬다

A2 Sie **atmet** sehr schnell.
그녀는 숨을 아주 빨리 쉰다.

08
verabreden
- ☐ du verabredest, er verabredet
- ☐ verabreden - verabredete - verabredet

v 약속하다, 협정하다

A2 Heute Nachmittag bin ich schon **verabredet**.
오늘 오후에 나는 벌써 약속이 되어 있다.

sich verabreden v (누구와) 약속하다
A2 Wir haben **uns** am Bahnhof **verabredet**.
우리는 기차역에서 만나기로 했다.

09
sich brechen
- ☐ du brichst dich, er bricht sich
- ☐ brechen - brach - gebrochen

v 부러지다, 부러뜨리다

A2 Sie **brach sich** den Arm.
그녀는 팔이 부러졌다.

10
sich verletzen
- ☐ du verletzt dich, er verletzt sich
- ☐ verletzen - verletzte - verletzt

v 부상당하다, 다치다

A2 Er hat **sich** nur leicht **verletzt**.
그는 단지 가벼운 상처를 입었습니다.

verletzt adv 다친, 부상한
A2 Zum Glück ist niemand **verletzt**.
다행히 아무도 다치지 않았다.

11
sterben
- ☐ du stirbst, er stirbt
- ☐ sterben - starb - gestorben

v 죽다

A2 Er ist an einer Krankheit **gestorben**.
그는 질병으로 사망했다.

12
melden
- ☐ du meldest, er meldet
- ☐ melden - meldete - gemeldet

v 알리다, 보고하다, 말하다

A2 Ich habe einen Unfall bei der Polizei **gemeldet**.
나는 사고를 경찰에 신고했다.

sich melden v ~을 지원하다
A2 Es **meldet sich** niemand.
아무도 연락하지 않는다.
(= 아무도 전화를 받지 않는다.)

13
prüfen
☐ du prüfst, er prüft
☐ prüfen - prüfte - geprüft

v 검사하다

A2 Wir müssen das Ergebnis noch einmal **prüfen**.
우리는 그 결과를 다시 한번 검사해야 한다.

14
probieren
☐ du probierst, er probiert
☐ probieren - probierte - probiert

v 시도하다

A2 **Probieren** Sie dieses Mal diese neue Tablette!
이번에는 이 새로운 약을 사용해 보세요!

15
operieren
☐ du operierst, er operiert
☐ operieren - operierte - operiert

v 수술하다

A2 Ich lasse mich nicht **operieren**.
나는 수술을 받지 않겠다.

* die Operation n 수술

16
sorgen
☐ du sorgst, er sorgt
☐ sorgen - sorgte - gesorgt

v 근심하다, 돌보다

A2 Wer **sorgt** denn für die Kinder?
누가 근데 아이들을 돌보나요?

A2 Können Sie bitte dafür **sorgen**, dass die Heizung funktioniert?
난방이 다시 작동할 수 있도록 챙겨 줄 수 있나요?

* die Sorge n 걱정, 근심

sich Sorgen machen um ~ (무엇을) 걱정하다
A2 **Um** Ihre Zukunft brauchen Sie **sich** keine **Sorgen** zu **machen**.
당신의 미래에 대해 걱정하실 필요가 없습니다.

17
das Körperteil

n 신체

A2 Ein Bein ist ein **Körperteil**.
다리는 신체의 일부이다.

18
die Sprechstunde

n 면담 시간, 진료

(A2) Die **Sprechstunde** unserer Praxis beginnt um 9 Uhr vormittags.
우리 병원은 오전 9시에 진료합니다.

(A2) Ich gehe gerade zur **Sprechstunde** meines Sohnes.
나는 지금 아들의 면담 시간에 가고 있다.

19
die Verabredung

n 약속

(A2) Am Abend habe ich eine **Verabredung**.
저녁에 나는 약속이 있다.

20
der Krankenschein

n 진찰권, 진단서

(A2) A Haben Sie Ihren **der Krankenschein** dabei?
진단서를 갖고 오셨어요?

B Ja, hier ist er.
네, 여기에 있습니다.

* der Krankenversicherungsschein n 의료보험증

21
der Krankenwagen

n 구급차

(A1) Rufen Sie schnell einen **Krankenwagen**!
빨리 구급차를 불러 주세요!

22
das Wartezimmer

n 대기실

(A2) Warten Sie bitte noch einen Moment im **Wartezimmer**.
대기실에서 잠시 기다려 주세요.

23
das Schmerzmittel

n 진통제

(A2) Haben Sie ein **Schmerzmittel** gegen die Kopfschmerzen?
두통에 대한 진통제가 있습니까?

24
das Attest

n (의사의) 진단서

(A2) Ich schreibe Ihnen ein **Attest**.
저는 당신에게 진단서를 써 드리겠습니다.

25
die Gesundheitskarte

n 건강보험카드
(= die Krankenversicherungskarte)

A2 Jetzt brauche ich Ihre **Gesundheitskarte**.
이제 환자분의 건강보험 카드가 필요합니다.

26
die Grippe

n 유행성 감기, 독감

A2 Ich habe eine **Grippe**.
나는 독감에 걸렸다.

27
die Medizin

n 의학, 약

A1 Ich studiere **Medizin**.
나는 의학을 전공한다.

A2 Er hat den Doktor in **Medizin** gemacht.
그는 의학 박사 학위를 취득했다.

A2 Die **Medizin** ist recht gut.
이 약은 꽤 좋다.

28
das Mittel

n 약, 수단, 도구

A2 Haben Sie ein **Mittel** gegen
Magenschmerzen?
위통에 대한 약이 있으신가요?

A2 Der Arzt hat mir ein **Mittel** gegen
Kopfschmerzen verschrieben.
의사는 두통에 대한 약을 처방했다.

das Waschmittel n 세제
A1 Das neue **Waschmittel** ist sehr gut.
새로운 세제는 매우 좋다.

29
vorsichtig

a 조심스러운, 신중한

A2 Sei **vorsichtig**!
조심해!

30
fit

a 건강한, 컨디션이 가장 좋은

A2 Sie lebt durch Jogging **fit** und gesund.
그녀는 조깅을 통해 컨디션이 좋으며 건강하게 살고
있다.

B1 Ich halte mich mit Tennis **fit**.
나는 테니스를 통해 건강을 유지한다.

		독일어	의미 쓰기	독일어 쓰기	재시
1	☐	versprechen		☐	☐
2	☐	vereinbaren		☐	☐
3	☐	ändern		☐	☐
4	☐	raten		☐	☐
5	☐	zunehmen		☐	☐
6	☐	abnehmen		☐	☐
7	☐	atmen		☐	☐
8	☐	verabreden		☐	☐
9	☐	sich brechen		☐	☐
10	☐	sich verletzen		☐	☐
11	☐	sterben		☐	☐
12	☐	melden		☐	☐
13	☐	prüfen		☐	☐
14	☐	probieren		☐	☐
15	☐	operieren		☐	☐
16	☐	sorgen		☐	☐
17	☐	das Körperteil		☐	☐
18	☐	die Sprechstunde		☐	☐
19	☐	die Verabredung		☐	☐
20	☐	der Krankenschein		☐	☐
21	☐	der Krankenwagen		☐	☐
22	☐	das Wartezimmer		☐	☐
23	☐	das Schmerzmittel		☐	☐
24	☐	das Attest		☐	☐
25	☐	die Gesundheitskarte		☐	☐
26	☐	die Grippe		☐	☐
27	☐	die Medizin		☐	☐
28	☐	das Mittel		☐	☐
29	☐	vorsichtig		☐	☐
30	☐	fit		☐	☐

Check up!

다음 문장을 독일어로 작문해 보세요.　　　　　　　　　　　　　MP3 22_03

1. 저는 예약을 변경하고 싶어요.

   _____

2. 저는 진찰 시간을 정하고 싶습니다.

   _____

3. 그녀는 팔이 부러졌다.

   _____

4. 그는 질병으로 사망했다.

   _____

5. 나는 수술을 받지 않겠다.

   _____

6. 그는 단지 가벼운 상처를 입었습니다.

   _____

7. 이번에는 이 약을 사용해 보세요!

   _____

8. 저는 당신에게 진단서를 써 드리겠습니다.

   _____

9. 조심해!

   _____

10. 두통에 대한 진통제가 있습니까?

   _____

정답

1. Ich möchte den Termin ändern.
2. Ich möchte gern(e) einen Untersuchungstermin vereinbaren.
3. Sie brach sich den Arm.
4. Er ist an einer Krankheit gestorben.
5. Ich lasse mich nicht operieren.
6. Er hat sich nur leicht verletzt.
7. Probieren Sie dieses Mal diese Tablette!
8. Ich schreibe Ihnen ein Attest.
9. Sei vorsichtig!
10. Haben Sie ein Schmerzmittel gegen die Kopfschmerzen?

DAY 23 수리

Wiederholung 복습하기

새로운 단원을 시작하기 전에 복습을 해 봅시다. 다음 예시에 있는 문장 중에서 아래 해석에 맞는 것을 선택하여 적어 보세요.

> Er ist an einer Krankheit gestorben.
> Ich möchte gern(e) einen Untersuchungstermin vereinbaren.
> Ich lasse mich nicht operieren.
> Sie brach sich den Arm.
> Ich möchte den Termin ändern.

1. 저는 예약을 변경하고 싶어요.

   _____

2. 저는 진찰 시간을 정하고 싶습니다.

   _____

3. 그녀는 팔이 부러졌다.

   _____

4. 그는 질병으로 사망했다.

   _____

5. 나는 수술을 받지 않겠다.

   _____

주제별 주요 문장

MP3 23_01 ○○○

> A Unser Fernseher funktioniert nicht mehr.
> 우리의 텔레비전이 더 이상 작동하지 않습니다.
>
> B Ich schicke sofort einen Ingenieur.
> 제가 즉시 엔지니어를 보내겠습니다.
>
> A Bis wann können Sie den Fernseher reparieren?
> 언제까지 TV를 수리해 줄 수 있습니까?
>
> B Wir brauchen 2 oder 3 Tage.
> 저희는 2~3일 필요합니다.

오늘의 어휘 정리

MP3 23_02

1	aussuchen	v 찾아내다		16	der Aufzug	n 엘리베이터
2	Bescheid sagen	v 정보를 주다		17	der Techniker	n 기능공, 기술자
3	kontrollieren	v 통제하다, 점검하다		18	die Nachricht	n 뉴스, 소식
4	schalten	v (스위치 등을) 돌리다, 조작하다		19	der Apparat	n 장치, 기계, 전화기
5	aufmachen	v 열다 (↔ zumachen)		20	der Anrufbeantworter	n 자동응답기
6	anmachen	v 스위치를 넣다, 불을 켜다 (↔ ausmachen)		21	das Telefon	n 전화
7	nachfragen	v 문의하다, 재차 질문하다		22	der Augenblick	n 순간, 찰나
8	funktionieren	v 작동하다		23	(pl.) die Medien	n 미디어, 수단
9	verschicken	v 운송하다, 파견하다		24	die Heizung	n 난방 장치
10	reparieren	v 수리하다		25	die Gebrauchsanweisung	n 사용 설명서
11	aus sein	v (불이) 꺼지다, (기계가) 작동되지 않다		26	digital	a 디지털의
12	holen	v 가져오다		27	kaputt	a 고장 난, 망가진
13	produzieren	v 생산하다, 제조하다		28	kostenlos	a 무료의, 무상의
14	der Computer	n 컴퓨터		29	technisch	a 기술적인, 전문의
15	die Reparatur	n 수리		30	so... wie möglich	가능한 한 ~하도록

주요 어휘와 예문

01

aussuchen

☐ du suchst aus, er sucht aus
☐ aussuchen - suchte aus - ausgesucht

v 찾아내다

A2 Suchen Sie für mich bitte den besten Techniker **aus**.
저를 위해 가장 좋은 기술자를 찾아 주세요.

02

Bescheid sagen

☐ du sagst, er sagt
☐ sagen - sagte - gesagt

v 정보를 주다

A2 **Sag** mir bitte **Bescheid**, wenn der Computer kaputt ist.
컴퓨터가 고장 나면, 저에게 알려 주세요.

03

kontrollieren

☐ du kontrollierst, er kontrolliert
☐ kontrollieren - kontrollierte - kontrolliert

v 통제하다, 점검하다

A2 **Kontrollieren** Sie bitte das Motoröl!
엔진 오일 좀 점검해 주세요!

04

schalten

☐ du schaltest, er schaltet
☐ schalten - schaltete - geschaltet

v (스위치 등을) 돌리다, 조작하다

A2 Wenn man hier **schaltet**, funktioniert das Gerät wieder.
여기를 조작하면, 기계는 다시 작동된다.

＊ der Schalter **n** 차단기

05

aufmachen

☐ du machst auf, er macht auf
☐ aufmachen - machte auf - aufgemacht

v 열다 (↔ zumachen)

A2 Könntest du bitte das Fenster **aufmachen**?
창문을 좀 열어 줄 수 있니?

06

anmachen

☐ du machst an, er macht an
☐ anmachen - machte an - angemacht

v 스위치를 넣다, 불을 켜다 (↔ ausmachen)

A2 Würdest du bitte das Licht **anmachen**?
불 좀 켜 줄래?

A2 **Machen** Sie bitte den Computer **an**!
컴퓨터를 켜 주세요!

aufmachen	v	열다
einschalten	v	스위치를 넣다
zumachen	v	닫다
anzünden	v	(불을) 피우다

07
nachfragen

☐ du fragst nach, er fragt nach
☐ fragen - fragte - gefragt

v 문의하다, 재차 질문하다

A2 **Fragen** Sie so viel wie möglich **nach**!
가능한 한 많이 물어보세요!

08
funktionieren

☐ du funktionierst, er funktioniert
☐ funktionieren - funktionierte - funktioniert

v 작동하다

A2 Mein Handy **funktioniert** nicht mehr.
내 휴대폰은 더 이상 작동하지 않는다.

A2 Ich weiß nicht genau, wie so ein Telefonapparat **funktioniert**.
나는 그런 전화기가 어떻게 작동하는지 정확히 모르겠다.

A2 Unser Fernseher **funktioniert** nicht mehr.
우리 TV가 더이상 작동하지 않는다.

09
verschicken

☐ du verschickst, er verschickt
☐ verschicken - verschickte - verschickt

v 운송하다, 파견하다

A2 Ich will das Päckchen mit der Post **verschicken**.
나는 이 소포를 우편으로 부칠 것이다.

10
reparieren

☐ du reparierst, er repariert
☐ reparieren - reparierte - repariert

v 수리하다

A2 Bis wann können Sie das Handy **reparieren**?
언제까지 휴대폰을 수리해 줄 수 있습니까?

A2 Können Sie das Auto noch heute **reparieren**?
오늘 중으로 이 차를 수리할 수 있나요?

11
aus sein

☐ es ist aus
☐ aus sein - war...aus - ausgewesen

v (불이) 꺼지다, (기계가) 작동되지 않다

A1 A Machen Sie bitte das Licht aus!
불을 꺼 주세요!

B Das Licht **ist aus**.
불은 꺼져 있어요.

* auf sein v 열려 있다

* zu sein v 잠겨 있다

12
holen

☐ du holst, er holt
☐ holen - holte - geholt

v 가져오다

A1 **Hol** bitte die Zeitung!
신문 좀 가져와 줘!

A2 **Holen** Sie mir bitte eine neue Ware.
저에게 새로운 상품을 가져와 주세요.

13
produzieren

☐ du produzierst, er produziert
☐ produzieren - produzierte - produziert

v 생산하다, 제조하다

A2 Unsere Firma **produziert** Autos.
우리의 회사는 자동차를 생산한다.

das Produkt n 생산물

A2 Unsere **Produkte** haben eine hohe Qualität.
우리의 생산물은 높은 품질을 가지고 있다.

A2 Der Arzt sagt, ich soll viel Obst und **Milchprodukte** essen.
의사는 내가 많은 과일과 유제품을 먹어야 한다고 말한다.

die Produktion n 산출, 생산, 제조

A2 Mein Onkel arbeitet in der **Autoproduktion**.
나의 삼촌은 자동차 제조 회사에서 일한다.

14
der Computer

n 컴퓨터

A1 Machen Sie bitte den **Computer** aus!
컴퓨터를 끄세요!

A2 Mein Bruder spielt zu lange Computerspiele am **Computer**.
나의 남동생은 컴퓨터로 게임을 너무 오래 한다.

A2 Die Sekretärin tippt etwas am **Computer**.
여비서가 무언가 컴퓨터에 입력하고 있다.

＊ der Laptop-Computer n 노트북

die Maus	n 마우스	der Kopierer	n 복사기
der Drucker	n 인쇄기	der Bildschirm	n 스크린
die E-Mail	n 메일	der Monitor	n 모니터
die Steckdose	n 콘센트	die Tastatur	n 키보드
der Stecker	n 플러그	das Video	n 비디오
das Computerspiel	n 컴퓨터 게임		

15

die Reparatur

n 수리

A2 Wie lange brauchen Sie für die **Reparatur**?
수리를 위해 얼마나 걸립니까?

16

der Aufzug

n 엘리베이터

A1 A Nehmen Sie den **Aufzug**!
엘리베이터를 타세요!

B Der **Aufzug** im Gebäude funktioniert nicht.
건물의 엘리베이터가 작동하지 않아요.

17

der Techniker

n 기능공, 기술자

A2 Könnten Sie einen **Techniker** schicken?
기술자를 한 명 보내 줄 수 있습니까?

18

die Nachricht

n 뉴스, 소식

A2 Ich muss erst eine **Nachricht** senden.
나는 먼저 소식을 전해야만 한다.

19

der Apparat

n 장치, 기계, 전화기

A1 A Wer ist denn am **Apparat**?
전화 받는 사람 누구신가요?

B Petra ist am **Apparat**.
페트라입니다.

A2 Bleiben Sie bitte am **Apparat**, ich verbinde Sie.
전화 끊지 말고 계세요. 바꾸어 드리겠습니다.

20

der Anrufbeantworter

n 자동응답기

A2 Sie hören eine Nachricht auf dem **Anrufbeantworter**.
당신은 자동응답기에서 하나의 소식을 듣습니다.

21
das Telefon

n 전화

A2 Ich muss schnell ein **Telefon** benutzen.
나는 전화를 빨리 사용해야 한다.

die Telefonkarte	n 전화카드
die Anruf	n 통화, 호출
die SMS	n 메시지

die Telefonnummer n 전화번호
A1 Ich gebe Ihnen meine **Telefonnummer**.
내가 당신에게 전화번호를 드릴게요.

22
der Augenblick

n 순간, 찰나

A2 Einen **Augenblick** bitte.
잠깐만요.

23
(pl.) die Medien

n 미디어, 수단

A2 Fernsehen und Rundfunk sind die wichtigsten **Medien**.
텔레비전과 라디오는 가장 중요한 매체입니다.

24
die Heizung

n 난방 장치

A1 Die **Heizung** ist nicht in Ordnung.
난방 장치가 고장 났다.

25
die Gebrauchsanweisung

n 사용 설명서

A2 Nehmen Sie die **Gebrauchsanweisung** mit.
이 사용 설명서를 함께 가지고 가십시오.

A2 Lies (dir) mal die **Gebrauchsanweisung** genau durch!
사용 설명서를 자세히 읽어 봐!

26
digital

a 디지털의

A2 Das **digitale** Gerät funktioniert einfacher.
디지털 장치는 더 쉽게 작동한다.

* die Digitalisierung n 디지털화, 정보화

27

kaputt

a 고장 난, 망가진

A2 Mein Computer ist **kaputt**, deshalb muss ich ihn ersetzen.
내 컴퓨터가 고장 나서, 그것을 교체해야 한다.

28

kostenlos

a 무료의, 무상의

A2 Der Service ist **kostenlos**.
이 서비스는 무료다.

29

technisch

a 기술적인, 전문의

A2 Es gab ein **technisches** Problem.
기술적인 문제가 있었다.

30

so... wie möglich

가능한 한 ~하도록

A2 Ich komme **so** früh **wie möglich**.
가능한 한 일찍 오겠습니다.

		독일어	의미 쓰기	독일어 쓰기	재시
1	☐	aussuchen		☐	☐
2	☐	Bescheid sagen		☐	☐
3	☐	kontrollieren		☐	☐
4	☐	schalten		☐	☐
5	☐	aufmachen		☐	☐
6	☐	anmachen		☐	☐
7	☐	nachfragen		☐	☐
8	☐	funktionieren		☐	☐
9	☐	verschicken		☐	☐
10	☐	reparieren		☐	☐
11	☐	aus sein		☐	☐
12	☐	holen		☐	☐
13	☐	produzieren		☐	☐
14	☐	der Computer		☐	☐
15	☐	die Reparatur		☐	☐
16	☐	der Aufzug		☐	☐
17	☐	der Techniker		☐	☐
18	☐	die Nachricht		☐	☐
19	☐	der Apparat		☐	☐
20	☐	der Anrufbeantworter		☐	☐
21	☐	das Telefon		☐	☐
22	☐	der Augenblick		☐	☐
23	☐	(pl.) die Medien		☐	☐
24	☐	die Heizung		☐	☐
25	☐	die Gebrauchsanweisung		☐	☐
26	☐	digital		☐	☐
27	☐	kaputt		☐	☐
28	☐	kostenlos		☐	☐
29	☐	technisch		☐	☐
30	☐	so... wie möglich		☐	☐

DAY 23

Check up!

다음 문장을 독일어로 작문해 보세요.   MP3 23_03

1. 내 휴대폰은 더 이상 작동하지 않는다.

_____

2. 컴퓨터를 켜 주세요!

_____

3. 가능한 한 많이 물어보세요!

_____

4. 나는 이 소포를 우편으로 부칠 것이다.

_____

5. 수리를 위해 얼마나 걸립니까?

_____

6. 오늘 중으로 이 차를 수리할 수 있나요?

_____

7. 컴퓨터를 끄세요!

_____

8. 난방 장치가 고장 났다.

_____

9. 창문을 좀 열어 줄 수 있니?

_____

10. 기술적인 문제가 있었다.

_____

 정답

10. Es gab ein technisches Problem.
9. Könntest du bitte das Fenster aufmachen?
8. Die Heizung ist nicht in Ordnung .
7. Machen Sie bitte den Computer aus!
6. Können Sie das Auto noch heute reparieren?
5. Wie lange brauchen Sie für die Reparatur?
4. Ich will das Päckchen mit der Post verschicken.
3. Fragen Sie so viel wie möglich nach!
2. Machen Sie bitte den Computer an!
1. Mein Handy funktioniert nicht mehr.

DAY 24 직업 (1)

Wiederholung 복습하기 ✏️

앞에서 배운 어휘를 잘 기억하고 있는지 확인해 봅시다. 다음 예시에 있는 어휘를 아래 빈칸에 알맞게 채우세요. 부족한 부분이 있다면 다시 돌아가서 복습하시기 바랍니다.

Problem	Fragen	reparieren	Handy	Computer

1. Mein _____ funktioniert nicht mehr.

   내 휴대폰은 더 이상 작동하지 않는다.

2. Machen Sie bitte den _____ an!

   컴퓨터를 켜 주세요!

3. _____ Sie so viel wie möglich nach!

   가능한 한 많이 물어보세요!

4. Können Sie das Auto noch heute _____?

   오늘 중으로 이 차를 수리할 수 있나요?

5. Es gab ein technisches _____.

   기술적인 문제가 있었다.

 정답

주제별 주요 문장

A Würden Sie mich bitte mit Frau Steinke verbinden?
슈타인케 부인과 연결해 주실 수 있으세요?

B Frau Steinke ist gerade in einer Besprechung.
슈타인케 부인은 지금 회의 중입니다.

A Ist dann sonst jemand aus der Abteilung da?
그럼 그 어떤 누구라도 부서에 있나요?

B Nein, da ist gerade niemand da. Kann ich etwas ausrichten?
아니오, 그곳엔 지금 아무도 없습니다. 무슨 말이라도 전해 드릴까요?

A Nein, ich versuche es später noch einmal.
아니오, 제가 나중에 다시 한번 시도해 볼게요.

오늘의 어휘 정리

1	sich verspäten	v 지각하다	16	die Durchwahl	n 직통 전화
2	aufgeben	v 제출하다, 포기하다	17	die Anzeige	n 광고
3	sich bewerben	v 지원하다	18	die Selbstbedienung	n 셀프 서비스
4	zurückrufen	v 응답 전화하다	19	die Abteilung	n 부서
5	ausrichten	v 전하다, (행사를) 개최하다	20	die Geschäftsreise	n 출장
6	versuchen	v 시도하다	21	der Chef	n 사장, 주방장
7	verbinden	v 연결하다	22	das Einkommen	n 수입
8	speichern	v 저장하다, 입력시키다	23	die Überstunde	n (시간 외) 초과 근무
9	vorschlagen	v 제안하다	24	das Vorstellungsgespräch	n 입사 면접
10	drucken	v 인쇄하다	25	das Unternehmen	n 기업
11	das Interview	n 인터뷰	26	der Angestellte	n 회사원
12	der Beruf	n 직업	27	das Stellenangebot	n 구인 광고
13	der Job	n 직업	28	arbeitslos	a 실직 중인, 무직의
14	die Stelle	n 일자리, 지위, 입장	29	selbstständig	a 독립적인, 자립의, 자영업자인
15	die Ausbildung	n 교육	30	angestellt	a 고용된, 채용된

주요 어휘와 예문

01
sich verspäten

☐ du verspätest dich,
er verspätet sich
☐ verspäten - verspätete -
verspätet

v 지각하다

A2 Hallo, ich **verspäte mich** um eine halbe
Stunde.
안녕, 나는 30분 늦을 것 같아.

* eine halbe Stunde 30분

02
aufgeben

☐ du gibst auf, er gibt auf
☐ aufgeben - gab...auf -
aufgegeben

v 제출하다, 포기하다

A2 Ich möchte diese Arbeit **aufgeben**.
나는 이 일을 포기하고 싶다.

A2 Ich werde zur Zeitung gehen und eine
Anzeige **aufzugeben**.
나는 신문사로 가서 하나의 광고를 낼 것이다.

* eine Anzeige aufgeben v 광고를 내다

03
sich bewerben

☐ du bewirbst dich,
er bewirbt sich
☐ bewerben - bewarb -
beworben

v 지원하다

A2 Hiermit **bewerbe** ich **mich** um eine Stelle.
이것으로 이 직업에 지원합니다.

* die Bewerbung n 지원서

04
zurückrufen

☐ du rufst zurück, er ruft zurück
☐ zurückrufen - rief zurück -
zurückgerufen

v 응답 전화하다

A2 A Frau Steinke ist gerade in einer
Besprechung.
슈타인케 부인은 지금 회의 중입니다.

B Soll sie später **zurückrufen**?
나중에 전화 드리라고 할까요?

05
ausrichten

☐ du richtest aus, er richtet aus
☐ ausrichten - richtete aus -
ausgerichtet

v 전하다, (행사를) 개최하다

A2 Kann ich etwas **ausrichten**?
무슨 말을 전해 드릴까요?

06
versuchen

☐ du versuchst, er versucht
☐ versuchen - versuchte - versucht

v 시도하다

A1 **Versuchen** Sie es bitte später noch einmal!
나중에 다시 한번 시도해 보세요!

A2 Ich habe alles **versucht**, aber es war vergeblich.
나는 모든 시도를 다 해 봤지만 허사였다.

07
verbinden

☐ du verbindest, er verbindet
☐ verbinden - verband - verbunden

v 연결하다

A2 A Würden Sie mich bitte mit Herrn Müller **verbinden**?
뮐러 씨와 연결해 주실 수 있으세요?

B Einen Moment, ich **verbinde** Sie mit Herrn Müller.
잠깐만요. 뮐러 씨를 바꿔 드리겠습니다.

08
speichern

☐ du speicherst, er speichert
☐ speichern - speicherte - gespeichert

v 저장하다, 입력시키다

A2 Ich muss den Text **speichern**.
나는 그 텍스트를 저장해야 한다.

09
vorschlagen

☐ du schlägst vor, er schlägt vor
☐ vorschlagen - schlug...vor - vorgeschlagen

v 제안하다

A2 Was **schlagen** Sie **vor** um die Zusammenarbeit zu verbessern?
당신은 협력을 개선하기 위해 무엇을 제안하십니까?

10
drucken

☐ du druckst, er druckt
☐ drucken - druckte - gedruckt

v 인쇄하다

A2 Wir haben 500 Broschüren **drucken** lassen.
우리는 팸플릿 500장을 인쇄했다.

11
das Interview

n 인터뷰

A2 Morgen habe ich ein wichtiges **Interview**.
내일 나는 중요한 인터뷰가 있다.

A2 Ich habe im Fernsehen ein interessantes **Interview** gesehen.
나는 텔레비전에서 흥미로운 면담을 보았다.

12
der Beruf

n 직업

(A1) A Was sind Sie von **Beruf**?
당신의 직업은 무엇입니까?

B Ich bin Lehrer von **Beruf.**
저의 직업은 교사입니다.

beruflich a 직업상의
(A2) Was machen Sie **beruflich**?
당신의 직업은 무엇입니까?

13
der Job

n 직업

(A1) Ich habe einen **Job** als Ärztin.
나는 (여)의사라는 직업을 가지고 있다.

14
die Stelle

n 일자리, 지위, 입장

(A1) Ich habe eine **Stelle** als Verkäufer.
나는 판매원이라는 직업을 가지고 있다.

(A2) Ich suche eine bessere **Stelle**.
나는 더 나은 자리를 찾는다.

(A2) An Ihrer **Stelle** würde ich an diesem Kurs
teilnehmen.
내가 당신의 입장이라면 이 강좌에 참여할 것이다.

15
die Ausbildung

n 교육

(A1) Ich mache eine **Ausbildung** als Verkäufer.
나는 판매원으로서 직업 교육을 받고 있습니다.

16
die Durchwahl

n 직통 전화

(A2) A Geben Sie mir doch bitte die
Durchwahl von Herrn Schneider?
저에게 슈나이더 씨의 직통 전화번호를 주실 수 있나요?

B Ja, gern. Das ist die 823.
네, 물론요. 823입니다.

17
die Anzeige

n 광고

A2 Ich rufe wegen Ihrer **Anzeige** in der Zeitung an.
나는 신문에서 당신의 광고를 보고 전화합니다.

die Werbung n 광고
A2 Ich sehe gern die **Werbung** im Fernsehen.
나는 텔레비전에서 광고를 즐겨 본다.

18
die Selbstbedienung

n 셀프 서비스

A1 In diesem Restaurant gibt es **Selbstbedienung**.
이 식당에서는 셀프 서비스입니다.

19
die Abteilung

n 부서

A2 A Ist sonst jemand aus der **Abteilung** da?
그 어떤 누구라도 부서에 있나요?

B Nein, da ist gerade niemand da.
아니오, 그곳엔 지금 아무도 없습니다.

20
die Geschäftsreise

n 출장

A2 Ich bin hier auf **Geschäftsreise**.
나는 여기에 출장 왔다.

21
der Chef

n 사장, 주방장

A1 A Bringen Sie bitte den **Chef**!
사장님을 데려와 주세요!

B Der **Chef** ist noch nicht da.
사장님은 아직 오지 않았습니다.

22
das Einkommen

n 수입

A2 Ich hätte auch gerne ein gutes **Einkommen**!
나도 또한 좋은 수입을 원한다!

23
die Überstunde

n (시간 외) 초과 근무

A2 Olga nutzt alle **Überstunden** und den Resturlaub.
올가는 초과 근무와 남은 휴가를 전부 사용한다.

24

das Vorstellungsgespräch

n 입사 면접

A2 Am Montag habe ich ein **Vorstellungsgespräch** bei einer Firma.
월요일에 나는 어떤 회사에서 입사 면접이 있다.

25

das Unternehmen

n 기업

A2 Ich leite ein **Unternehmen**.
나는 기업을 운영하고 있다.

26

der Angestellte

n 회사원

A1 A Was ist er von Beruf?
그는 직업이 뭡니까?

B Er ist **Angestellter**.
그는 회사원입니다.

27

das Stellenangebot

n 구인 광고

A2 Täglich liest sie die **Stellenangebote** in der Zeitung.
그녀는 매일 신문에 나는 구인 광고를 읽는다.

28

arbeitslos

a 실직 중인, 무직의

A2 Nachdem Abschluss war ich für einen Monat **arbeitslos**.
나는 졸업 후 한달 동안 실직 상태였다.

29

selbstständig

a 독립적인, 자립의, 자영업자인

A2 Ich habe beschlossen, **selbstständig** zu arbeiten.
나는 독립적이게 일하기로 결정했다.

30

angestellt

a 고용된, 채용된

A2 Er ist seit zwei Jahren in der Firma **angestellt**.
그는 회사에 2년 동안 고용되어 있다.

		독일어	의미 쓰기	독일어 쓰기	재시
1	☐	sich verspäten		☐	☐
2	☐	aufgeben		☐	☐
3	☐	sich bewerben		☐	☐
4	☐	zurückrufen		☐	☐
5	☐	ausrichten		☐	☐
6	☐	versuchen		☐	☐
7	☐	verbinden		☐	☐
8	☐	speichern		☐	☐
9	☐	vorschlagen		☐	☐
10	☐	drucken		☐	☐
11	☐	das Interview		☐	☐
12	☐	der Beruf		☐	☐
13	☐	der Job		☐	☐
14	☐	die Stelle		☐	☐
15	☐	die Ausbildung		☐	☐
16	☐	die Durchwahl		☐	☐
17	☐	die Anzeige		☐	☐
18	☐	die Selbstbedienung		☐	☐
19	☐	die Abteilung		☐	☐
20	☐	die Geschäftsreise		☐	☐
21	☐	der Chef		☐	☐
22	☐	das Einkommen		☐	☐
23	☐	die Überstunde		☐	☐
24	☐	das Vorstellungsgespräch		☐	☐
25	☐	das Unternehmen		☐	☐
26	☐	der Angestellte		☐	☐
27	☐	das Stellenangebot		☐	☐
28	☐	arbeitslos		☐	☐
29	☐	selbstständig		☐	☐
30	☐	angestellt		☐	☐

Check up!

다음 문장을 독일어로 작문해 보세요.

MP3 24_03

1. 그 어떤 누구라도 부서에 있나요?

_____

2. 당신은 무엇을 제안하십니까?

_____

3. 당신의 직업은 무엇입니까?

_____

4. 나중에 전화 드리라고 할까요?

_____

5. 나는 그 텍스트를 저장해야 한다.

_____

6. 나는 (여)의사라는 직업을 가지고 있다.

_____

7. 나는 더 나은 자리를 찾는다.

_____

8. 무슨 말을 전해 드릴까요?

_____

9. 나중에 또 한번 시도해 보세요!

_____

10. 나는 신문에서 당신의 광고를 보고 전화합니다.

_____

 정답

1. Ist sonst jemand aus der Abteilung da?
2. Was schlagen Sie vor?
3. Was sind Sie von Beruf?
4. Soll sie später zurückrufen?
5. Ich muss den Text speichern.
6. Ich habe einen Job als Ärztin.
7. Ich suche eine bessere Stelle.
8. Kann ich etwas ausrichten?
9. Versuchen Sie es bitte später noch einmal!
10. Ich rufe wegen Ihrer Anzeige in der Zeitung an.

화법조동사는 본동사의 의미를 돕습니다. 아래의 문장들처럼 화법조동사를 이용하면 어떠한 일에 대한 허락, 허가, 의무, 의지, 바람 등을 다양하게 표현할 수 있습니다.

Tipp 조동사는 본동사의 자리에 위치하며, 본동사는 원형으로 문장의 끝에 위치합니다.

Ich	**will**	<u>lernen</u>.
주어 +	화법조동사 +	동사원형

나는 배우고 싶다.

1. 화법조동사의 현재인칭변화

	könnenn	dürfen	mögen	müssen	wollen	sollen
ich	kann	darf	mag	muss	will	soll
du	kann	darfst	magst	musst	willst	sollst
er/sie/es	kann	darf	mag	muss	will	soll
wir	können	dürfen	mögen	müssen	wollen	sollen
ihr	könnt	dürft	mögt	müsst	wollt	sollt
Sie/sie	können	dürfen	mögen	müssen	wollen	sollen

2. 조동사의 용법

wollen ~를 하고 싶다, ~하려고 하다
Ich **will** das Kleid kaufen.
나는 그 원피스를 사고 싶다.
Ich **will** zu Hause bleiben.
나는 집에 있을래.

können 할 수 있다
Kannst du Deutsch?
너는 독일어를 할 줄 아니?
Kann ich bitte das Salz haben?
소금 좀 주시겠어요?

müssen ~해야만 한다
Ich **muss** Englisch lernen.
나는 영어를 배워야만 한다.

möchten ~하고 싶다
Möchten Sie noch etwas?
무엇을 더 드시겠어요?

mögen 좋아하다, ~일지 모르다
Ich **mag** keinen Fisch.
나는 생선을 좋아하지 않는다.
Er **mag** jetzt in Berlin sein.
그는 지금 베를린에 있을지도 모른다.

dürfen ~해도 된다
Hier **darf** man nicht rauchen.
이곳에서 담배를 피워서는 안 됩니다.

sollen ~해야 한다, ~라고들 한다
Du **sollst** nicht stehlen.
너는 훔쳐서는 안 된다.

Check up!

1 알맞은 뜻을 찾아 선으로 연결하세요.

1. wollen •
2. können •
3. müssen •
4. möchten •
5. mögen •
6. dürfen •
7. sollen •

• ⓐ 좋아하다, ~일지 모르다
• ⓑ ~해도 된다
• ⓒ ~해야 한다, ~라고들 한다
• ⓓ 해야만 한다
• ⓔ ~를 하고 싶다, ~하려고 하다
• ⓕ 할 수 있다
• ⓖ ~하고 싶다

2 빈칸에 알맞은 화법조동사를 적으세요.

1. Wie _____ Sie Ihr Steak haben?

   스테이크를 어떻게 해 드릴까요?

2. Hier _____ man nicht essen.

   이곳에서 먹어서는 안 됩니다.

3. _____ wir ins Kino gehen?

   우리 영화관에 갈까?

4. Der Arzt sagt, ich _____ im Bett bleiben.

   의사는 내가 침대에 누워있어야 한다고 말한다.

5. Ich _____ Brot.

   나는 빵을 좋아한다.

🔔 정답

2 1. möchten
2. darf
3. Wollen
4. soll
5. mag

1 1. ⓔ
2. ⓕ
3. ⓓ
4. ⓖ
5. ⓐ
6. ⓑ
7. ⓒ

DAY 24 직업 (1) **319**

DAY 25 의견

새로운 단원을 시작하기 전에 복습을 해 봅시다. 다음 예시에 있는 문장 중에서 아래 해석에 맞는 것을 선택하여 적어 보세요.

> Soll sie später zurückrufen?
> Ich suche eine bessere Stelle.
> Was sind Sie von Beruf?
> Ich habe einen Job als Ärztin.
> Kann ich etwas ausrichten?

1. 당신의 직업은 무엇입니까?
   _____

2. 나중에 전화 드리라고 할까요?
   _____

3. 나는 (여)의사라는 직업을 가지고 있다.
   _____

4. 나는 더 나은 자리를 찾는다.
   _____

5. 무슨 말을 전해 드릴까요?
   _____

 정답

1. Was sind Sie von Beruf?
2. Soll sie später zurückrufen?
3. Ich habe einen Job als Ärztin.
4. Ich suche eine bessere Stelle.
5. Kann ich etwas ausrichten?

주제별 주요 문장

MP3 25_01 ○○○

A Ich schaffe die Arbeit nicht mehr allein.
나는 이 일을 더 이상 혼자 해낼 수가 없어.

B Ich habe da einen Vorschlag. Machen wir es zusammen!
나는 하나의 제안이 있어. 우리 함께 하자!

A Das ist eine gute Idee.
그거 좋은 생각이다.

B Über dieses Thema müssen wir diskutieren.
우리는 이 주제를 가지고 토론해야 한다.

A Du hast Recht.
네가 옳아.

오늘의 어휘 정리

MP3 25_02

1	schaffen	v 해내다	16	missverstehen	v 오해하다, 잘못 생각하다
2	überlegen	v 숙고하다	17	versuchen	v 시도하다
3	nachdenken	v 숙고하다	18	die Idee	n 이념, 생각
4	Recht haben	v 맞다, 옳다	19	der Quatsch	n 허튼소리, 농담
5	beneiden	v 부러워하다	20	die Karriere	n 경력, 이력
6	behaupten	v 주장하다	21	der Vorschlag	n 신청, 제안
7	erkennen	v 알다, 깨닫다	22	das Wissen	n 지식, 앎
8	diskutieren	v 토론하다	23	die Hauptsache	n 주요한 문제, 요점
9	feststellen	v 규명하다, 밝혀내다	24	selbstverständlich	a 당연한
10	sich befreien	v 벗어나다, 자유롭게 해 주다	25	kompliziert	a 복잡한
11	abmachen	v 합의하다, 떼어 내다	26	unmöglich	a 불가능한, 실행할 수 없는
12	ablehnen	v 거절하다	27	einverstanden	p.p 동의하는
13	entscheiden	v 결정하다, 해결하다, 판결을 내리다	28	verschieden	a 다른, 상이한
14	anfangen	v 시작하다	29	tatsächlich	a 실제의, 확실한
15	korrigieren	v 고치다, 바로잡다, 수정하다	30	intelligent	a 지적인, 교양 있는

주요 어휘와 예문

01
schaffen

- ☐ du schaffst, er schafft
- ☐ schaffen - schuf - geschaffen

ⅴ 해내다

A1 Ich glaube, ich werde es nicht **schaffen**.
내 생각에, 나는 그것을 해낼 수가 없을 것이다.

A2 Ich **schaffe** die Arbeit nicht mehr allein.
나는 이 일을 더이상 혼자 해낼 수가 없다.

02
überlegen

- ☐ du überlegst, er überlegt
- ☐ überlegen - überlegte - überlegt

ⅴ 숙고하다

A2 Ich muss mir erst **überlegen**, was ich tun soll.
나는 내가 무엇을 할지, 먼저 생각해 봐야 한다.

03
nachdenken

- ☐ du denkst nach, er denkt nach
- ☐ nachdenken - dachte nach - nachgedacht

ⅴ 숙고하다

A2 Ich habe lange darüber **nachgedacht**.
나는 오랫동안 그것에 대해 숙고했다.

04
Recht haben

- ☐ du hast, er hat
- ☐ haben - hatte - gehabt

ⅴ 맞다, 옳다

A1 Er **hat Recht**.
그가 옳다.

A2 Eigentlich **hat** meine Mutter immer **Recht**.
실제로 나의 엄마는 항상 옳다.

* eigentlich ⓐ 실제로, 원래, 도대체

05
beneiden

- ☐ du beneidest, er beneidet
- ☐ beneiden - beneidete - beneidet

ⅴ 부러워하다

A2 Ich **beneide** dich.
나는 네가 부럽다.

A2 So etwas braucht man nicht zu **beneiden**.
그런 건 부러워할 필요가 없다.

06
behaupten

- ☐ du behauptest, er behauptet
- ☐ behaupten - behauptete - behauptet

ⅴ 주장하다

A2 Ich **behauptete**, dass er Zeit braucht.
나는 그가 시간이 필요하다고 주장했다.

07
erkennen

☐ du erkennst, er erkennt
☐ erkennen - erkannte - erkannt

v 알다, 깨닫다

A2 Ich **erkannte** meinen Irrtum.
나는 나의 잘못을 깨달았다.

08
diskutieren

☐ du diskutierst, er diskutiert
☐ diskutieren - diskutierte - diskutiert

v 토론하다

A2 Über dieses Thema müssen wir **diskutieren**.
우리는 이 주제를 가지고 토론해야 한다.

09
feststellen

☐ du stellst fest, er stellt fest
☐ feststellen - stellte...fest - festgestellt

v 규명하다, 밝혀내다

A2 Der Arzt **stellt fest**, dass du eine Erkältung hast.
의사는 네가 감기에 걸렸다고 한다.

10
sich befreien

☐ du befreist dich, er befreit sich
☐ befreien - befreite - befreit

v 벗어나다, 자유롭게 해 주다

A2 Es **befreit mich** vom täglichen Stress.
그것은 나를 일상의 스트레스에서 벗어나게 한다.

11
abmachen

☐ du machst ab, er macht ab
☐ abmachen - machte...ab - abgemacht

v 합의하다, 떼어 내다

A2 Wir haben schon einen Termin für unser nächstes Treffen **abgemacht**.
우리는 이미 다음번에 만날 일정을 합의했다.

12
ablehnen

☐ du lehnst ab, er lehnt ab
☐ ablehnen - lehnte ab - abgelehnt

v 거절하다

A2 Das kann ich nur **ablehnen**.
나는 그것을 거절할 수밖에 없다.

13
entscheiden

☐ du entscheidest, er entscheidet
☐ entscheiden - entschied - entschieden

v 결정하다, 해결하다, 판결을 내리다

A2 Ich kann diese Angelegenheit nicht allein **entscheiden**.
나는 이 요건을 혼자 결정할 수 없다.

14
anfangen

☐ du fängst an, er fängt an
☐ anfangen - fing...an - angefangen

v 시작하다

A1 Ich **fange** um 9 Uhr zu arbeiten **an.**
나는 9시에 일하기 시작한다.

A2 **Fangen** wir jetzt mit der Besprechung **an!**
우리 지금 회의를 시작합시다!

A2 Es **fängt** zu regnen **an.**
비가 오기 시작한다.

* anfangen + zu 부정형 ~하기 시작하다

15
korrigieren

☐ du korrigierst, er korrigiert
☐ korrigieren - korrigierte - korrigiert

v 고치다, 바로잡다, 수정하다

A2 Falsche Meinungen müssen **korrigiert** werden.
잘못된 의견들은 수정되어야 한다.

A2 Der Chef hat meine Fehler **korrigiert.**
사장님은 나의 실수를 수정했다.

A2 Könnten Sie bitte meinen Brief **korrigieren?**
저의 편지를 수정해 주실 수 있으신가요?

16
missverstehen

☐ du missverstehst, er missversteht
☐ missverstehen - missverstand - missverstanden

v 오해하다, 잘못 생각하다

A2 Sie haben mich **missverstanden.**
저를 오해하셨습니다.

das Missverständnis n 오해
A2 Das ist ein **Missverständnis.** Das habe ich nicht gesagt.
그것은 오해입니다. 저는 그것을 말하지 않았습니다.

17
versuchen

☐ du versuchst, er versucht
☐ versuchen - versuchte - versucht

v 시도하다

A1 **Versuchen** Sie es bitte später noch einmal!
나중에 또 한번 시도해 보세요!

A2 Ich habe alles **versucht,** aber es war vergeblich.
나는 모든 시도를 다 해 봤지만 허사였다.

18
die Idee

n 이념, 생각

A1 Das ist eine gute **Idee**.
그거 좋은 생각이다.

A2 Was soll ich meiner Mutter zum
Geburtstag schenken? Hast du eine
bessere **Idee?**
나는 엄마에게 생신 때 무엇을 선물하지? 너는 더 좋은
생각이 있니?

19
der Quatsch

n 허튼소리, 농담

A2 Das ist doch **Quatsch!**
이것은 농담이야!

20
die Karriere

n 경력, 이력

A2 Mein Bruder hat große Pläne. Er will
Karriere machen.
나의 형은 큰 계획이 있다. 그는 경력을 쌓을 것이다.

A2 Eine große **Karriere** hat sie nie gewollt.
그녀는 큰 경력을 바란 적은 없다.

21
der Vorschlag

n 신청, 제안

A2 Ich habe einen **Vorschlag** für unser
Thema gemacht.
나는 우리 주제에 대한 하나의 제안을 했다.

22
das Wissen

n 지식, 앎

A2 In vielen Berufen braucht man heute
neues **Wissen**.
많은 직업에서는 요즘 새로운 지식이 필요하다.

(pl.) die Kenntnisse n 지식들
A2 Ich möchte meine **Deutschkenntnisse**
verbessern.
나는 나의 독일어 지식을 향상시키고 싶다.

23

die Hauptsache

n 주요한 문제, 요점

A2 Die **Hauptsache** ist, ob wir das schaffen können oder nicht.
요점은 우리가 그것을 해낼 수 있는지 없는지이다.

* in der Hauptsache 본질적으로

24

selbstverständlich

a 당연한

A1 Das ist doch **selbstverständlich**.
그것은 당연하다.

25

kompliziert

a 복잡한

A2 Das war ein bisschen **komplizierter**, als ich dachte.
그것은 내 생각보다 조금 더 복잡했다.

26

unmöglich

a 불가능한, 실행할 수 없는

A2 Ich finde es **unmöglich**.
그것은 불가능하다고 생각한다.

27

einverstanden

p.p 동의하는

A2 Warum nicht? Ich bin damit **einverstanden**.
왜 안 되겠어요? 나는 그것에 동의합니다.

28

verschieden

a 다른, 상이한

A2 Da sind wir **verschiedener** Meinung.
우리는 견해가 다르다.

29

tatsächlich

a 실제의, 확실한

A2 Das Ereignis hat er **tatsächlich** erlebt.
그 사건을 그는 실제로 경험했다.

30

intelligent

a 지적인, 교양 있는

A1 Der Student sieht sehr **intelligent** aus.
그 대학생은 매우 지적으로 보인다.

A2 Unsere Tochter ist sehr **intelligent**. Sie kann sehr gut rechnen.
우리의 딸은 매우 똑똑하다. 그녀는 계산을 잘한다.

		독일어	의미 쓰기	독일어 쓰기	재시
1	☐	schaffen		☐	☐
2	☐	überlegen		☐	☐
3	☐	nachdenken		☐	☐
4	☐	Recht haben		☐	☐
5	☐	beneiden		☐	☐
6	☐	behaupten		☐	☐
7	☐	erkennen		☐	☐
8	☐	diskutieren		☐	☐
9	☐	feststellen		☐	☐
10	☐	sich befreien		☐	☐
11	☐	abmachen		☐	☐
12	☐	ablehnen		☐	☐
13	☐	entscheiden		☐	☐
14	☐	anfangen		☐	☐
15	☐	korrigieren		☐	☐
16	☐	missverstehen		☐	☐
17	☐	versuchen		☐	☐
18	☐	die Idee		☐	☐
19	☐	der Quatsch		☐	☐
20	☐	die Karriere		☐	☐
21	☐	der Vorschlag		☐	☐
22	☐	das Wissen		☐	☐
23	☐	die Hauptsache		☐	☐
24	☐	selbstverständlich		☐	☐
25	☐	kompliziert		☐	☐
26	☐	unmöglich		☐	☐
27	☐	einverstanden		☐	☐
28	☐	verschieden		☐	☐
29	☐	tatsächlich		☐	☐
30	☐	intelligent		☐	☐

Check up!

다음 문장을 독일어로 작문해 보세요.　　　　　　　　　　　　　

1. 그거 좋은 생각이다.

   _____

2. 우리 지금 회의를 시작합시다!

   _____

3. 나는 오랫동안 그것에 대해 숙고했다.

   _____

4. 나는 그곳에 제안할 것이 있다.

   _____

5. 우리는 이 주제를 가지고 토론해야 한다.

   _____

6. 비가 오기 시작한다.

   _____

7. 그것은 당연하다.

   _____

8. 그가 옳다.

   _____

9. 우리는 이미 다음번에 만날 일정을 결정했다.

   _____

10. 그것은 불가능하다고 생각한다.

   _____

(·•·) 정답

1. Das ist eine gute Idee.
2. Fangen wir jetzt mit der Besprechung an!
3. Ich habe lange darüber nachgedacht.
4. Ich habe da einen Vorschlag.
5. Über dieses Thema müssen wir diskutieren.
6. Es fängt zu regnen an.
7. Das ist doch selbstverständlich.
8. Er hat Recht.
9. Wir haben schon einen Termin für unser nächstes Treffen abgemacht.
10. Ich finde es unmöglich.

DAY 26 은행

Wiederholung 복습하기 ✏️

이전 본문에서 익힌 주요 대화를 복습해 봅시다. 아래 문장을 동일하게 세 번 적으면서
기억력을 높여 보세요.

A Ich schaffe die Arbeit nicht mehr allein.

나는 이 일을 더 이상 혼자 해낼 수가 없어.

1. Ich schaffe die Arbeit nicht mehr allein.
2. _____
3. _____

B Ich habe da einen Vorschlag. Machen wir es zusammen!

나는 하나의 제안이 있어. 우리 함께 하자!

1. Ich habe da einen Vorschlag. Machen wir es zusammen!
2. _____
3. _____

A Das ist eine gute Idee.

그거 좋은 생각이다.

1. Das ist eine gute Idee.
2. _____
3. _____

B Über dieses Thema müssen wir diskutieren.

우리는 이 주제를 가지고 토론해야 한다.

1. Über dieses Thema müssen wir diskutieren.
2. _____
3. _____

A Du hast Recht.

네가 옳아.

1. Du hast Recht.
2. _____
3. _____

주제별 주요 문장

MP3 26_01 ◯◯◯

A Haben Sie ein Konto bei uns?
저희 은행에 계좌가 있습니까?

B Nein. Ich möchte ein neues Konto eröffnen.
아니요. 저는 새 계좌를 만들고 싶습니다.

A Und haben Sie noch einen Wunsch?
그리고 다른 바람도 있으신가요?

B Ich möchte Geld einzahlen.
저는 입금을 하고 싶어요.

A Wählen Sie den gewünschten Betrag.
원하는 금액을 선택하십시오.

B Bitte zahlen Sie 200 Euro auf mein Konto ein.
200유로를 제 계좌에 입금해 주세요.

오늘의 어휘 정리

MP3 26_02

1	abheben	v 돈을 인출하다	16	das Portemonnaie	n 지갑
2	einzahlen	v 예금하다	17	das Konto	n 계좌
3	überweisen	v 송금하다	18	die Kreditkarte	n 신용카드
4	einen Kredit aufnehmen	v 대출금을 받다	19	der Zins	n 이자
5	ausgeben	v 지출하다	20	die Gebühr	n 수수료, 요금
6	sparen	v 저축하다, 절약하다	21	der Betrag	n 금액, 액수, 총액
7	gelten	v 가치가 있다, 유효하다	22	das Bargeld	n 현금
8	aufschreiben	v 적어 두다, 기입하다	23	der Schein	n 증명서, (은행) 지폐
9	verstecken	v 숨기다, 은닉하다	24	die Rente	n 연금, 집세
10	abbuchen	v 이체하다, 차감하다	25	die Geheimzahl	n 비밀번호
11	ausfüllen	v 기입하다, 메워 넣다	26	die Bestätigung	n 확인, 증명서
12	eröffnen	v 개설하다, 열다	27	der Alarm	n 경보
13	die Bank	n 은행, 벤치	28	der Ausweis	n 신분증
14	die EC-Karte	n 현금 카드	29	der Schalter	n 창구
15	der Geldautomat	n 현금인출기	30	die Service-Nummer	n 서비스 번호

주요 어휘와 예문

01
abheben
☐ du hebst ab, er hebt ab
☐ abheben - hob ab - abgehoben

v 돈을 인출하다

A2 Ich möchte 500 Euro von meinem Konto **abheben**.
계좌에서 500유로를 인출하고 싶어요.

02
einzahlen
☐ du zahlst ein, er zahlt ein
☐ einzahlen - zahlte ein - eingezahlt

v 예금하다

A2 Bitte **zahlen** Sie den Betrag auf mein Konto **ein**.
그 금액을 내 계좌에 입금해 주세요.

03
überweisen
☐ du überweist, er überweist
☐ überweisen - überwies - überwiesen

v 송금하다

A2 Ich habe die Summe auf dein Konto **überwiesen**.
나는 그 금액을 너의 계좌로 송금했다.

04
einen Kredit aufnehmen
☐ du nimmst auf, er nimmt auf
☐ aufnehmen - nahm...auf - aufgenommen

v 대출금을 받다

A2 Ich habe **einen Kredit** bei der Bank **aufgenommen**.
나는 은행에서 대출을 받았다.

* der Kredit **n** 신용, 대출

05
ausgeben
☐ du gibst aus, er gibt aus
☐ ausgeben - gab...aus - ausgegeben

v 지출하다

A2 Ich habe im Urlaub viel Geld **ausgegeben**.
나는 휴가 중에 돈을 많이 지출했다.

06
sparen
☐ du sparst, er spart
☐ sparen - sparte - gespart

v 저축하다, 절약하다

A2 Er **spart** für ein neues Auto.
그는 새 차를 위해 저축한다.

07
gelten
☐ du giltst, er gilt
☐ gelten - galt - gegolten

v 가치가 있다, 유효하다

A2 Das Konto **gilt** nicht mehr.
그 통장은 더이상 유효하지 않다.

08
aufschreiben
☐ du schreibst auf, er schreibt auf
☐ aufschreiben - schrieb...auf - aufgeschrieben

v 적어 두다, 기입하다

A1 **Schreiben** Sie die Sätze **auf**!
이 문장들을 적으세요!

A2 Ich muss mir die Telefonnummer **aufschreiben**, sonst vergesse ich sie.
나는 번호를 적어야만 한다, 그렇지 않으면 잊어버린다.

09
verstecken
☐ du versteckst, er versteckt
☐ verstecken - versteckte - versteckt

v 숨기다, 은닉하다

A2 Er hat sein Geld **versteckt**.
그는 그의 돈을 숨겼다.

10
abbuchen
☐ du buchst ab, er bucht ab
☐ abbuchen - buchte ab - abgebucht

v 이체하다, 차감하다

A2 Die Miete wird vom Konto **abgebucht**.
집세는 은행 계좌를 통해 자동이체 된다.

11
ausfüllen
☐ du füllst aus, er füllt aus
☐ ausfüllen - füllte aus - ausgefüllt

v 기입하다, 메워 넣다

A2 Könnten Sie bitte das Anmeldeformular **ausfüllen**?
신고 용지를 기입해 주시겠어요?

12
eröffnen
☐ du eröffnest, er eröffnet
☐ eröffnen - eröffnete - eröffnet

v 개설하다, 열다

A2 Ich möchte ein Konto bei der Deutschen Bank **eröffnen**.
저는 계좌를 도이체은행에서 개설하고 싶습니다.

13
die Bank

n 은행, 벤치

A2 Ich will mein Geld auf der **Bank** einzahlen.
나는 나의 돈을 은행에 예금하고 싶다.

A2 Auf der **Bank** sitzt eine alte Frau.
벤치에 어떤 할머니 한 분이 앉아 있다.

14
die EC-Karte

n 현금 카드

A2 Ich habe die Einkäufe mit der **EC-Karte** bezahlt.
나는 그 물건들을 현금 카드로 계산했다.

15
der Geldautomat

n 현금인출기

A2 Er will Geld am **Geldautomat** abheben.
그는 현금인출기에서 돈을 인출할 것이다.

16
das Portemonnaie

n 지갑

A2 Kannst du mir zehn Euro leihen? Ich habe mein **Portemonnaie** verloren.
나에게 10유로를 빌려 줄 수 있니? 나는 지갑을 잃어버렸어.

A2 Ich habe mein **Portemonnaie** vergessen.
나는 지갑을 잊어버렸다.

17
das Konto

n 계좌

A2 A Ich möchte ein neues **Konto** eröffnen.
저는 새 계좌를 만들고 싶습니다.

B Haben Sie ein **Konto** bei uns?
우리 은행에 계좌가 있습니까?

18
die Kreditkarte

n 신용카드

A2 Kann ich mit der **Kreditkarte** bezahlen?
신용카드로 계산해도 되나요?

19
der Zins

n 이자

A2 Ich möchte lieber hohe **Zinsen** bekommen.
저는 더 높은 이자를 받고 싶습니다.

DAY
26

20

die Gebühr

n 수수료, 요금

A2 Die **Gebühr** für die Ausstellung eines Reisepasses beträgt 69 Euro.
여권 발급 수수료는 69유로이다.

* die Studiengebühr n 대학 학비

21

der Betrag

n 금액, 액수, 총액

A2 Überweisen Sie den **Betrag** bitte auf unser Konto.
이 금액을 우리 계좌로 송금하세요.

A2 Wählen Sie den gewünschten **Betrag**.
원하는 금액을 선택하십시오.

22

das Bargeld

n 현금

A2 Haben Sie vielleicht **Bargeld**?
혹시 현금 있으세요?

A2 Ich habe das ganze **Bargeld** auf die Bank gebracht.
나는 현금 전부를 은행으로 가져왔다.

23

der Schein

n 증명서, (은행) 지폐

A2 Er gab mir 800 Euro in kleinen **Scheinen**.
그는 나에게 800유로를 작은 지폐로 주었다.

der Geldschein n 지폐
A1 Welche **Geldscheine** wollen Sie bekommen?
어떤 지폐로 받고 싶으신가요?

der Gutschein n 지폐, 상품권
A2 Ich habe meine **Gutscheine** noch nicht eingelöst.
나는 아직 나의 상품권을 사용하지 않았다.

24

die Rente

n 연금, 집세

A2 Nächstes Jahr werde ich in **Rente** gehen.
내년에 나는 연금 생활자가 된다.

---

die Pension n 연금, 퇴직

(A2) Wir gehen mit 65 Jahren in **Pension**.
우리는 65세에 연금을 받는다.

25
die Geheimzahl

n 비밀번호

(A2) Vergessen Sie bitte nicht Ihre
Geheimzahl?
비밀번호를 잊어버리지 마세요.

26
die Bestätigung

n 확인, 증명서

(A2) Drücken Sie die **Bestätigungstaste**.
확인 버튼을 누르십시오.

27
der Alarm

n 경보

(A2) Beim Unfall wird ein **Alarm** ausgelöst.
사고 시 경보가 울린다.

28
der Ausweis

n 신분증

(A2) Darf ich mal Ihren **Ausweis** sehen?
신분증 좀 보여 주시겠어요?
(= 제가 당신의 신분증을 볼 수 있을까요?)

29
der Schalter

n 창구

(A2) Sie können am **Schalter** ein Konto
eröffnen.
당신은 창구에서 계좌를 개설할 수 있습니다.

30
die Service-Nummer

n 서비스 번호

(A2) Wissen Sie, welche **Service-Nummer** ich
anrufen muss?
제가 어떤 서비스 번호로 전화해야 하는지 아시나요?

DAY 26 단어 시험

		독일어	의미 쓰기	독일어 쓰기	재시
1	☐	abheben		☐	☐
2	☐	einzahlen		☐	☐
3	☐	überweisen		☐	☐
4	☐	einen Kredit aufnehmen		☐	☐
5	☐	ausgeben		☐	☐
6	☐	sparen		☐	☐
7	☐	gelten		☐	☐
8	☐	aufschreiben		☐	☐
9	☐	verstecken		☐	☐
10	☐	abbuchen		☐	☐
11	☐	ausfüllen		☐	☐
12	☐	eröffnen		☐	☐
13	☐	die Bank		☐	☐
14	☐	die EC-Karte		☐	☐
15	☐	der Geldautomat		☐	☐
16	☐	das Portemonnaie		☐	☐
17	☐	das Konto		☐	☐
18	☐	die Kreditkarte		☐	☐
19	☐	der Zins		☐	☐
20	☐	die Gebühr		☐	☐
21	☐	der Betrag		☐	☐
22	☐	das Bargeld		☐	☐
23	☐	der Schein		☐	☐
24	☐	die Rente		☐	☐
25	☐	die Geheimzahl		☐	☐
26	☐	die Bestätigung		☐	☐
27	☐	der Alarm		☐	☐
28	☐	der Ausweis		☐	☐
29	☐	der Schalter		☐	☐
30	☐	die Service-Nummer		☐	☐

Check up!

다음 문장을 독일어로 작문해 보세요. MP3 26_03

1. 나는 휴가 중에 돈을 많이 지출했다.
   _____

2. 혹시 현금 있으세요?
   _____

3. 그 금액을 내 계좌에 입금해 주세요.
   _____

4. 그는 새 차를 위해 저축한다.
   _____

5. 저는 계좌를 도이체은행에서 개설하고 싶습니다.
   _____

6. 신분증 좀 보여 주시겠어요?
   _____

7. 그는 그의 돈을 숨겼다.
   _____

8. 나는 지갑을 잃어버렸다.
   _____

9. 저는 새 계좌를 만들고 싶습니다.
   _____

10. 신용카드로 계산해도 되나요?
    _____

 정답

DAY 26

1. Ich habe im Urlaub viel Geld ausgegeben.
2. Haben Sie vielleicht Bargeld?
3. Bitte zahlen Sie den Betrag auf mein Konto ein.
4. Er spart für ein neues Auto.
5. Ich möchte ein Konto bei der Deutschen Bank eröffnen.
6. Darf ich mal Ihren Ausweis sehen?
7. Er hat sein Geld versteckt.
8. Ich habe mein Portemonnaie verloren.
9. Ich möchte ein neues Konto eröffnen.
10. Kann ich mit der Kreditkarte bezahlen?

DAY 27 기후/자연

Wiederholung 복습하기 ✏️

앞에서 배운 어휘를 잘 기억하고 있는지 확인해 봅시다. 다음 예시에 있는 어휘를 아래 빈칸에 알맞게 채우세요. 부족한 부분이 있다면 다시 돌아가서 복습하시기 바랍니다.

Ausweis	Bargeld	ausgegeben	Konto	spart

1. Ich habe im Urlaub viel Geld _____.

   나는 휴가 중에 돈을 많이 지출했다.

2. Haben Sie vielleicht _____?

   혹시 현금 있으세요?

3. Er _____ für ein neues Auto.

   그는 새 차를 위해 저축한다.

4. Ich möchte ein _____ bei der Deutschen Bank eröffnen.

   저는 계좌를 도이체은행에서 개설하고 싶습니다.

5. Darf ich mal Ihren _____ sehen?

   신분증 좀 보여 주시겠어요?

 정답

주제별 주요 문장

A Heute ist der Himmel klar!
오늘은 하늘이 맑아!

B Ja. Ich bin mir ganz sicher, dass das Wetter heute unglaublich schön wird.
응. 나는 오늘 날씨가 믿을 수 없이 좋아질 거라고 확신해.

A Wollen wir dann im Wald wandern?
우리 그럼 숲에서 산책할래?

B Gut. Frische Luft ist gesund.
좋아. 깨끗한 공기가 건강에 좋아.

오늘의 어휘 정리

1	vermuten	v 추측하다	16	der Schnee	n 눈	
2	schwitzen	v 땀을 흘리다	17	der Nebel	n 안개	
3	sich sonnen	v 햇볕을 쬐다	18	der Sturm	n 폭풍	
4	aufhören	v 그치다, 중단하다	19	die Luft	n 공기	
5	leuchten	v 비추다	20	der Fluss	n 강, 하천	
6	frieren	v 얼다, 춥다	21	der Baum	n 나무	
7	hageln	v 우박이 내리다	22	der Wald	n 숲	
8	blasen	v 불다	23	regnerisch	a 비가 올 듯한	
9	die Pflanze	n 식물	24	klar	a 분명한, 맑은	
10	der Stern	n 별	25	dunkel	a 어두운 (↔ hell)	
11	die Welt	n 세계	26	unglaublich	a 믿어지지 않는, 황당무계한	
12	die Natur	n 자연	27	allmählich	adv 점차	
13	das Meer	n 바다, 대양	28	bedeckt	a 구름이 낀	
14	die Temperatur	n 온도	29	wegen	pr ~때문에	
15	das Eis	n 얼음, 아이스크림	30	trotz	pr ~에도 불구하고	

주요 어휘와 예문

01
vermuten
☐ du vermutest, er vermutet
☐ vermuten - vermutete - vermutet

v 추측하다

A2 Ich **vermute** mal, dass es nachmittags regnet.
내 추측으로는 오후에 비가 올 것이다.

02
schwitzen
☐ du schwitzt, er schwitzt
☐ schwitzen - schwitzte - geschwitzt

v 땀을 흘리다

A2 Es war sehr heiß. Wir haben alle sehr **geschwitzt**.
매우 더웠다. 우리는 모두 땀을 많이 흘렸다.

03
sich sonnen
☐ du sonnst dich, er sonnt sich
☐ sonnen - sonnte - gesonnt

v 햇볕을 쬐다

A2 Ich habe **mich** den ganzen Tag **gesonnt**.
나는 하루종일 햇볕을 쬈다.

04
aufhören
☐ du hörst auf, er hört auf
☐ aufhören - hörte auf - aufgehört

v 그치다, 중단하다

A2 Endlich **hört** es **auf** zu regnen.
마침내 비가 멎는다.

05
leuchten
☐ du leuchtest, er leuchtet
☐ leuchten - leuchtete - geleuchtet

v 비추다

A2 Heute Nacht **leuchtet** der Mond besonders hell.
오늘 밤에는 달이 유난히 밝게 비친다.

06
frieren
☐ du frierst, er friert
☐ frieren - fror - gefroren

v 얼다, 춥다

A2 Ich **friere** an den Händen.
나는 손이 춥다.

erfrieren v 얼어 죽다
B1 Er ist im Schnee **erfroren**.
그는 눈 속에서 얼어 죽었다.

07
hageln
☐ es hagelt
☐ hageln - hagelte - gehagelt

v 우박이 내리다

A2 Es hat **gehagelt**.
우박이 내렸다.

08
blasen
☐ du bläst, er bläst
☐ blasen - blies - geblasen

v 불다

A2 Aus Nordwest hat ein heftiger Wind **geblasen**.
북서쪽으로부터 강한 바람이 불었다.

09
die Pflanze

n 식물

A2 Kannst du meine **Pflanze** gießen?
나의 식물에 물을 줄 수 있니?

A2 Die **Pflanze** will viel Sonne.
이 식물은 많은 햇빛을 필요로 한다.

10
der Stern

n 별

A2 Heute sieht man viele **Sterne** am Himmel.
오늘은 하늘에서 많은 별을 볼 수 있다.

11
die Welt

n 세계

A2 Das Wetter auf der ganzen **Welt** ist sehr unterschiedlich.
전 세계의 날씨가 다양하다.

12
die Natur

n 자연

A2 Wir wollen in der **Natur** wandern.
우리는 자연에서 산책을 하길 원한다.

der Berg	n 산
der Wald	n 숲
das Land	n 주, 나라, 시골

13
das Meer

n 바다, 대양

A2 In den Sommerferien fahren wir ans **Meer**.
여름 방학 때 우린 바닷가로 간다.

* der See n 호수

14
die Temperatur

n 온도

A2 Die **Temperatur** ist gestiegen.
온도가 올라갔다.

15
das Eis

n 얼음, 아이스크림

A2 Bei Schnee und **Eis** muss man vorsichtig fahren.
눈이 내리거나 얼음이 얼었을 때는 운전을 조심해야 한다.

16
der Schnee

n 눈

A2 In den Bergen liegt 1m **Schnee**.
산속에는 눈이 1미터가 쌓여 있다.

17
der Nebel

n 안개

A2 Der **Nebel** zieht langsam über die Stadt.
안개가 도시 위로 천천히 퍼지고 있다.

＊ nebelig a 안개 낀

18
der Sturm

n 폭풍

A2 Im Norden gab es einen schweren **Sturm**.
북쪽에는 심한 폭풍이 있었다.

A2 Im Radio haben sie Regen und **Sturm** angesagt.
라디오에서 그들은 비와 폭풍을 알렸다.

＊ stürmisch a 폭풍우의

19
die Luft

n 공기

A2 Ohne **Luft** kann man nicht leben.
사람은 공기 없이는 살 수 없다.

A2 Die frische **Luft** macht uns gesund.
깨끗한 공기가 우리를 건강하게 해 준다.

20
der Fluss

n 강, 하천

A2 Der **Fluss** ist hier fast 500m breit.
이곳에 있는 강은 너비가 거의 500미터다.

21
der Baum

n 나무

A2 Im Wald gibt es viele **Bäume**.
숲에는 나무들이 많다.

das Holz n 나무, 목재
A2 Der Schrank besteht aus **Holz**.
그 옷장은 목재로 이루어져 있습니다.

22
der Wald

n 숲

A2 Der deutsche **Wald** ist sehr dunkel.
독일 숲은 무척 컴컴하다.

23
regnerisch

a 비가 올 듯한

A2 Es ist **regnerisch**.
비가 올 듯하다.

24
klar

a 분명한, 맑은

A2 Der Himmel ist **klar** und sonnig.
하늘이 맑고 화창해요.

25
dunkel

a 어두운 (↔ hell)

A2 Es wird früh **dunkel** im Winter.
겨울에는 일찍 어두워진다.

hell a 밝은 (↔ dunkel)
A1 Das Zimmer ist groß und **hell**.
방이 크고 밝다.

26
unglaublich

a 믿어지지 않는, 황당무계한

A2 Ich bin ganz sicher, dass das Wetter morgen
unglaublich schön wird.
나는 내일 날씨가 믿어지지 않을 정도로 좋아질 거라고 확
신한다.

27
allmählich

adv 점차

A2 Es wird **allmählich** kälter.
날씨가 점차 더 추워진다.

28
bedeckt

a 구름이 낀

A2 Der Himmel ist **bedeckt**.
하늘에 구름이 덮여 있다. (= 날이 흐리다).

29
wegen

pr ~때문에

A2 **Wegen** des schlechten Wetters bleibe ich zu Hause.
날씨가 나빠서 나는 집에 있다.

* wegen 2격 전치사

30
trotz

pr ~에도 불구하고

A2 **Trotz** der Hitze gehen wir zu Fuß vom Bahnhof nach Hause.
날이 더운데도 불구하고 우리는 역에서 걸어서 집에 간다.

DAY 27 단어 시험

		독일어	의미 쓰기	독일어 쓰기	재시
1	☐	vermuten		☐	☐
2	☐	schwitzen		☐	☐
3	☐	sich sonnen		☐	☐
4	☐	aufhören		☐	☐
5	☐	leuchten		☐	☐
6	☐	frieren		☐	☐
7	☐	hageln		☐	☐
8	☐	blasen		☐	☐
9	☐	die Pflanze		☐	☐
10	☐	der Stern		☐	☐
11	☐	die Welt		☐	☐
12	☐	die Natur		☐	☐
13	☐	das Meer		☐	☐
14	☐	die Temperatur		☐	☐
15	☐	das Eis		☐	☐
16	☐	der Schnee		☐	☐
17	☐	der Nebel		☐	☐
18	☐	der Sturm		☐	☐
19	☐	die Luft		☐	☐
20	☐	der Fluss		☐	☐
21	☐	der Baum		☐	☐
22	☐	der Wald		☐	☐
23	☐	regnerisch		☐	☐
24	☐	klar		☐	☐
25	☐	dunkel		☐	☐
26	☐	unglaublich		☐	☐
27	☐	allmählich		☐	☐
28	☐	bedeckt		☐	☐
29	☐	wegen		☐	☐
30	☐	trotz		☐	☐

Check up!

다음 문장을 독일어로 작문해 보세요.

MP3 27_03

1. 우박이 내렸다.

_____

2. 나는 하루 종일 햇볕을 쬈다.

_____

3. 너무 더운 날씨 때문에 나는 땀을 흘린다.

_____

4. 우리는 자연에서 산책을 하길 원한다.

_____

5. 여름 방학 때 우린 바닷가로 간다.

_____

6. 마침내 비가 멎는다.

_____

7. 사람은 공기 없이는 살 수 없다.

_____

8. 숲에는 나무들이 많다.

_____

9. 독일 숲은 무척 컴컴하다.

_____

10. 비가 올 듯하다.

_____

정답

1. Es hat gehagelt.
2. Ich habe mich den ganzen Tag gesonnt.
3. Wegen des heißen Wetters schwitze ich.
4. Wir wollen in der Natur wandern.
5. In den Sommerferien fahren wir ans Meer.
6. Endlich hört es auf zu regnen.
7. Ohne Luft kann man nicht leben.
8. Im Wald gibt es viele Bäume.
9. Der deutsche Wald ist sehr dunkel.
10. Es ist regnerisch.

DAY 28 직업 (2)

Wiederholung 복습하기 ✏️

이전 본문에서 익힌 주요 대화를 복습해 봅시다. 아래 문장을 동일하게 세 번 적으면서
기억력을 높여 보세요.

A Heute ist der Himmel klar!
오늘은 하늘이 맑아!

1. Heute ist der Himmel klar!

2. _____

3. _____

B Ja. Ich bin mir ganz sicher, dass das Wetter heute unglaublich schön wird.
응. 나는 오늘 날씨가 믿을 수 없이 좋다고 확신해.

1. Ja. Ich bin mir ganz sicher, dass das Wetter heute unglaublich schön
   wird.

2. _____
   _____

3. _____
   _____

A Wollen wir dann im Wald wandern?
우리 그럼 숲에서 산책할래?

1. Wollen wir dann im Wald wandern?

2. _____

3. _____

B Gut. Frische Luft ist gesund.
좋아. 깨끗한 공기가 건강에 좋아.

1. Gut. Frische Luft ist gesund.

2. _____

3. _____

주제별 주요 문장

MP3 28_01 ○○○

A Wir haben uns lange nicht gesehen. Wie geht es dir?
우리 오랫동안 못 봤네. 어떻게 지내?

B Ich habe keine Lust zu arbeiten.
나는 일을 하고 싶은 생각이 없어.

A Wirklich? Ist das der einzige Grund?
정말? 그것이 유일한 이유니?

B Nein. Diese Arbeit ist zu anstrengend für mich.
아니. 이 일은 나에게는 너무 힘들다.

A Ich verstehe.
이해해.

오늘의 어휘 정리

MP3 28_02

1	sich erkundigen	v 문의하다	16	die Sendung	n 소포
2	sich verwählen	v 번호를 잘못 돌리다	17	der Rat	n 충고, 조언
3	kündigen	v 해고하다, 사표를 내다	18	die Mitteilung	n 전달, 통지
4	übernehmen	v 넘겨받다, 인수하다	19	das System	n 시스템
5	analysieren	v 분석하다	20	der Import	n 수입
6	dienen	v 근무하다, 봉사하다	21	der Export	n 수출
7	vorschlagen	v 제안하다	22	das Seminar	n 세미나
8	verdienen	v 벌다, (일하여) 얻다	23	der Lohn	n 임금, 보수
9	begrüßen	v 인사하다, (옳게) 여기다	24	der Mitarbeiter	n 직원
10	die Steuer	n 세금	25	die Ordnung	n 정리, 규칙, 질서
11	die Lust	n 의욕, 소망, 기분	26	das Praktikum	n 실습
12	die Teilzeitarbeit	n 시간제 근무	27	das Projekt	n 계획, 기획
13	die Beziehung	n 관계, 관련	28	aktiv	a 활동적인, 적극적인
14	das Programm	n 프로그램	29	anstrengend	a 힘들게 하는
15	der Typ	n 타입, 유형, 녀석	30	effektiv	a 효과적인, 유효한

주요 어휘와 예문

01
sich erkundigen

☐ du erkundigst dich,
er erkundigt sich
☐ erkundigen - erkundigte -
erkundigt

v 문의하다

A2 Ich möchte **mich** nach der Bewerbung
erkundigen.
나는 지원에 대해 문의를 하고 싶다.

02
sich verwählen

☐ du verwählst dich,
er verwählt sich
☐ verwählen - verwählte - verwählt

v 번호를 잘못 돌리다

A2 A Entschuldigen Sie, ich habe **mich**
verwählt.
실례합니다, 제가 잘못 걸었네요.

B Auf Wiederhören.
안녕히 계세요.

03
kündigen

☐ du kündigst, er kündigt
☐ kündigen - kündigte - gekündigt

v 해고하다, 사표를 내다

A2 Du hättest doch nicht gleich **kündigen**
müssen!
당장에 사표를 낼 필요까진 없었잖아!

＊ die Kündigung **n** 해고, 사표

04
übernehmen

☐ du übernimmst, er übernimmt
☐ übernehmen - übernahm -
übernommen

v 넘겨받다, 인수하다

A2 Wir haben die Firma von unseren Eltern
übernommen.
우리는 이 회사를 부모로부터 넘겨받았다.

05
analysieren

☐ du analysierst, er analysiert
☐ analysieren - analysierte -
analysiert

v 분석하다

A2 Ich habe die Aufgabe **analysiert**.
나는 그 과제를 분석했다.

06
dienen

☐ du dienst, er dient
☐ dienen - diente - gedient

v 근무하다, 봉사하다

A2 Womit kann ich Ihnen **dienen**?
(= Womit kann ich Ihnen helfen?)
제가 무엇을 도와드릴까요?

07
vorschlagen

☐ du schlägst vor, er schlägt vor
☐ vorschlagen - schlug...vor - vorgeschlagen

v 제안하다

A2 Ich **schlage vor**, dass Sie uns besuchen.
당신이 우리를 방문하기를 제안합니다.

08
verdienen

☐ du verdienst, er verdient
☐ verdienen - verdiente - verdient

v 벌다, (일하여) 얻다

A2 Sie hat heute viel **verdient**.
그녀는 오늘 많이 벌었다.

A2 Wieviel **verdienst** du in der Stunde?
너는 시간당 얼마나 버니?

09
begrüßen

☐ Ich begrüße, er begrüßt
☐ begrüßen - begrüßte - begrüßt

v 인사하다, (옳게) 여기다

A2 Er **begrüßt** freundlich meine Kollegen.
그는 내 동료들에게 친절하게 인사한다.

10
die Steuer

n 세금

A2 Wir müssen immer mehr **Steuern** zahlen.
우리는 계속해서 더 많은 세금을 내야 한다.

> **die Lohnsteuerkarte** n (부양 가족 수에 따라 등급별로 구분된) 근로 소득세 카드
> **A2** Haben Sie Ihre **Lohnsteuerkarte** dabei?
> 근로 소득세 카드를 가지고 오셨나요?

11
die Lust

n 의욕. 소망, 기분

A2 Ich habe keine **Lust** zu arbeiten.
나는 일을 하고 싶은 생각이 없다.

A2 Hast du keine **Lust**?
너는 해 보고 싶은 생각이 없니? (= 너는 흥미가 없니?)

＊ Lust zu etwas haben v 무엇을 할 생각이 있다.

12
die Teilzeitarbeit

n 시간제 근무

A2 Viele Leute suchen nur eine **Teilzeitarbeit**.
많은 사람이 시간제 근무만 구한다.

13
die Beziehung

n 관계, 관련

A2 In dieser **Beziehung** bin ich ganz Ihrer Meinung.
이것과 관련하여 저는 완전히 당신의 생각과 같습니다.

14
das Programm

n 프로그램

A2 Hast du schon von dem **Programm** gehört?
새로운 프로그램에 대해 들어 봤니?

das Computerprogramm n 컴퓨터 프로그램
A2 Mit welchen **Computerprogrammen** arbeitest du?
너는 어떤 컴퓨터 프로그램으로 일하니?

15
der Typ

n 타입, 유형, 녀석

A2 Mein Kollege ist ein netter **Typ**.
나의 동료는 친절한 유형이다.

16
die Sendung

n 소포

A2 Die **Sendung** war noch nicht da.
그 소포는 아직 오지 않았다.

17
der Rat

n 충고, 조언

A2 Könnten Sie mir einen **Rat** geben?
저에게 하나의 조언을 줄 수 있습니까?

18
die Mitteilung

n 전달, 통지

A2 Ich habe die **Mitteilung** erst heute bekommen.
나는 그 통보를 오늘에서야 받았다.

19
das System

n 시스템

A2 Ich kenne Ihr **System** nicht. Können Sie es mir erklären?
저는 당시의 시스템을 몰라요. 저에게 설명해 주실 수 있나요?

Betriebssystem n [컴퓨터] 운영 체제

(A2) Welches **Betriebssystem** hast du?
어떤 운영 체제를 너는 가지고 있니?

20
der Import

n 수입

(A2) Der **Import** von Lebensmitteln ist groß.
식품의 수입은 크다.

21
der Export

n 수출

(A2) Der **Export** von Autos ist ein wichtiger Teil.
자동차 수출은 중요한 부분이다.

22
das Seminar

n 세미나

(A2) Kommst du auch zum **Seminar** um mehr über das Thema zu lernen?
너도 이 세미나 주제에 대해 더 배우러 오니?

23
der Lohn

n 임금, 보수

(A1) Wie hoch ist Ihr **Lohn**?
당신의 임금은 얼마나 높나요?

(A2) Die **Löhne** sind hier sehr niedrig.
이곳의 임금은 매우 낮다.

(A2) Meine **Löhne** sind im letzten Jahr um 5% gestiegen.
나의 임금은 작년에 5% 인상되었다.

24
der Mitarbeiter

n 직원

(A2) Unsere Firma hat insgesamt zehn **Mitarbeiter**.
우리 회사는 총 10명의 직원이 있다.

(A2) Die Firma sucht **Mitarbeiter**.
그 회사는 같이 일할 사람을 구한다.

25
die Ordnung

n 정리, 규칙, 질서

(A1) Alles ist in **Ordnung**!
모든 게 잘 되어 있습니다!

26
das Praktikum

n 실습

A2 2 Monate lang mache ich bei einer Firma ein **Praktikum**.
나는 2달 동안 하나의 회사에서 실습을 한다.

A2 Bei dieser Firma habe ich zwei Jahre **Praktikum** gemacht.
나는 이 회사에서 2년간 실습을 했다.

* der Praktikant n 실습생

27
das Projekt

n 계획, 기획

A2 Sie arbeitet sehr aktiv an diesem **Projekt** mit.
그녀는 이 프로젝트에 매우 적극적으로 일한다.

A2 Das **Projekt** erfordert viel Geld.
그 프로젝트는 많은 돈을 요한다.

A2 Der Staat braucht dieses neue **Umweltprojekt**.
국가는 이 새로운 환경 프로젝트를 필요로 한다.

28
aktiv

a 활동적인, 적극적인

A2 Er arbeitet sehr **aktiv** mit.
그는 매우 적극적으로 일한다.

29
anstrengend

a 힘들게 하는

A2 Diese Arbeit ist zu **anstrengend** für mich.
이 일은 나에게는 너무 힘들다.

30
effektiv

a 효과적인, 유효한

A2 Wenn du mich nicht störst, kann ich **effektiver** arbeiten.
네가 나를 방해하지 않는다면 나는 더 효과적으로 일할 수 있다.

DAY 28

	독일어	의미 쓰기	독일어 쓰기	재시
1	☐ sich erkundigen		☐	☐
2	☐ sich verwählen		☐	☐
3	☐ kündigen		☐	☐
4	☐ übernehmen		☐	☐
5	☐ analysieren		☐	☐
6	☐ dienen		☐	☐
7	☐ vorschlagen		☐	☐
8	☐ verdienen		☐	☐
9	☐ begrüßen		☐	☐
10	☐ die Steuer		☐	☐
11	☐ die Lust		☐	☐
12	☐ die Teilzeitarbeit		☐	☐
13	☐ die Beziehung		☐	☐
14	☐ das Programm		☐	☐
15	☐ der Typ		☐	☐
16	☐ die Sendung		☐	☐
17	☐ der Rat		☐	☐
18	☐ die Mitteilung		☐	☐
19	☐ das System		☐	☐
20	☐ der Import		☐	☐
21	☐ der Export		☐	☐
22	☐ das Seminar		☐	☐
23	☐ der Lohn		☐	☐
24	☐ der Mitarbeiter		☐	☐
25	☐ die Ordnung		☐	☐
26	☐ das Praktikum		☐	☐
27	☐ das Projekt		☐	☐
28	☐ aktiv		☐	☐
29	☐ anstrengend		☐	☐
30	☐ effektiv		☐	☐

Check up!

다음 문장을 독일어로 작문해 보세요. MP3 28_03

1. 많은 사람이 시간제 근무만 구한다.

_____

2. 모든 게 좋습니다!

_____

3. 저에게 하나의 조언을 줄 수 있습니까?

_____

4. 이 일은 나에게는 너무 힘들다.

_____

5. 그는 내 동료들에게 친절하게 인사한다.

_____

6. 그는 이 프로젝트에 매우 적극적으로 일한다.

_____

7. 나는 일을 하고 싶은 생각이 없다.

_____

8. 그 소포는 아직 오지 않았다.

_____

9. 나는 그 통보를 오늘에서야 받았다.

_____

10. 규칙들이 우리에게는 아주 엄격하지 않다.

_____

정답

1. Viele Leute suchen nur eine Teilzeitarbeit.
2. Alles ist in Ordnung!
3. Können Sie mir einen Rat geben?
4. Diese Arbeit ist zu anstrengend für mich.
5. Er begrüßt freundlich meine Kollegen.
6. Er arbeitet sehr aktiv an diesem Projekt mit.
7. Ich habe keine Lust zu arbeiten.
8. Die Sendung ist noch nicht da.
9. Ich habe die Mitteilung erst heute bekommen.
10. Die Regeln sind bei uns nicht so streng.

DAY 29 형용사

Wiederholung 복습하기

새로운 단원을 시작하기 전에 복습을 해 봅시다. 다음 예시에 있는 문장 중에서 아래 해석에
맞는 것을 선택하여 적어 보세요.

> Er arbeitet sehr aktiv an diesem Projekt mit.
> Können Sie mir einen Rat geben?
> Ich habe keine Lust zu arbeiten.
> Die Sendung ist noch nicht da.
> Diese Arbeit ist zu anstrengend für mich.

1. 저에게 하나의 조언을 줄 수 있습니까?

   _____

2. 이 일은 나에게는 너무 힘들다.

   _____

3. 그는 이 프로젝트에 매우 적극적으로 일한다.

   _____

4. 나는 일을 하고 싶은 생각이 없다.

   _____

5. 그 소포는 아직 오지 않았다.

   _____

 정답

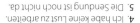

주제별 주요 문장

MP3 29_01 ◯◯◯

A Wie war der Film?
영화는 어땠어?

B Der Film war sehr traurig. Trotzdem war er gut.
영화는 매우 슬펐어. 그럼에도 좋았어.

A Schön. Willst du Mal meine Suppe probieren?
좋다. 나의 수프를 한번 먹어 볼래?

B Ja. Aber die Suppe ist schon sehr salzig. Probier mal.
응. 하지만 수프가 벌써 아주 짜다. 한번 먹어 봐.

A Sie ist nicht zu salzig, aber sie schmeckt irgendwie komisch.
그것은 너무 짜지 않지만 왠지 이상해.

오늘의 어휘 정리

MP3 29_02

1	reich	a 풍부한, 부유한 (↔ arm)	16	dünn	a 얇은, 가느다란 (↔ dick)
2	breit	a 폭이 넓은 (↔ schmal)	17	tot	a 죽은
3	weiter	a 보다 넓은, 계속되는, 그 이외에	18	blöd	a 멍청한, 어리석은
4	rund	a 둥근, 원형의	19	nervös	a 경질적인, 신경과민의
5	komisch	a 우스운, 이상한	20	laut	a 큰 소리로 (↔ leise)
6	persönlich	a 사적인, 개인적인	21	traurig	a 슬픈, 슬퍼하는
7	salzig	a 짠	22	hässlich	a 흉한, 추한
8	dringend	a 절박한, 위급한, 긴급한	23	stark	a 강한 (↔ schwach)
9	wahr	a 진실한, 참된	24	deutlich	a 분명한, 명백한
10	hoch	a 높은 (↔ niedrig)	25	satt	a 배부른, 만족한
11	schwach	a 약한, 허약한 (↔ stark)	26	erst	a 맨 처음의, 최초의
12	neugierig	a 호기심이 있는, 캐묻기 좋아하는	27	leer	a 텅 빈, 공허한 (↔ voll)
13	vegetarisch	a 식물(성)의, 채식(주의)의	28	gefährlich	a 위험한, 위태로운
14	arm	a 가난한, 불쌍한, 부족한 (↔ reich)	29	plötzlich	a 갑작스러운, 돌연한
15	wenig	a 적은, 약간의	30	müde	a 피곤한, 지친

주요 어휘와 예문

01
reich

a 풍부한, 부유한 (↔ arm)

A1 Der Onkel von meinem Freund ist **reich**.
내 친구의 삼촌은 부유하다.

A2 Meine Schwester hat einen **reichen** Mann geheiratet.
나의 언니는 부자와 결혼했다.

A2 Unser Land ist nicht **reich** an Öl.
우리 나라는 기름이 풍부하지 않다.

02
breit

a 폭이 넓은 (↔ schmal)

A2 Die Straße ist nicht schmal, sondern **breit**.
거리는 좁지 않고 넓다.

03
weiter

a 보다 넓은, 계속되는, 그 이외에

A2 A Hast du eine **weitere** Frage?
또 다른 질문이 있니?

B Ja. Ich brauche **weitere** Informationen.
네. 저는 그 이외의 정보가 필요해요.

weiter adv 계속하여, 이어서
A2 Ich weiß nicht genau, ob das Wetter **weiter** schön ist.
나는 날씨가 계속 좋을지 정확히 모른다.

04
rund

a 둥근, 원형의

A2 Ich habe einen **runden** Ball.
나는 둥근 공을 가지고 있다.

* rund adv 똑똑(명백)히, 딱 잘라

05
komisch

a 우스운, 이상한

A1 Das Essen schmeckt **komisch**. Probier mal.
음식의 맛이 이상해. 한번 먹어 봐.

A2 Ich bin in einer **komischen** Situation.
나는 이상한 상황에 처해 있다.

06
persönlich

a 사적인, 개인적인

A2 Das ist meine **persönliche** Meinung.
이것은 저의 개인적인 의견입니다.

persönlich adv 직접, 개인적으로
A1 Ich muss Herrn Meier **persönlich** sprechen.
저는 마이어 씨와 개인적으로 이야기를 해야 합니다.
A2 Ich **persönlich** habe nichts gegen Ausländer.
나는 개인적으로 외국인에 반감이 없다.

07
salzig

a 짠

A2 Die Suppe war zu **salzig**.
그 수프는 너무 짰다.

08
dringend

a 절박한, 위급한, 긴급한

A2 Ich habe eine **dringende** Nachricht erhalten.
나는 긴급한 메시지를 받았다.

dringend adv 급히, 절실히
A2 Ich muss **dringend** zur Toilette.
나는 급히 화장실에 가야 한다.

09
wahr

a 진실한, 참된

A1 Was ich sage, ist **wahr**.
내가 말하는 것은 사실이다.
A2 Es ist eine **wahre** Geschichte.
그것은 실제 있었던 이야기다.

nicht wahr? 그렇지 않나요?
A2 Sie ist schön, **nicht wahr**?
그녀는 예뻐요. 그렇지 않아요?

10
hoch

a 높은 (↔ niedrig)

A2 Er ist auf einen **hohen** Berg gestiegen.
그는 높은 산에 올라갔다.

* hoch adv 위쪽으로

11
schwach

a 약한, 허약한 (↔ stark)

A2 Das Kind ist nach einer langen Krankheit immer noch **schwach**.
그 아이는 오랜 병을 앓고 난 후 여전히 약하다.

12
neugierig

a 호기심이 있는, 캐묻기 좋아하는

A1 Die Kinder sind sehr **neugierig**.
아이들은 호기심이 많다.

13
vegetarisch

a 식물(성)의, 채식(주의)의

A2 Ich esse immer **vegetarisches** Frühstück.
나는 항상 채식으로 아침 식사를 한다.

14
arm

a 가난한, 불쌍한, 부족한 (↔ reich)

A2 Korea ist **arm** an Öl.
한국은 석유가 부족하다.

15
wenig

a 적은, 약간의

A2 Ich habe **wenig** Geld.
나는 돈이 약간 있다.

16
dünn

a 얇은, 가느다란, 마른 (↔ dick)

A2 A Was ist das Gegenteil von „**dünn**"?
"마른"의 반대말은 뭡니까?

B Es ist „dick".
그것은 "뚱뚱한"입니다.

17
tot

a 죽은

A2 Als der Arzt ankam, war sie schon **tot**.
의사가 왔을 때, 그녀는 벌써 죽어 있었다.

18
blöd

a 멍청한, 어리석은

A2 Das war ein ganz **blöder** Fehler.
그것은 정말 어리석은 실수였다.

19

nervös

a 신경질적인, 신경과민의

A1 Er findet mich zu **nervös**.
그는 내가 너무 신경질적이라고 생각한다.

20

laut

a 큰 소리로 (↔ leise)

A2 Sie spricht immer mit **lauter** Stimme.
그녀는 늘 큰 소리로 말한다.

laut adv 크게, 소리 높여
A2 Sprechen Sie bitte etwas **laut**.
조금 크게 말해 주세요.

21

traurig

a 슬픈, 슬퍼하는

A2 A Warum bist du so **traurig**?
너는 왜 그렇게 슬퍼하니?

B Der Film war sehr **traurig**. Deshalb haben
wir viel geweint.
영화는 매우 슬펐어. 그래서 우리는 많이 울었어.

22

hässlich

a 흉한, 추한

A2 Der alte Tisch sieht wirklich **hässlich** aus.
그 오래된 테이블은 정말 못생겼다.

B1 Um Himmels willen, ist die Hose **hässlich**!
맙소사, 이 바지는 너무 흉하다!

23

stark

a 강한 (↔ schwach)

A2 Sie hat einen **starken** Charakter.
그녀는 강한 성격을 가지고 있다.

24

deutlich

a 분명한, 명백한

A2 Das ist ein **deutlicher** Unterschied.
그건 명확한 차이입니다.

A2 Der Lehrer gab uns eine **deutliche** Erklärung.
선생님은 우리에게 명확한 설명을 해 주셨다.

deutlich adv 명확하게, 분명하게
A2 Könnten Sie bitte etwas **deutlicher** sprechen?
좀 더 분명하게 말해 줄 수 있나요?

25
satt

a 배부른, 만족한

A2 Ich bin nach dem Mittagessen richtig **satt**.
나는 점심 식사 후에 정말 배부르다.

26
erst

a 맨 처음의, 최초의

A2 Das war mein **erster** Versuch.
그것은 나의 맨 처음의 시도였다.

erst adv **맨 처음에, 맨 먼저**

A2 Ich bin **erst** zwei Wochen hier.
나는 여기 온 지 겨우 2주일밖에 안 되었다.

A2 Man darf den Film **erst** mit 16 Jahren sehen.
16세가 되어야 그 영화를 볼 수 있다.

27
leer

a 텅 빈, 공허한 (↔ voll)

A2 Der Zug war fast **leer**.
그 열차는 거의 텅 비어 있었다.

28
gefährlich

a 위험한, 위태로운

A2 Achtung, **gefährliche** Kurve!
조심해, 위험한 커브길이야!

29
plötzlich

a 갑작스러운, 돌연한

A2 Das war ein **plötzlicher** Regnen.
그것은 갑작스러운 비였다.

A2 Er hatte einen **plötzlichen** Besuch.
그는 갑작스러운 방문이 있었다.

plötzlich adv **갑자기, 불쑥, 문득**

A2 Er ist gestern **plötzlich** gestorben.
그는 어제 갑자기 사망했다.

30
müde

a 피곤한, 지친

A2 Er sieht heute **müde** aus, weil er die ganze
Nacht gearbeitet hat.
그는 밤새 일해서 오늘 피곤해 보인다.

		독일어	의미 쓰기	독일어 쓰기	재시
1	☐	reich		☐	☐
2	☐	breit		☐	☐
3	☐	weiter		☐	☐
4	☐	rund		☐	☐
5	☐	komisch		☐	☐
6	☐	persönlich		☐	☐
7	☐	salzig		☐	☐
8	☐	dringend		☐	☐
9	☐	wahr		☐	☐
10	☐	hoch		☐	☐
11	☐	schwach		☐	☐
12	☐	neugierig		☐	☐
13	☐	vegetarisch		☐	☐
14	☐	arm		☐	☐
15	☐	wenig		☐	☐
16	☐	dünn		☐	☐
17	☐	tot		☐	☐
18	☐	blöd		☐	☐
19	☐	nervös		☐	☐
20	☐	laut		☐	☐
21	☐	traurig		☐	☐
22	☐	hässlich		☐	☐
23	☐	stark		☐	☐
24	☐	deutlich		☐	☐
25	☐	satt		☐	☐
26	☐	erst		☐	☐
27	☐	leer		☐	☐
28	☐	gefährlich		☐	☐
29	☐	plötzlich		☐	☐
30	☐	müde		☐	☐

Check up!

다음 문장을 독일어로 작문해 보세요.

MP3 29_03

1. 거리는 좁지 않고 넓다.

_____

2. 그것은 정말 어리석은 실수였다.

_____

3. 나는 이상한 상황에 처해 있다.

_____

4. 그 수프는 너무 짰다.

_____

5. 그 아이는 약하다.

_____

6. 그것은 정말 어리석은 실수였다.

_____

7. 그것은 나의 맨 처음의 시도였다.

_____

8. 그녀는 늘 큰 소리로 말한다.

_____

9. 너는 왜 그렇게 슬퍼하니?

_____

10. 그녀는 강한 성격을 가지고 있다.

_____

 정답

1. Die Straße ist nicht schmal, sondern breit.
2. Das war ein ganz blöder Fehler.
3. Ich bin in einer komischen Situation.
4. Die Suppe war zu salzig.
5. Das Kind ist schwach.
6. Das war ein ganz blöder Fehler.
7. Das war mein erster Versuch.
8. Sie spricht immer mit lauter Stimme.
9. Warum bist du so traurig?
10. Sie hat einen starken Charakter.

DAY 30 부사

Wiederholung 복습하기 ✏️

앞에서 배운 어휘를 잘 기억하고 있는지 확인해 봅시다. 다음 예시에 있는 어휘를 아래 빈칸에 알맞게 채우세요. 부족한 부분이 있다면 다시 돌아가서 복습하시기 바랍니다.

erster   traurig   salzig   weiter   schwach

1. Ich weiß nicht genau, ob das Wetter _____ schön ist.

   나는 날씨가 계속 좋을지 정확히 모른다.

2. Die Suppe war zu _____.

   그 수프는 너무 짰다.

3. Das Kind ist _____.

   그 아이는 약하다.

4. Das war mein _____ Versuch.

   그것은 나의 맨 처음의 시도였다.

5. Warum bist du so _____?

   너는 왜 그렇게 슬퍼하니?

🔔 정답

1. weiter	3. schwach	4. erster
2. salzig	5. traurig	

주제별 주요 문장

A Wie weit ist es vom Bahnhof zur Post?
역에서 우체국까지 얼마나 먼가요?

B Es dauert 10 Minuten zu Fuß. Gehen Sie den Fluss entlang.
걸어서 10분 걸립니다. 강을 따라 가세요.

A Danke schön. Sind Sie oft in der Stadt?
감사합니다. 자주 도시에 계신가요?

B Nein. Ich komme selten in die Stadt.
아니요. 저는 드물게 도시에 갑니다.

오늘의 어휘 정리

1	weit	adv 먼, 넓은	16	höchstens	adv 기껏해야, 고작해야
2	fast	adv 거의	17	besonders	adv 특히, 매우
3	etwa	adv 약, 가량, 대략	18	häufig	adv 자주, 빈번하게
4	mehr	adv 더욱, 더 많은	19	genauso	adv 똑같이, 바로 그대로
5	öfter(s)	adv 더 자주, 빈번히	20	zunächst	adv 처음에, 맨 먼저, 우선
6	insgesamt	adv 다 함께, 총계로	21	zuerst	adv 맨 먼저, 무엇보다도 먼저
7	drinnen	adv 안에, 내부에	22	oft	adv 자주 (↔ selten)
8	immer	adv 늘, 항상	23	dagegen	adv 그것에 반대하여, 그것을 향하여
9	selten	adv 드물게, 극히	24	gleichfalls	adv 마찬가지로
10	überhaupt	adv 대개, 일반적으로	25	nie	adv 결코 ~아니다, ~한 적이 없다
11	besser	adv 차라리, 오히려	26	zuletzt	adv 마지막에, 최후에
12	bestimmt	adv 분명히, 확실히	27	anders	adv ~와 달리, 다른 방식으로
13	rückwärts	adv 뒤로, 거꾸로 (↔ vorwärts)	28	zurück	adv 뒤로, 뒤쪽으로
14	hoffentlich	adv 바라건대, 아마도	29	meistens	adv 보통은, 대개는
15	entlang	adv ~을 따라서	30	wohl	adv 좋은, 건강한

주요 어휘와 예문

01
weit

adv 먼, 넓은

A1 Wie **weit** ist es vom Bahnhof zur Post?
역에서 우체국까지 얼마나 먼가요?

A2 Wir sind **weit** gereist, um hierher zu kommen.
우리는 여기까지 오기 위해 멀리 여행했다.

02
fast

adv 거의

A2 Der Turm ist **fast** 120 Meter hoch.
그 탑은 높이가 거의 120 미터이다.

03
etwa

adv 약, 가량, 대략

A2 **Etwa** vier Wochen sind ein Monat.
약 4주가 한 달이다.

04
mehr

adv 더욱, 더 많은

A2 Ich habe **mehr** Geld als du.
나는 너보다 돈이 더 많다.

05
öfter(s)

adv 더 자주, 빈번히

A2 Als Student habe ich **öfter** eine Reise gemacht.
대학생일 때 나는 빈번히 여행을 했다.

＊ öfter(s) a 여러 차례의

06
insgesamt

adv 다 함께, 총계로

A2 Was kostet das **insgesamt**?
이것은 전부 얼마인가요?
(= Wie viel kostet das insgesamt?)
(= Was ist der Gesamtpreis?)

07
drinnen

adv 안에, 내부에

A1 **Drinnen** ist es warm und draußen ist es kalt.
실내는 따뜻하고 밖은 춥다.

08
immer

adv 늘, 항상

A2 Er geht **immer** durch den Park spazieren.
그는 늘 공원을 통과해 산보한다.

09
selten

adv 드물게, 극히

A2 Ich komme **selten** in die Stadt.
나는 드물게 도시에 갑니다.

＊ selten a 드문, 진기한

10
überhaupt

adv 대개, 일반적으로

A2 Das stimmt **überhaupt** nicht.
그것은 전혀 맞지 않습니다.

＊ überhaupt nicht 결코 ～않다, 전혀 ～않다

11
besser

adv 차라리, 오히려

A2 Allein geht's **besser** als zusammen.
혼자 하는 것이 같이 하는 것보다 오히려 낫다.

＊ besser a 더 좋은, 더 나은

12
bestimmt

adv 분명히, 확실히

A1 Er kommt **bestimmt** morgen.
그는 분명히 내일 온다.

> **bestimmt** a 정해진, 명확한
> **A2** Haben Sie einen **bestimmten** Wunsch?
> 당신은 분명한 바람이 있습니까?

13
rückwärts

adv 뒤로, 거꾸로 (↔ vorwärts)

A2 Ich bin **rückwärts** aus der Garage gefahren.
나는 후진해서 차고에서 나왔다.

A2 Ich komme nicht vorbei. Bitte fahr noch ein Stück **rückwärts**.
나는 지나갈 수 없어. 조금 뒤로 가 줘.

14
hoffentlich

adv 바라건대, 아마도

A1 **Hoffentlich** gefällt es Ihnen hier.
이곳이 당신의 마음에 들기를 바랍니다.

15

entlang

adv ~을 따라서

(A1) Gehen Sie den Fluss **entlang**.
강을 따라 가세요.

(A2) Wir fahren nicht zur Stadtmitte, sondern den Fluss **entlang**.
우리는 시내로 가지 않고 강을 따라 간다.

16

höchstens

adv 기껏해야, 고작해야

(A2) Er hat **höchstens** 20 Tage Urlaub im Jahr.
그는 기껏해야 1년에 휴가가 20일밖에 안 된다.

17

besonders

adv 특히, 매우

(A2) Sport gefällt mir **besonders** gut.
나는 스포츠를 특히 좋아한다.

besonders a 별난, 기이한, 특별한
(A2) Heute gibt es ein **besonderes** Programm.
오늘은 특별한 프로그램이 있다.

18

häufig

adv 자주, 빈번하게

(A2) Ich habe **häufig** Kopfschmerzen.
나는 자주 머리가 아프다.

* häufig a 빈번한, 잦은

19

genauso

adv 똑같이, 바로 그대로

(A2) Koch das mal **genauso** zu Hause.
집에서 이것과 똑같이 요리해 줘.

(A2) Machen Sie die Aufgabe **genauso**, wie letztes Jahr.
과제를 작년과 똑같이 하세요.

20

zunächst

adv 처음에, 맨 먼저, 우선

(A2) **Zunächst** müssen wir den Plan besprechen.
우선 우리는 계획을 논의해야 한다.

DAY
30

21
zuerst

adv 맨 먼저, 무엇보다도 먼저

A2 Wer war **zuerst** da?
누가 거기에 맨 먼저 왔습니까?

A2 Ich wollte **zuerst** fragen, wie ich Geld abheben kann.
저는 맨 먼저 어떻게 돈을 인출할 수 있는지 묻고 싶습니다.

22
oft

adv 자주 (↔ selten)

A2 Warst du **oft** in Busan?
너는 부산에 자주 갔었니?

A2 Wie **oft** fahren die Busse zum Flughafen?
역으로 가는 버스들이 얼마나 자주 다닙니까?

23
dagegen

adv 그것에 반대하여, 그것을 향하여

A2 Ich bin **dagegen**.
나는 그것에 반대한다.

24
gleichfalls

adv 마찬가지로

A1 A Guten Appetit!
맛있게 드세요!

B Danke, **gleichfalls**.
감사합니다. 당신도요.

25
nie

adv 결코 ~아니다, ~한 적이 없다

A1 Ich war **nie** in Deutschland.
나는 독일에 가 본 적이 없다.

A2 Das will ich **nie** vergessen.
나는 그것을 결코 잊지 않을 것이다.

noch nie 한번도, 아직까지
A2 Ich habe **noch nie** geraucht.
나는 담배를 아직 한번도 핀 적이 없다.

A2 So etwas habe ich **noch nie** gesehen.
그런 것은 아직 한번도 본 적이 없다

26
zuletzt

adv 마지막에, 최후에

A2 Das Beste kommt **zuletzt**.
가장 좋은 것은 맨 나중에 오는 법이다.

＊ 마침내: am Ende, zum Schluss, schließlich, zuletzt, endlich

27
anders

adv ~와 달리, 다른 방식으로

A2 Ich habe das **anders** gesehen.
나는 그것을 다른 방식으로 보았어.

A2 Haben Sie den Fisch **anders** gebraten?
생선을 다른 방식으로 구웠나요?

＊ nicht anders als... ~와 다름없이, 꼭 ~한 대로

28
zurück

adv 뒤로, 뒤쪽으로

A2 Er ist etwa in einer Stunde **zurück**.
그는 약 1시간 후에 돌아옵니다.

29
meistens

adv 보통은, 대개는

A1 Ich stehe **meistens** um 6 Uhr auf.
나는 보통 6시에 일어난다.

30
wohl

adv 좋은, 건강한

A2 Ich fühle mich nicht **wohl**.
나는 컨디션이 좋지 않다.

		독일어	의미 쓰기	독일어 쓰기	재시
1	☐	weit		☐	☐
2	☐	fast		☐	☐
3	☐	etwa		☐	☐
4	☐	mehr		☐	☐
5	☐	öfter(s)		☐	☐
6	☐	insgesamt		☐	☐
7	☐	drinnen		☐	☐
8	☐	immer		☐	☐
9	☐	selten		☐	☐
10	☐	überhaupt		☐	☐
11	☐	besser		☐	☐
12	☐	bestimmt		☐	☐
13	☐	rückwärts		☐	☐
14	☐	hoffentlich		☐	☐
15	☐	entlang		☐	☐
16	☐	höchstens		☐	☐
17	☐	besonders		☐	☐
18	☐	häufig		☐	☐
19	☐	genauso		☐	☐
20	☐	zunächst		☐	☐
21	☐	zuerst		☐	☐
22	☐	oft		☐	☐
23	☐	dagegen		☐	☐
24	☐	gleichfalls		☐	☐
25	☐	nie		☐	☐
26	☐	zuletzt		☐	☐
27	☐	anders		☐	☐
28	☐	zurück		☐	☐
29	☐	meistens		☐	☐
30	☐	wohl		☐	☐

Check up!

다음 문장을 독일어로 작문해 보세요.

1. 역에서 우체국까지 얼마나 먼가요?

2. 그는 늘 공원을 통과해 산보한다.

3. 그것은 전혀 맞지 않습니다.

4. 나는 컨디션이 아마 좋지 않다.

5. 이곳이 당신의 마음에 들기를 바랍니다.

6. 나는 자주 머리가 아프다.

7. 누가 거기에 먼저 왔습니까?

8. 너는 부산에 자주 갔었니?

9. 나는 그것에 반대한다.

10. 나는 그것을 결코 잊지 않을 것이다.

 정답

1. Wie weit ist es vom Bahnhof zur Post?
2. Er geht immer durch den Park spazieren.
3. Das stimmt überhaupt nicht.
4. Ich fühle mich nicht wohl.
5. Hoffentlich gefällt es Ihnen hier.
6. Ich habe häufig Kopfschmerzen.
7. Wer war zuerst da?
8. Warst du oft in Busan?
9. Ich bin dagegen.
10. Das will ich nie vergessen.

DAY 30 부사 **379**

A2
시험 맛보기!

A2 시험 맛보기!

지금까지 A2 수준의 기본 어휘를 익혀 보았습니다. 이제는 배운 어휘를 한번 응용해 볼 시간입니다. 다음에 제공하는 4개의 미니 모의 시험지를 실전처럼 풀어 보면서 시험 유형도 익히고 실력도 쌓아보세요.

1. Goethe Zertifikat A2 (Telc A2)
2. 대학수학능력시험 및 내신 대비
3. Flex
4. 국가직 7급 외무영사직

1) Goethe Zertifikat / Telc

Hören
MP3 A2_01

Hören Teil 1 ● ● ●
Sie hören fünf kurze Texte. Sie hören jeden Text zweimal.

1 Wie wird das Wetter morgen?

- a Es gibt ein Regen.
- b Es wird Nebel erwartet.
- c Es wird warm.

2 Wie viel kostet die Fahrkarte, wenn man ein Student ist?

- a 114 Euro
- b 110 Euro
- c 104 Euro

3 [Telc 유형]

> Treffpunkt mit Lena
>
> Wo?

Hören Teil 3 •••

Sie hören fünf kurze Gespräche. Sie hören jeden Text einmal.
Wählen Sie für die Aufgaben die richtige Lösung a, b oder c.

4 Was ist kaputt?

a

b

c

5 Was wollen sie schenken?

a

b

c

Lesen

Lesen Teil 1 ● ● ●

Sie lesen in einer Zeitung diesen Text.

Wählen Sie für die Aufgaben 1 bis 4 die richtige Lösung: a, b oder c.

---

65 Jahre ohne Streit

Dass sich zwei Menschen, die schon 65 Jahre verheiratet sind und einander stets treu waren ist doch etwas sehr Außergewöhnliches. Franz und Hanna Böhm aus Linz sind ein solches Paar. „Liebe auf den ersten Blick war es nicht", meint der 88-jährige Franz Böhm und lacht, „denn ich habe ihr anfangs gar nicht gefallen." Damals war seine Hanna 19 Jahre alt und „hatte es schon recht eilig", endlich zu heiraten.

Heute ist Hanna Böhm 84 und glücklich, dass ihr Franz sie doch noch erobert hat. Er hat als Matrose auf einem Donauschiff gearbeitet, sie war die Tochter seines Chefs, des Steuermannes. Und als er erzählt, wie er einmal eine Frau aus dem Wasser geholt und so vor dem Ertrinken gerettet hat, da merkt man, wie stolz seine Ehefrau auf ihn ist.

Eigene Kinder haben die beiden leider nie bekommen, dafür haben sie ihren Neffen, den Sohn von Hannas Schwester, zu sich genommen und liebevoll erzogen. Gemeinsame Spaziergänge in der Nähe von Linz halten das Paar jung und fit und natürlich auch ihre Liebe zueinander.

Beispiel

0 Franz und Hanna Böhm sind

    ☐ a   65 Jahre alt.

    ☐ b   65 Jahre lang befreundet.

    ☒   seit 65 Jahren ein Ehepaar

1 Franz Böhm

    ☐ a   hat auf einem Schiff gearbeitet.

    ☐ b   hat ein Schiff gekauft.

    ☐ c   wollte auf einem Schiff arbeiten.

2 Franz Böhm hat

    ☐ a   einer Frau in Not geholfen.

    ☐ b   seine Frau oft auf dem Schiff mitfahren lassen.

    ☐ c   seinem Chef geholfen.

3 Das Paar hat

    ☐ a   viele Kinder bekommen.

    ☐ b   einen Sohn bekommen.

    ☐ c   einen Neffen bei sich aufgenommen.

4 Das Ehepaar

    ☐ a   geht oft im Stadtzentrum von Linz spazieren.

    ☐ b   bleibt durch Spazierengehen jung.

    ☐ c   ist früher gern spazieren gegangen.

Lesen Teil 2 ● ● ●

Sie gehen einkaufen. In welchen Stock gehen Sie?
Wählen Sie die richtige Lösung: a̅, b̅ oder c̅.

Beispiel

0   Sie haben gestern im Kaufhaus Ihre Geldbörse verloren. Sie möchten sie wieder
    haben.

     a̅   2. Stock

     b̅   3. Stock

     c̅   Anderes Stockwerk

5   Sie möchten eine Eintrittskarte für ein Konzert kaufen.

     a̅   Erdgeschoss

     b̅   3. Stock

     c̅   Anderes Stockwerk

6   Sie brauchen eine neue Lampe für den Eingang Ihrer Wohnung.

     a̅   Erdgeschoss

     b̅   1. Stock

     c̅   Anderes Stockwerk

KAUFHAUS „BREUNIGER"

3. Stock	Computer / Technik / Software / Foto / Optiker CD / DVD / Video / Radio / TV / Autozubehör / Fahrräder / Sportartikel / Kartenvorverkauf
2. Stock	Herrenbekleidung / Damen- und Herrenschuhe / Frottierwaren / Gardinen / Dekostoffe / Spielwaren / Kinderwagen / Kinderbekleidung
1. Stock	Damenbekleidung / Pelze / Nachtwäsche / Alles für die Küche / Glas / Porzellan / Beleuchtung / Elektroartikel
EG	Restaurant / Betten / Matratzen / Tischwaren / Schreibwaren / Bücher Toilette / Fundbüro / Schlüsseldienst

Lesen Teil 3 • • •

Fünf Personen suchen im Internet nach Lokalen. Welche Anzeige passt zu welcher Person? Für eine Aufgabe gibt es keine Lösung. Markieren Sie diese mit ☒. Die Anzeige aus dem Beispiel können Sie nicht mehr wählen.

Beispiel

0   Gerhard möchte eine Ausbildung in einem Hotel machen.   ☐d

7   Thomas ist Friseur und Teilzeitarbeiter. Er sucht einen neuen Platz.   ☐

8   Karsten lädt am Abend Gäste zu sich nach Hause ein, möchte aber nicht kochen.   ☐

9   Marianne ist Köchin und sucht eine Stelle.   ☐

10   Jan möchte neue Arbeiter in der Küche finden.   ☐

a

www.weiterbildung.de

Krankenhaus sucht seriöse Mitarbeiter, die flexibel einsetzbar sind.

Wir – das sind tolle Kollegen – suchen für unser Team in der Küche noch einen Koch und eine Küchenhilfe.

Bitte senden Sie uns so schnell wie möglich Ihre Bewerbungsunterlagen.

b

www.kommhair.de

Haarstudio „Komm Hair"
sucht einen netten Mitarbeiter in Vollzeit.
Sie können die Arbeitszeiten selbst bestimmen.

Vereinbaren Sie bitte zunächst telefonisch einen Vorstellungstermin bei Frau Kauker.

Schicken Sie Ihre Bewerbung mit Zeugnissen und Lebenslauf bitte an: kommhair@de

c

www.Internationalhcu.de

Internationale Spezialitäten und beste Weine!

Jetzt neu:
Jeden Tag anderes 3-Gänge-Menü mit Getränk ab 20 € pro Person.
Im Sommer auch in unserem ruhigen Garten.

– Sie finden uns direkt hinter dem Rathaus.
– Schöner Raum für kleine Feiern.

d

www.sonnehotel.de

Wir bilden aus: Rezeptionist/in, Zimmermädchen, Koch / Köchin.

Sie können zuerst in einem zweiwöchigen Praktikum sehen, ob Ihnen der Beruf gefällt, und dann die Ausbildung beginnen.

Auf Sie warten gute Karrierechancen.

click hier

e

www.feiernmituns.de

Egal, wo Sie feiern wollen, wir liefern für Ihre Hochzeit oder andere private Feiern bestes Essen.

z. B. Hochzeitsmenü ab 30 € p. P.
bayerisches Buffet 20,50 € p. P.

Wir bieten außerdem Tische und Stühle, Dekoration, Servicepersonal und Kinderbetreuung an.

Schreiben

Schreiben Teil 1 ● ●

Eine Kurznachricht (SMS) schreiben.

Sie sind mit Ihrer Freundin Melanie verabredet. Aber Sie sind jetzt unterwegs zum Krankenhaus. Schreiben Sie eine SMS an Ihre Freundin Melanie.

– Entschuldigen Sie sich, dass Sie zu spät kommen.
– Schreiben Sie, warum.
– Nennen Sie einen neuen Ort und eine neue Uhrzeit für das Treffen.

Schreiben Sie 20-30 Wörter.
Schreiben Sie zu allen drei Punkten.

Schreiben Teil 2 ••

Eine E-Mail schreiben.

Ihre Bekannte Angelika heiratet nächsten Monat Manuel. Die Hochzeit ist in Berlin. Angelika hat Sie eingeladen. Antworten Sie mit einem Brief. Hier finden Sie vier Punkte. Wählen Sie drei davon aus.

Schreiben Sie zu jedem dieser drei Punkte ein bis zwei Sätze auf den Antwortbogen. Vergessen Sie nicht den passenden Anfang und den Gruß am Schluss. Schreiben Sie circa 40 Wörter.

Jemanden mitbringen	Geschenk
Manuel	Übernachtung

Sprechen

Sprechen Teil 1 ••

A

Sprechen Teil 2 ••

Aufgabenkarte A

Sie bekommen eine Karte und erzählen etwas über Ihr Leben.

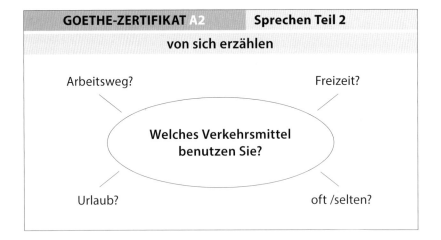

1. 독일인의 성 가운데 계절에서 유래한 것은?

   ① Jung   ② Bauer   ③ Klein

   ④ Sommer   ⑤ Schwarz

2. 밑줄 친 부분의 쓰임이 옳지 않은 것은?

   ① Tanzt du gern?

   ② Jetzt regnet es stark.

   ③ Er findet Deutsch interessant.

   ④ Arbeitest Lisa in Köln?

   ⑤ Warten die Schüler auf den Bus?

3. 빈칸에 들어갈 말로 알맞은 것은?

   > A : Was ist das?
   > B : Das ist ein Wörterbuch.
   > A : Ist das Wörterbuch dünn?
   > B : Nein, es ist nicht dünn, sondern _____.

   ① dick   ② lang   ③ dunkel

   ④ schnell   ⑤ interessant

4. 문장의 표현이 옳은 것만을 있는 대로 고른 것은?

   > a. Wen ruft er morgen an?
   > b. Gehört das Auto Ihrem Sohn?
   > c. Das ist die Tasche meiner Mutters.

   ① a   ② c   ③ a, b

   ④ b, c   ⑤ a, b, c

5. 빈칸에 들어갈 말로 알맞은 것을 〈보기〉에서 찾아 순서대로 바르게 배열한 것은?

> A : _____?
> B : Ja, kein Problem.
> A : _____?
> B : Ja, um 21 Uhr 42.
> _____?
> A : Nein, das ist alles.

───────── 〈보 기〉 ─────────
> a. Darf ich Sie mal etwas fragen
> b. Wollen Sie sonst noch etwas wissen
> c. Fährt heute noch ein Zug nach Dortmund

① a − b − c   ② a − c − b   ③ b − c − a
④ c − a − b   ⑤ c − b − a

6. 빈칸에 들어갈 말로 알맞은 것은?

> A : Der Film Harry Porter kommt heute ins Kino. Wollen wir ihn uns ansehen?
> B : Ich habe leider keine Zeit.
> A : _____!
>   Dann gehe ich allein.

① Schade   ② Gleichfalls
③ Einverstanden   ④ Zusammen, bitte
⑤ Nichts zu danken

7. 밑줄 친 낱말과 강세의 위치가 같은 것은?

> A : Ich suche eine Bäckerei.
> B : Da hinten ist eine.

① Automat   ② Gitarre   ③ Pullover
④ Besserung   ⑤ Geschwister

8. 글을 읽고 Nick에 관해 이해한 내용으로 알맞지 않은 것은?

> Liebe Lena,
>
> endlich habe ich eine Wohnung, aber ohne Möbel. Sie ist hell und hat zwei Zimmer, ein Bad und eine Küche. Ich habe ein Bett gekauft. Ich brauche vor allem einen Schreibtisch und einen Stuhl. Wenn ich nicht mehr so viel zu tun habe, schreibe ich dir länger.
>
> Liebe Grüße
> Nick

① 그의 집은 밝다.
② 지금은 할 일이 많다.
③ 책상과 의자를 구입했다.
④ 가구가 없는 집을 구했다.
⑤ 그의 집은 방이 두 개다.

9. 빈칸에 들어갈 말로 알맞은 것은?

> A : Zieh dir einen warmen Mantel an, _____ erkältest du dich.
> B : Ja, das mache ich.

① und   ② denn   ③ sonst
④ darüber   ⑤ deshalb

10. 일기예보를 이해한 내용으로 알맞지 않은 것은?

> **14:00 Uhr Samstag. 11.05.2019**
>
> Rostock 12 Grad, stark bewölkt.
> Bremen 16 Grad, stark bewölkt.
> Berlin 20 Grad, bewölkt und teilweise zeigt sich die Sonne.
> Köln 18 Grad, zeitweise zeigt sich die Sonne.
> Erfurt 22 Grad, sonnig.
> München 22 Grad, zeitweise zeigt sich die Sonne.

① In Erfurt ist es sonnig.
② In Bremen ist es bedeckt.
③ In Berlin regnet es schon.
④ In München ist es wärmer als in Köln.
⑤ In Rostock ist es in Deutschland am kältesten.

11. 밑줄 친 부분과 같은 발음이 들어있는 것은?

> A : Kann ich heute einen Termin machen?
> B : Ja, gern.

① Firma   ② ledig   ③ prima
④ Abitur   ⑤ Kirche

Hörverständnis

Teil 1 •◦

In diesem Teil des Tests werden Ihre Kenntnisse der deutschen Alltagssprache getestet. Er besteht aus 3 Abschnitten.

Sie hören nun kurze Fragen oder Aussagen zu verschiedenen Situationen mit jeweils drei möglichen Antworten. Wählen Sie die richtige Antwort! Die Fragen und Antworten werden nur einmal vorgelesen. Sie stehen nicht in Ihrem Testheft.

1. Wie wär's mit einem Stückchen Käsekuchen?
   ① Käse kauft er immer bei Aldi.
   ② Oh, vielen Dank, gern.
   ③ Dort war ich noch nie.

2. Hast du die Rechnung schon bezahlt?
   ① Rechnen lernt man in der Schule.
   ② Mathematik ist mir fremd.
   ③ Natürlich.

Teil 2 ••

In diesem Teil hören Sie kurze Dialoge. Lesen Sie zuerst die Frage und hören Sie dann den Kurzdialog. Sie hören die Dialoge nur einmal. Wählen Sie dann die richtige Antwort.

3. Wann will der Mann in die Wohnung einziehen?
   ① Ende Mai   ② Anfang Juni
   ③ Mitte Juni   ④ Ende Juni

4. Warum konnte die Frau nicht Fernsehen?

    ① Sie hatte keinen Film.

    ② Sie hatte keinen Strom.

    ③ Sie hatte keine Lust.

    ④ Der Fernseher war kaputt.

5. Was gibt es im dritten Stock?

    ① der Sportraum

    ② das Restaurant

    ③ der Friseur

Leseverständnis

Dieser Teil des Tests besteht aus den Abschnitten V bis VIII.

1. 이 독해 부분에는 불완전한 문장이 주어져 있습니다. 밑줄에 들어갈 알맞은 답을 고르십시오.

> Darf ich dir einen Rat geben? Du _____ nicht so viel rauchen, Hans.

    ① möchtest   ② magst

    ③ wolltest   ④ solltest

2. 밑줄 친 부분의 의미와 가장 가까운 것은?

> Elektronische Autos sind nicht nur umweltfreundlich, sondern auch in Mode.

    ① gefragt   ② teuer

    ③ gut   ④ günstig

3. 이 독해 부분에는 불완전한 문장이 주어져 있습니다. 밑줄에 들어갈 알맞은 답을 고르십시오.

> _____ er sparsam ist, kauft sich seine Frau gern teure Sachen. Deshalb streitet er oft mit ihr.

① Warum
② Während
③ Sofort
④ Sowohl

4. 다음 문장들을 읽고 밑줄 친 부분의 올바른 의미를 고르시오.

> Wir sind eine gemischte Wohngemeinschaft und suchen noch Verstärkung.

① Verkäufer
② Vermieter
③ Makler
④ Mitbewohner

5. Was passt am besten in die Lücke?

> Im Sommer will Peter einen Verwandten in Frankreich besuchen. Da kann man gut spazieren gehen. Von dort aus will er eventuell nach Süden fahren, wo man baden kann. Auf jeden Fall will er also im Sommer
> _____.

① viel arbeiten
② Urlaub machen
③ fleißig lernen
④ bald heiraten

6. 밑줄 친 부분의 의미와 가장 가까운 것은?

> Ich habe unsere Verabredung vergessen. Deswegen bist du jetzt böse auf mich!

① ärgerlich
② freundlich
③ nett
④ tolerant

1. 다음의 진술들을 일이 일어난 순서대로 옳게 배열한 것은? (2007 출제)

   Ich habe Hunger.
   (가) Ich gehe ins Restaurant.
   (나) Ich zahle und gebe ihr zwei Euro Trinkgeld.
   (다) Die Kellnerin bringt mir die Rechnung.
   (라) Ich bestelle ein Schnitzel mit Pommes frites und Salat und ein Glas
        Bier. Das esse und trinke ich gern.
   (마) Die Kellnerin bringt mir die Speisekarte.
   (바) Ich frage eine Kellnerin, wo ich mich hinsetzen kann.

   ① (가) – (바) – (마) – (라) – (다) – (나)
   ② (가) – (바) – (다) – (나) – (마) – (라)
   ③ (가) – (마) – (바) – (다) – (나) – (라)
   ④ (가) – (라) – (다) – (나) – (마) – (바)

2. 밑줄 친 부분에 들어갈 말로 알맞은 것은? (2012 출제)

   A : Soll ich dich von dort anrufen oder dir einen Brief schreiben?
   B : Das ist mir _____. Mach, was du für richtig hältst!

   ① wichtig   ② egal
   ③ peinlich   ④ fremd

3. 다음 대화의 순서로 가장 적절한 것은? (2012 출제)

   ㄱ. Ist er operiert worden?
   ㄴ. Was? Einen Autounfall? Ist er schwer verletzt?
   ㄷ. Nein, nicht so sehr. Aber sein Arm ist gebrochen.
   ㄹ. Hast du gehört, dass Michael einen Autounfall gehabt hat?
   ㅁ. Ja, gestern ist er am rechten Arm operiert worden.

   ① ㄱ - ㅁ - ㄴ - ㄹ - ㄷ
   ② ㄱ - ㅁ - ㄹ - ㄷ - ㄴ
   ③ ㄹ - ㄴ - ㄷ - ㄱ - ㅁ
   ④ ㄹ - ㅁ - ㄱ - ㄷ - ㄴ

4. Anna가 다음 글을 쓴 의도는? (2014 출제)

> Liebe Monika,
> es tut mir leid, dass du Probleme im Job hast. Du arbeitest doch erst seit
> ein paar Wochen bei der neuen Firma. Aber du solltest deine Probleme
> schon ernst nehmen. Und du solltest sofort etwas unternehmen, damit
> es dir wieder besser geht. Vielleicht sprichst du mit deinem Chef und
> fragst ihn, was er von dir erwartet. Und ich glaube, du solltest mit deinen
> Kollegen reden. Du solltest versuchen, neue Kontakte zu knüpfen und
> auch in der Arbeit Freunde zu finden.
> Ich hoffe, es geht dir bald besser.
>
> Herzliche Grüße
> Anna

① Anna will Monika tadeln.
② Anna will Monika gute Besserung wünschen.
③ Anna will Monika einen Job vermitteln.
④ Anna will Monika raten.

5. 다음 문장을 우리말로 올바르게 옮긴 것은? (2016 출제)

> Die Hitze hat mich heute erschöpft.

① 더위 속에서도 나는 오늘 일을 끝냈다.
② 더위 때문에 나는 오늘 기진맥진했다.
③ 더위 속에서도 나는 오늘 창작에 몰두했다.
④ 더위 때문에 나는 오늘 식욕이 없었다.

6. 우리말을 독일어로 바르게 옮긴 것은? (2016 출제)

> Er findet mich zu nervös, 그래서 나는 좀 더 침착해지려고 노력하고 있다.

① deshalb versuche ich, schöner zu sein
② deshalb versuche ich, ruhiger zu sein
③ deshalb versuche ich, intelligenter zu sein
④ deshalb versuche ich, besser zu sein

7. 다음 물음에 대한 대답으로 옳은 것은? (2019 출제)

> Hast du den Film noch nicht gesehen?

① Doch, ich habe den Film schon gesehen.
② Nein, ich habe den Film schon gesehen.
③ Ja, ich habe den Film schon gesehen.
④ Doch, ich habe den Film noch nicht gesehen.

8. 밑줄 친 부분에 들어갈 말로 알맞은 것은? (2019 출제)

> Mir ist gekündigt worden. Ich bin nun _____.

① arbeitslos
② angestellt
③ pensioniert
④ eingestellt

9. 글의 내용과 일치하는 것을 고르시오. (2022 출제)

> Hallo Minho,
> bist du immer noch in Berlin? Wie du in der letzten E-Mail geschrieben hast, ist Berlin eine historische Stadt und die Hauptstadt von Deutschland. Ich freue mich auch darüber, dass diese Stadt dir gut gefallen hat. Wann kommst du denn nach Köln? Hier in Köln bin ich ja geboren und aufgewachsen. Ich möchte dir gern mein Haus zeigen. Ich freue mich schon auf deinen Besuch.
>
> Mit freundlichen Grüßen
> Deine Uwe

① Berlin hat Minho nicht gefallen.
② Uwe will Minho in Berlin treffen.
③ Köln ist die Heimatstadt von Uwe.
④ Uwe bekam bis jetzt keine E-Mail von Minho.

10. 밑줄 친 부분의 의미로 바꾸어 쓸 수 있는 것을 고르시오. (2022 출제)

> A : Ich nehme diesmal Pizza Margherita. Und du?
> B : <u>Mir ist heute nicht nach Pizza.</u>
> A : Wie wäre es dann mit Brathähnchen? Das soll hier auch gut sein.

① Mir schmeckt Pizza heute super.
② Ich empfehle dir heute keine Pizza.
③ Ich habe heute keine Lust auf Pizza.
④ Mir fällt heute außer Pizza nichts ein.

---

 1 Goethe Zertifikat (Telc)

Hören

Hören Teil 1 ● ● ●

당신은 5개의 짧은 본문을 듣게 됩니다. 모든 본문은 두 번씩 듣게 됩니다.

Aufgabe 1

> **📄 Skript**
>
> Und jetzt folgt das Wetter. Heute bleibt es tagsüber weiterhin schön. Aber gegen 9 Uhr abends wird es ein Gewitter geben. In den Alpen werden starke Gewitter erwartet. Dort werden die Temperaturen fallen. Morgen wird es dann nass und kühler. Die Temperaturen fallen auf 8 Grad im Süden und auf 3 Grad im Norden. Am Wochenanfang wird es wieder wärmere Temperaturen geben, die bis auf 20 Grad steigen können. Allerdings ist mit Regen zu rechnen. Auf den Frühling müssen wir leider noch warten.
>
> **🔍 해석**
>
> 다음은 날씨입니다. 오늘은 온종일 계속 맑은 날씨입니다. 그러나 저녁 9시경에는 뇌우가 있겠습니다. 알프스에서는 강한 뇌우가 예상됩니다. 그곳은 온도가 내려갈 것입니다. 내일은 비가 오고 더 시원할 것입니다. 남쪽의 온도는 8도로 북쪽은 3도로 내려갑니다. 한 주가 시작할 때면 다시 따뜻한 기온으로 20도까지 될 것입니다. 그렇지만 비가 올 것으로 예상됩니다. 물론 비와 함께 함께할 것입니다. 우리는 유감스럽게도 아직 봄을 기다려야만 합니다.

1   내일 날씨는 어떻게 되는가?

    ⓧ 비가 옵니다.

    b 안개가 예상됩니다.

    c 따뜻해집니다.

Skript

Also, Sie wollen morgen Mittag nach Donaueschingen fahren. Hier ist Ihre Verbindung. Alle halbe Stunde fährt der Zug. Sie fahren um 11.50 Uhr in Frankfurt ab und kommen um 17.10 Uhr in Donaueschingen an. Der Preis ohne Bahn-Card beträgt 114 Euro. Wenn Sie Studentin sind, können Sie das Ticket 10 Euro günstiger kaufen. Aber Ihren Studentenausweis brauche ich noch.

해석

즉, 당신은 내일 오후 도나우쉥겐에 가고 싶습니다. 이것이 당신의 연결되는 교통편입니다. 기차는 30분 간격으로 다닙니다. 당신은 11시 50분 프랑크푸르트에서 출발해서 17시 10분 도나우쉥겐에 도착합니다. 철도-카드가 없다면 가격은 114유로입니다. 만약 당신이 학생이라면 티켓을 10유로로 저렴하게 구입할 수 있습니다. 하지만 당신의 학생증도 필요합니다.

2 학생이면 표 가격은 얼마인가요?

- a 114유로
- b 110유로
- ☒ 104유로

3 [Telc 유형]

레나와 만남 장소 어디?

답: Eingang

Skript

Hallo, Max. Hier ist Lena. Ich rufe wegen des Computerkurses an. Also, er findet am Dienstag um 18 Uhr statt in Raum 120. Hast du die neue CD? Ich warte am Eingang auf dich, ok?

해석

안녕, 막스. 나는 레나야. 나는 컴퓨터 강좌 때문에 전화해. 그러니까 강좌는 화요일 18시에 방 120에서 열려. 너는 새로운 CD있니? 내가 입구에서 너를 기다릴게. 알았지?

Hören Teil 2 •••

당신은 5개의 짧은 본문을 듣게 됩니다. 모든 본문은 두 번씩 듣게 됩니다.
문제의 정답을 a, b, c 에서 고르세요.

4 무엇이 고장 났는가?

        c

📄 Skript

Frau	Hallo, Martin. Ich brauche deine Hilfe.
Mann	Was ist denn los? Hast du wieder Probleme mit dem Computer?
Frau	Nein, dank deiner Hilfe ist alles einwandfrei. Aber mein Drucker funktioniert nicht mehr. Kann ich kurz zu dir kommen, um etwas auszudrucken?
Mann	Warum nicht, aber ich muss gleich losfahren. Ruf mich in 2 Stunden wieder auf meinem Handy an. Dann bis nachher!

🔍 해석

여자	안녕. 마틴. 나는 너의 도움이 필요해.
남자	무슨 일이야? 너는 컴퓨터에 다시 문제가 생겼니?
여자	아니, 고마워 너의 도움으로 모든 것이 오류 없이 잘 돌아가. 그런데 내 프린터가 더이상 작동하지 않아. 잠깐 인쇄하러 너의 집에 가도 될까?
남자	왜 안 되겠니. 그런데 나는 바로 나가야 해. 2시간 안에 내 휴대폰으로 다시 전화해. 그럼 나중에 보자!

5 그들은 무엇을 선물하고 싶어 하는가?

a   ☒   c

 Skript

Frau Hallo Tom, schön dich zu sehen. Frau Meinz, meine Deutschlehrerin, hat uns alle zum Essen eingeladen. Ich will etwas mitbringen, aber ich weiß nicht was. Vielleicht Blumen? Oder trinkt sie gern Wein?

Mann Nein, sie mag keinen Wein. Blumen sind vielleicht besser. Ich weiß, dass sie gern im Garten arbeitet.

Frau Ja, das ist am besten.

해석

여자 안녕 톰. 너를 보니까 좋다. 나의 독일어 선생님인 마인츠 부인이 우리 모두를 식사에 초대했어. 나는 무엇인가를 가져 가고 싶어. 하지만 무엇을 가져 가야 할지 모르겠어. 혹시 꽃? 아니면 그녀는 와인을 즐겨 마시니?

남자 아니, 그녀는 와인을 좋아하지 않아. 어쩌면 꽃이 더 좋을 거야. 내가 알기로, 그녀는 정원에서 일하는 것을 좋아하거든.

여자 그래, 그게 가장 좋겠다.

Lesen Teil 1 ● ● ●

다음 신문에 있는 본문을 읽으세요.
1–4번 문제를 읽고 a, b, c중 알맞은 정답을 찾으세요.

65년 동안 다툼 없이

65년 동안 결혼한 두 사람이 계속해서 서로를 항상 충실한 것은 정말이지
매우 특별한 일입니다. 린츠에 사는 프란츠와 한나 봄 부부가 바로 그런
한 쌍입니다. "첫눈에 반한 건 아니었어요."라고 하는 88세의 프란츠 봄은 웃으며
말합니다. 왜냐하면 나는 그녀에게 처음에는 전혀 마음에 들지 않았습니다.
당시 그의 한나는 19세였고 결혼하고 싶은 마음이 "꽤 급했었어요."

현재 84세인 한나 봄은 다행히도 그녀의 프란츠가 그녀를 정복한 것에 대해
행복해합니다. 그는 도나우 강에서 선원으로 일했고, 그녀는 그의 상사인
항해사의 딸이었습니다. 그가 어느 날 여성을 물 속에서 구해 목숨을 구한 적에
대해 이야기할 때, 그의 부인이 얼마나 자랑스러워하는지 느껴집니다.

유감스럽게도 그들은 아이를 낳은 적은 없지만, 그들은 어린 조카인
한나의 자매의 아들을 입양하고 사랑으로 키웠습니다. 린츠 근처의 공동 산책은
이 부부를 젊고 건강하게 유지시켜 주고, 물론 그들 사이의 사랑도 지속시킵니다.

Beispiel

0   프란츠와 한나 봄은

   a 65세입니다.

   b 65년 동안 친합니다.

   ☒ 65년 동안 결혼한 상태입니다.

1 프란츠 봄은

    ☒ 배에서 일했습니다.

    ⓑ 배를 샀습니다.

    ⓒ 배에서 일하고 싶어 했습니다.

2 프란츠 봄은

    ☒ 위험에서 여성을 도와주었습니다.

    ⓑ 자주 아내를 배를 태워 주었습니다.

    ⓒ 상사를 도와주었습니다.

3 이 부부는

    ⓐ 많은 자녀를 두었습니다.

    ⓑ 아들을 낳았습니다.

    ☒ 조카를 데려와 함께 살았습니다.

4 이 부부는

    ⓐ 린츠 시내에서 자주 산책을 합니다.

    ☒ 산책을 통해 젊음을 유지하고 있습니다.

    ⓒ 예전에는 산책을 즐겼습니다.

Lesen Teil 2 ●●●

당신은 쇼핑을 갑니다. 당신은 몇 층으로 가야 하나요? ⓐ, ⓑ, ⓒ 중에서 정답을 고르세요.

Beispiel

0 당신은 어제 백화점에서 지갑을 잃어버렸습니다. 당신은 그것을 다시 가지기를 원합니다.

    ⓐ 2층 (한국식 3층)

    ⓑ 3층 (한국식 4층)

    ☒ 다른 층

5 당신은 콘서트 입장권을 사기를 원합니다.

- a 0층 (한국식 1층)
- ☒ 3층 (한국식 4층).
- c 다른 층

6 당신은 당신의 집 입구를 위해 새로운 전등이 필요합니다.

- a 0층 (한국식 1층)
- ☒ 1층 (한국식 2층)
- c 다른 층

백화점 "Breuniger" 안내표	
3층 (한국식 4층)	컴퓨터 / 기술 장비 / 소프트웨어 / 사진 / 안경점 CD / DVD / 비디오 / 라디오 / TV / 자동차 부품 / 자전거 / 스포츠 상품 / 티켓 예매
2층 (한국식 3층)	남성복 / 숙녀 및 남성 신발 / 목욕 용품 / 커튼 / 데코 용품 / 장난감 / 유모차 / 아동복
1층 (한국식 2층)	여성복 / 모피 / 잠옷 / 주방용품 / 유리잔 / 도자기 그릇 / 조명 / 전기용품
0층 (한국식 1층)	레스토랑 / 침대 / 매트리스 / 책상류 / 문구류 / 책 화장실 / 분실물 보관소 / 열쇠 서비스

Lesen Teil 3 ● ● ●

5명의 사람이 인터넷에서 장소를 찾고 있습니다. 어떤 광고가 누구와 연결되나요?
하나의 질문에는 해당하는 답이 없습니다. 해당하는 답이 없는 질문에는
☒ 표시를 하세요. 예시의 광고는 더 이상 선택할 수 없습니다.

Beispiel

0   게하르드는 호텔에서 직업 교육을 받기를 원한다.   d

7   토마스는 미용사이며 시간제 직원이다. 그는 새로운 일자리를 찾는다.   b

8   카스텐은 저녁에 손님을 집에 초대한다. 하지만 요리를 하고 싶어 하지   e
     않는다.

9   마리안네는 요리사이며 일자리를 찾고 있다.   a

10   얀은 새로운 부엌에 직원들을 찾기를 원한다.   ☒

www.weiterbildung.de

병원에서 유동성 있게 일할 수 있는 성실한 직원을 찾고 있습니다.

우리는 멋진 동료입니다 – 우리 팀을 위한 주방의 요리사와 주방 도우미를 아직 찾고 있습니다.

우리에게 가능한 한 빠르게 당신의 지원 서류를 보내 주세요.

www.kommhair.de

헤어 스튜디오 "Komm Hair"
친절한 풀타임 직원을 찾고 있습니다. 당신은 근무 시간을 직접 결정할 수 있습니다.

먼저 카우커 부인과 면접 시간을 전화로 약속을 잡으세요.

당신의 지원서 및 자격증, 이력서를 kommhair@de으로 보내세요.

www.Internationalhcu.de

국제 요리 그리고 최고의 와인!

새로운 것:
매일 다른 3코스 메뉴와 음료가 포함된 1인당 20유로부터의 가격으로 제공됩니다.
여름에는 우리 조용한 정원에서도 이용 가능합니다.

– 우리는 시청 바로 뒤에 위치해 있습니다.
– 소규모 행사를 위한 아름다운 공간이 있습니다.

www.sonnehotel.de

우리는 교육 합니다:
(남)/(여) 프런트 직원,
(여) 객실 메이드, (남)/(여) 요리사.

당신은 먼저 2주 동안의 인턴 기간 동안 이 직업이 당신의 마음에 드는지 보고, 실습을 시작할 수 있습니다.

좋은 경력의 기회가 당신을 기다립니다.

이곳 클릭

www.feiernmituns.de

어디에서든 상관없이, 우리는 당신의 결혼식이나 다른 개인 행사를 위해 최고의 음식을 배달합니다.

예를 들어, 결혼식 메뉴는 인당 30유로부터 시작합니다.
바이에른식 뷔페는 인당 20.50유로부터 제공합니다.

그밖에도 책상과 의자, 장식품, 서비스를 해 주는 직원 및 어린이 돌봄도 제공합니다.

* z. B. (zum Beispiel) 예를 들어
  p. P. (pro Person) 1인당

Schreiben

Schreiben Teil 1 ● ●

하나의 짧은 메시지 적기

당신은 당신의 친구 멜라니와 약속이 있습니다. 하지만 당신은 지금 병원으로 가는 길입니다.
당신의 친구 멜라니에게 하나의 SMS를 쓰세요.

- 늦는 것에 대해 사과하세요.
- 이유를 쓰세요.
- 만남을 위한 새로운 장소와 시간을 적으세요.

20–30개의 단어를 사용하여 쓰세요. 3개의 관점에 대하여 모두 언급하세요.

🗨 예시 답안

Hallo Melanie. Ich kann leider nicht kommen. Tut mit leid. Ich habe meine Hand
verletzt und gehe jetzt zum Krankenhaus. Hast du vielleicht morgen Abend um 6 Uhr
Zeit?

🔍 해석

안녕 멜라니. 나는 유감이지만 갈 수가 없어. 미안해. 나는 손을 다쳐서 지금 병원에 가. 혹시 내일 저녁
6시에 시간있니? 우리 중앙역에서 만나자.

Schreiben Teil 2 ••

하나의 E-Mail을 작성하세요.

당신의 지인 안겔리카는 다음 달에 마누엘과 결혼을 합니다. 결혼식은 베를린에서 열립니다.
안겔리카는 당신을 초대했습니다. 편지로 답장하세요. 이곳에서는 4개의 제시어를 찾을 수
있습니다. 그중에 3개를 고르세요.

세 개의 제시어에 대하여 각각 하나에서 두 개의 문장을 해답지에 쓰세요. 시작과 마지막에
안부를 잊지 마세요. 대략 40개의 단어를 사용하여 작문하세요.

누군가를 데려오기	선물
마누엘	숙박

🗨 예시 답안

Liebe Angelika,
danke für die Einladung. Ich werde auf jeden Fall kommen. Kann ich mit meinem
Freund zusammen kommen? Und Ich möchte einen Wein als Geschenk vorbereiten.
Brauchst du sonst noch etwas? Zum Schluss, könntest du mir ein Hotel in Berlin
empfehlen?

Viele Grüße
deine Maria

🔍 해석

친애하는 안겔리카,
초대해 줘서 고마워. 나는 꼭 갈게. 남자 친구와 함께 가도 될까? 그리고 나는 선물로 하나의 와인을
준비하고 싶어. 그 외에 더 필요한 것이 있니? 마지막으로, 나에게 베를린에 있는 호텔을 추천해 줄 수
있니?

많은 안부를 담아
너의 마리아

Sprechen

Sprechen Teil 1 • •

A

GOETHE-ZERTIFIKAT A2   **Sprechen Teil 1**

Fragen zur Person

자녀?

A : Haben Sie Kinder?
B : Ich habe keine Kinder.

A : 당신은 아이들이 있나요?
B : 저는 아이가 없습니다.

GOETHE-ZERTIFIKAT A2   **Sprechen Teil 1**

Fragen zur Person

가장 좋아하는 음식?

A : Was essen Sie am liebsten?
B : Mein Lieblingsessen ist Pizza.

A : 당신은 무엇을 가장 즐겨 먹나요?
B : 내가 가장 좋아하는 음식은 피자입니다.

GOETHE-ZERTIFIKAT A2   **Sprechen Teil 1**

Fragen zur Person

나이?

A : Wie alt bist du?
B : Ich bin 20 Jahre alt.

A : 너는 몇 살이니?
B : 나는 20살이야.

GOETHE-ZERTIFIKAT A2   **Sprechen Teil 1**

Fragen zur Person

여행?

A : Welche Reise war deine schönste Reise?
B : Das war die Reise nach Frankreich.

A : 어떤 여행이 너의 가장 아름다운 여행이었니?
B : 그건 프랑스로 갔던 여행이야.

Sprechen Teil 2 ••

과제카드 A
당신은 카드를 받게 되고 당신 삶에 대해 설명해야 합니다.

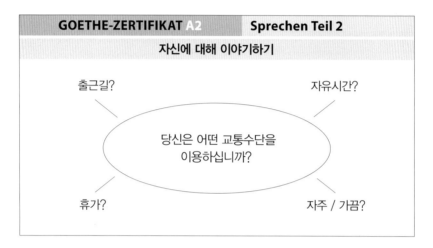

예시 답안

Frage 1: Arbeitsweg?
Zur Arbeit fahre ich mit dem Zug. Aber manchmal fahre ich mit dem Auto, wenn es regnet, weil die Fahrt sonst zu lang dauert.

Frage 2: Freizeit?
Meistens fahre ich mit der U-Bahn, weil es schneller geht als mit dem Bus. Und der Bus ist ab und zu unbequem.

Frage 3: Urlaub?
Letztes Jahr bin ich mit dem Flugzeug nach Europa gereist. Busreisen mag ich nicht, weil es länger dauert.

Frage 4: oft / selten?
Ich fahre oft mit dem Taxi. Inzwischen kann man auch mit dem Smartphone ein Taxi rufen. Das ist sehr bequem. Sehr selten fahre ich mit dem Zug.

해석

질문 1: 출근길?
저는 일하러 갈 때는 기차를 이용합니다. 하지만 비가 오는 날에는, 운행이 너무 길어지기 때문에 가끔 자동차를 탑니다.

질문 2: 자유 시간?
저는 대부분 지하철을 탑니다. 왜냐하면 버스를 탔을 때 보다 좀 더 빨리 도착할 수 있습니다. 그리고 버스는 가끔 불편합니다.

질문 3: 휴가?
저는 작년에 비행기로 유럽으로 여행을 갔습니다. 저는 버스 여행을 좋아하지 않습니다. 왜냐하면 시간이 더 오래 걸리기 때문입니다.

질문 4: 자주 / 가끔?
저는 자주 택시를 이용합니다. 요즘은 택시를 스마트폰으로 부를 수 있습니다. 그것은 정말 편리합니다. 저는 매우 드물게 기차를 탑니다.

1. 독일인의 성 가운데 계절에서 유래한 것은?
   ① 젊은　　　　　　　　② 농부　　　　　　　③ 작은
   ❹ 여름　　　　　　　　⑤ 검정

2. 밑줄 친 부분의 쓰임이 옳지 않은 것은?
   ① 너는 춤추기 좋아하니?
   ② 지금 비가 강하게 온다.
   ③ 그는 독일어를 흥미롭다고 생각한다.
   ❹ 리사는 쾰른에서 일하니?
   ⑤ 학생들이 버스를 기다리니?

3. 빈칸에 들어갈 말로 알맞은 것은?

   > A : 이것은 무엇이니?
   > B : 이것은 사전이야.
   > A : 그 사전은 얇니?
   > B : 아니, 그것은 얇지 않고 _____ .

   ❶ 두꺼운　　　　　　　② 긴　　　　　　　　③ 어두운
   ④ 빠른　　　　　　　　⑤ 흥미로운

4. 문장의 표현이 옳은 것만을 있는 대로 고른 것은?

   > a. 그는 내일 누구에게 전화를 해?
   > b. 그 차는 당신의 아들의 것인가요?
   > c. 이것은 나의 어머니의 가방이다.

   ① a　　　　　　　　　② c　　　　　　　　　❸ a, b
   ④ b, c　　　　　　　　⑤ a, b, c

5. 빈칸에 들어갈 말로 알맞은 것을 〈보기〉에서 찾아 순서대로 바르게 배열한 것은?

> A : _____?
> B : 네, 그럼요.
> A : _____?
> B : 네, 21시 42분에 있습니다.
> _____?
> A : 아니요, 이게 전부입니다.

〈보 기〉

> a. 제가 무언가 여쭈어 보아도 될까요?
> b. 그밖에 또 알고 싶으신 게 있나요?
> c. 도르트문트 가는 기차가 오늘 아직 있나요?

① a – b – c　　❷ a – c – b　　③ b – c – a
④ c – a – b　　⑤ c – b – a

6. 빈칸에 들어갈 말로 알맞은 것은?

> A : 영화관에 해리포터 영화가 오늘 상영해. 우리 그것을 볼래?
> B : 나는 유감스럽게도 시간이 없어.
> A : _____!
> 그럼 나 혼자 갈게.

❶ 유감이야　　　　　② 마찬가지야
③ 동의해　　　　　　④ 함께 계산해 주세요
⑤ 감사할 필요 없어요

7. 밑줄 친 낱말과 강세의 위치가 같은 것은?

> A : 저는 <u>빵집</u>을 찾고 있습니다.
> B : 저기 뒤쪽에 하나가 있습니다.

❶ 자동판매기 (3음절 강세)　　② 기타 (2음절 강세)　　③ 스웨터 (2음절 강세)
④ 좋아짐 (1음절 강세)　　　　⑤ 형제 (2음절 강세)

8. 글을 읽고 닉에 관해 이해한 내용으로 알맞지 않은 것은?

> 친애하는 레나에게,
> 드디어 나는 집을 구했지만 가구는 없어. 집은 밝고 방 2개, 하나의 욕실과 부엌이 하나 있어. 나는 침대를 샀어. 나는 무엇보다도 책상과 의자가 필요해. 내가 할 일이 많지 않으면, 네게 더 길게 편지 쓸게.
>
> 안부를 담아
> 닉

① 그의 집은 밝다.
② 지금은 할 일이 많다.
❸ 책상과 의자를 구입했다.
④ 가구가 없는 집을 구했다.
⑤ 그의 집은 방이 두 개이다.

9. 칸에 들어갈 말로 알맞은 것은?

> A : 따뜻한 코트를 입어라, _____ 너는 감기에 걸린다.
> B : 네, 그렇게 할게요.

① 그리고   ② 그러면, 왜냐하면
❸ 그렇지 않으면   ④ 그것에 대하여
⑤ 그래서

10. 일기예보를 이해한 내용으로 알맞지 않은 것은?

> **14시 토요일. 2019년 5월 11일**
>
> 로스톡 12도, 매우 흐리다.
> 브레멘 16도, 매우 흐리다.
> 베를린 20도, 흐리고 부분적으로 해가 난다.
> 쾰른 18도, 한때 해가 난다.
> 에어푸어트 22도, 해가 난다.
> 뮌헨 22도, 한때 해가 난다.

① 에어푸어트에서는 해가 난다.
② 브레멘에서는 흐리다.
❸ 베를린에서는 벌써 비가 온다.
④ 뮌헨에서는 쾰른보다 따뜻하다.
⑤ 로스톡은 독일에서 가장 춥다.

11. 밑줄 친 부분과 같은 발음이 들어있는 것은?

> A : 제가 오늘 <u>예약</u>할 수 있을까요?
> B : 네, 가능합니다.

① Firma [I] 회사　　　② ledig [I] 미혼인　　　❸ prima [i:] 훌륭한

④ Abitur [I] 졸업 시험　　⑤ Kirche [I] 교회

*Termin의 모음 'i'는 강세가 있고, 뒤에 자음이 하나가 있으므로, [i:]로 발음된다.

3 FLEX

Hörverständnis

Teil 1 • •

청해 부분은 일상 독일어 능력을 테스트하게 됩니다. 청해 부분은 총 3부로 구성되어 있습니다.
이제 3개의 가능한 답이 있는 다양한 상황에 대한 간단한 질문이나 진술을 듣습니다. 그 중에 정답을
고르십시오. 질문과 대답은 단 한 번만 들려드리며, 시험지에는 제시되어 있지 않습니다.

1. 치즈 케이크 한 조각하고 같이 먹으면 어떨까요?

   ① 그는 항상 치즈를 슈퍼마켓 알디에서 삽니다.
   ❷ 오, 대단히 감사합니다. 좋아요.
   ③ 그곳에 저는 한번도 가 보지 못했습니다.

2. 너는 벌써 계산서를 지불했니?

   ① 계산은 학교에서 배운다.
   ② 수학은 나에게 낯설어.
   ❸ 당연하지.

Teil 2 • •

청해 2부에서는 짧은 대화를 듣게 됩니다. 우선 질문을 읽으시고 짧은 대화를 들으십시오.
대화는 한 번만 들려드립니다. 그리고 정답을 고르십시오.

📄 **Skript**

Mann Wissen Sie, wann ich die Wohnung haben kann, Frau Müller?
Frau Die Mieter ziehen Ende Mai aus. Also Anfang Juni.
Mann Prima, dann kann ich um den 22. Juni einziehen.

🔍 **해석**

남자 뮐러 부인, 제가 이 집으로 언제 들어올 수 있는지 아세요?
여자 세입자들이 5월 말에 나갑니다. 그래서 6월 초지요.
남자 좋아요, 그러면 제가 6월 22일에 이사를 할 수 있겠군요.

---

3. 그 남자는 언제 그 집으로 이사 들어가려고 하는가?

① 5월 말　　　　　　　② 6월 초
③ 6월 중순　　　　　　❹ 6월 말

📄 Skript

Mann Hast du gestern den Film im Fernsehen gesehen?
Frau Nein, ich hatte einen Stromausfall.
Mann Oh, das ist aber schade.

🔍 해석

남자　어제 텔레비전에서 그 영화를 봤어?
여자　아니, 정전이었어.
남자　아, 그거 참 아쉽네.

---

4. 여자는 왜 텔레비전을 볼 수 없었나요?

① 그녀는 영화가 없었다.　　　❷ 그녀는 전력이 없었다.
③ 그녀는 흥미가 없었다.　　　④ 텔레비전이 고장 났었다.

📄 Skript

Mann Entschuldigung, ist der Sportraum unten im zweiten Stock?
Frau Nein, der ist im dritten Stock. Im zweiten Stock ist der Friseur.
Mann Das Restaurant ist auch im dritten Stock, oder?
Frau Nein, da ist nur ein Café und eine Bar. Das Restaurant ist im ersten Stock.
Mann Ok, danke.

🔍 해석

남자　실례합니다. 스포츠 시설은 아래 2층(한국식 3층)에 있나요?
여자　아니요. 그것은 3층(한국식 4층)에 있어요. 2층(한국식 3층)에는 미용실이 있어요.
남자　레스토랑도 3층(한국식 4층)에 있죠. 안 그래요?
여자　아니요. 거기는 카페와 바만 있어요. 레스토랑은 1층(한국식 2층)에 있어요.
남자　알겠습니다. 감사합니다.

---

5. 3층(한국식 4층)에는 무엇이 있는가?

❶ 운동실
② 식당
③ 미용실

Leseverständnis

읽기 테스트는 4부에서 8부까지 총 5부에 걸쳐 진행됩니다.

1. 이 독해 부분에는 불완전한 문장이 주어져 있습니다. 밑줄에 들어갈 알맞은 답을 고르십시오.

> 내가 너에게 충고 하나를 해도 할까? 한스야, 담배를 그렇게 많이 피우<u>지 마</u>.

① 원하다 (möchten) ② 좋아하다 (mögen)
③ 원했다 (wollen의 과거형) ❹ 해야 한다 (sollen)

2. 밑줄 친 부분의 의미와 가장 가까운 것은?

> 전기차는 친환경적일 뿐만 아니라 <u>유행하고</u> 있다.

❶ 수요가 있는 ② 비싼
③ 좋은 ④ 저렴한

*in Mode sein 유행하고 있다

3. 이 독해 부분에는 불완전한 문장이 주어져 있습니다. 밑줄에 들어갈 알맞은 답을 고르십시오.

> 그는 절약해서 살아가는 _____, 그의 부인은 비싼 물건들을 사길 좋아한다.
> 그렇기 때문에 그는 그녀와 자주 싸운다.

① 왜 ❷ ~하는 동안에
③ 즉시 ④ ~와 마찬가지로

4. 다음 문장들을 읽고 밑줄 친 부분의 올바른 의미를 고르시오.

> 우리가 사는 집은 여러 사람들이 섞여서 사는 공동기숙사인데 <u>충원할 사람</u>을 더 찾고 있다.

① 판매자 ② 임대인
③ 중개인, 브로커 ❹ 동거인

5. 빈칸에 무엇이 가장 적합한가?

> 여름에 페터는 프랑스에 있는 친척을 방문하려고 한다. 그곳에서 즐겁게 산책할 수 있다.
> 그곳에서 경우에 따라 해수욕을 할 수 있는 남부로 가려고 한다. 무조건 그는 말하자면 여름에
> _____.

① 일을 많이 하려고 한다.　　　　　❷ 휴가를 보내려고 한다.

③ 열심히 공부하려고 한다.　　　　　④ 곧 결혼하려고 한다.

6. 밑줄 친 부분의 의미와 가장 가까운 것은?

> 나는 우리의 약속을 잊었어. 그래서 너는 지금 나에게 <u>화가 난</u> 거야!

❶ 화가 난　　　　　　　② 친절한

③ 친절한　　　　　　　④ 관대한

*böse sein auf 4격 ~에 화를 내다 = ärgerlich sein

1. 다음의 진술들을 일이 일어난 순서대로 옳게 배열한 것은? (2007 출제)

> 나는 배가 고프다.
> (가) 나는 식당에 간다.
> (바) 나는 종업원에게 어디에 앉을 수 있는지 물어본다.
> (마) 종업원은 나에게 메뉴판을 가져다 준다.
> (라) 나는 하나의 감자튀김이 있는 슈니첼과 샐러드, 그리고 한 잔의 맥주를 주문한다.
>   나는 그것을 즐겨 먹고 마신다.
> (다) 종업원은 나에게 계산서를 준다.
> (나) 나는 계산을 하고 그녀에게 2유로의 팁을 준다.

❶ (가)−(바)−(마)−(라)−(다)−(나)
② (가)−(바)−(다)−(나)−(마)−(라)
③ (가)−(마)−(바)−(다)−(나)−(라)
④ (가)−(라)−(다)−(나)−(마)−(바)

2. 밑줄 친 부분에 들어갈 말로 알맞은 것은? (2012 출제)

> A : 내가 그곳에서 너에게 전화를 할까 아니면 편지를 쓸까?
> B : 그건 상관없어. 네가 옳다고 생각하는 대로 해!

① 중요한   ❷ 상관없는
③ 부끄러운, 난처한   ④ 낯선

3. 다음 대화의 순서로 가장 적절한 것은? (2012 출제)

> ㄹ. 미샤엘이 교통사고 난거 들었니?
> ㄴ. 뭐라고? 교통사고? 그가 심하게 다쳤니?
> ㄷ. 아니, 그렇게 심하지는 않아. 하지만 그의 팔이 부러졌어.
> ㄱ. 그가 수술을 받았니?
> ㅁ. 응, 어제 그는 오른팔 수술을 받았어.

① ㄱ−ㅁ−ㄴ−ㄹ−ㄷ
② ㄱ−ㅁ−ㄹ−ㄷ−ㄴ
❸ ㄹ−ㄴ−ㄷ−ㄱ−ㅁ
④ ㄹ−ㅁ−ㄱ−ㄷ−ㄴ

4. 안나가 다음 글을 쓴 의도는? (2014 출제)

> 친애하는 모니카에게,
> 네가 직업에서 문제가 있어서 유감이야. 너는 새로운 회사에서 일한 지 몇 주가 되었잖아. 하지만 너는 네 문제를 진지하게 여겨야 해. 그리고 너는 즉시 조치를 취해서 네가 다시 나아지도록 해야 해. 너는 사장님과 대화를 해 보고, 그가 너에게 무엇을 기대하는지 물어봐. 그리고 나는 네가 너의 동료들과 이야기해야 한다고 생각해. 너는 새로운 관계를 맺는 것과 또한 일에서 친구를 찾는 것을 시도해 보아야 해. 나는 네가 곧 좋아지길 바라.
>
> *ernst nehmen 중시하다
>
> 친절한 안부를 담아
> 안나

① 안나는 모니카를 비난하려고 한다.
② 안나는 모니카에게 쾌유를 바란다.
③ 안나는 모니카에게 직업을 주선하려고 한다.
❹ 안나는 모니카에게 충고를 하려고 한다.

5. 다음 문장을 우리말로 올바르게 옮긴 것은? (2016 출제)

> 더위가 오늘 나를 지치게 했다.

① 더위 속에서도 나는 오늘 일을 끝냈다.
❷ 더위 때문에 나는 오늘 기진맥진했다.
③ 더위 속에서도 나는 오늘 창작에 몰두했다.
④ 더위 때문에 나는 오늘 식욕이 없었다.

*erschöpfen 지치게 하다

6. 우리말을 독일어로 바르게 옮긴 것은? (2016 출제)

> 그는 나를 너무 예민한 사람으로 보고 있다. _____ .

① 그래서 좀 더 예뻐지려고 노력하고 있다.
❷ 그래서 좀 더 침착해지려고 노력하고 있다.
③ 그래서 좀 더 똑똑해지려고 노력하고 있다.
④ 그래서 좀 더 나아지려고 노력하고 있다.

7. 다음 물음에 대한 대답으로 옳은 것은? (2019 출제)

> 너는 그 영화를 아직 못 봤니?

❶ 그래, 나는 그 영화를 이미 봤어.
② 아니, 나는 이미 그 영화를 봤어.
③ 응, 나는 이미 그 영화를 봤어.
④ 그래, 나는 그 영화를 아직 보지 않았어.

*부정문에 대한 긍정 대답은 Doch라고 해야 합니다.

8. 밑줄 친 부분에 들어갈 말로 알맞은 것은? (2019 출제)

> 나는 해고 되었다. 나는 이제 실업자다.

❶ 무직의   ② 고용된
③ 퇴직한   ④ 채용된

9. 글의 내용과 일치하는 것을 고르시오. (2022 출제)

> 안녕 민호,
>
> 너는 베를린에 아직도 있니? 네가 지난번 메일에 적었듯이, 베를린은 역사적인 도시이자 독일의 수도야. 네가 이 도시가 마음에 들었다니 나도 기뻐. 너는 언제 쾰른에 오니? 나는 이곳 쾰른에서 태어나고 자랐어. 너에게 나의 집을 보여주고 싶어. 나는 벌써 너의 방문이 기대가 돼.
>
> 친절한 안부를 담아
> 너의 우베

① 베를린은 민호에게 마음에 들지 않았다.
② 우베는 베를린에서 민호를 만나고 싶어 한다.
❸ 쾰른은 우베의 고향이다.
④ 우베는 지금까지 민호로부터 메일을 받지 못했다.

10. 밑줄 친 부분의 의미로 바꾸어 쓸 수 있는 것을 고르시오. (2022 출제)

> A : 이번에는 피자 마르게리타로 할래. 너는?
>
> B : <u>오늘은 피자가 끌리지 않아.</u>
>
> A : 그럼 로스트 치킨은 어때? 이곳에서도 맛있다고 해.

① 오늘은 피자가 정말 맛있어.
② 오늘은 네게 피자를 추천하지 않아.
❸ 오늘은 피자에 흥미가 없어.
④ 오늘은 피자 말고는 아무것도 생각이 나지 않아.

30일 완성 독일어 단어장

올인원 학습 페이지

- MP3 다운로드
- MP3 바로 듣기
- 단어 색인(Index) PDF
- DAY 01~30 단어 시험 페이지 PDF